Ici, la question... fresque vibran... une apologie... formulée des é... ...ns revenir sur la séduction. Ici encore, une longue méditation sur la décadence et « le déclin de l'Occident ». Mais, presque aussitôt après, une virevolte légère, une provocation railleuse pour dénoncer l'étonnante misogynie à l'œuvre dans le mouvement féministe...

Etrange livre, au premier abord, que *Questions de principe deux*. Dans sa matière et dans sa forme, tellement différent de ceux qui l'ont précédé. Comme si Bernard-Henri Lévy avait voulu reprendre et continuer son travail philosophique, mais par d'autres voies que celles jusqu'ici empruntées. Comme s'il avait voulu rompre avec les exercices habituels de l'essayisme, trouver d'autres registres sur lesquels jouer de sa pensée. Comme s'il avait voulu concevoir un livre de ruptures, un livre diffracté où la réflexion se serait pulvérisée pour mieux traduire la réalité de l'instant qui passe. Car le fait est là, indubitable :

Questions de principe deux est d'abord différent des autres ouvrages de Lévy en ce qu'il colle totalement aux temps que nous vivons. Plus de vastes brassages des théories à travers siècles et millénaires comme dans *Le Testament de Dieu*. Plus de pointage systématique des courants idéologiques qui agitent le XXᵉ siècle, comme dans *La Barbarie à visage humain*. Plus de radiographie de l'inconscient français, des fantasmes qui hantent les cervelles depuis les années 30, comme dans *L'Idéologie française*. Plus de traduction romanesque de thèses philosophiques personnelles, comme dans *Le Diable en tête*. Ni de ce suivi, de cette linéarité des chroniques hebdomadaires enchaînées les unes aux autres tout au long d'une année qui donnait sa cohérence à *Questions de principe* — le recueil qui a tracé le sillon de celui-ci. Non. *Questions de principe deux* procède autrement, part d'un autre point de vue, observe apparemment d'autres objets, plus ténus, plus incertains, plus éphémères, et en même temps travaille les questions décisives pour tous. Si bien qu'il finit par composer un tableau raisonné de notre époque, à sa manière une photographie de nous-mêmes où nous découvrons que les rumeurs confuses, l'accumulation des drames, les agitations multiples, la succession des événements dont nous sommes témoins, tout cet ensemble disparate et dispersé qui forme la matière de notre vécu, loin d'être un maelström opaque et incompréhensible, au contraire décrit un univers ordonné qu'il est possible de déchiffrer pour peu que l'on accepte d'en rechercher les lois de constitution et de fonctionnement.

En clair, *Questions de principe deux* est un exercice de « style » au sens des *Situations* de Sartre ou des *Actuelles* de Camus. Un recueil qui prend pour cible le présent, en donne une version possible et, du coup, permet de

(Suite au verso.)

comprendre la démarche globale de Bernard-Henri Lévy. On voit clairement où il se situe, par rapport à quoi et à qui. Comme on voit lumineusement quelles sont ses perspectives. Les textes sont là. D'hier et d'aujourd'hui. D'hier, de 1975 par exemple. Quand, à propos de Michel Foucault, il frappe une formule aux accents prémonitoires. « Le philosophe parle — écrivait-il — et, de ce fait même, il dérange l'ordre du monde. » 1975, c'était deux ans avant la parution de *La Barbarie à visage humain*. Deux ans donc avant le passage à l'acte, avant que sa parole philosophique ne vienne perturber la tranquille assurance des idéologies en place. Hier encore, en 1973, quand Althusser était le point de mire des jeunes intellectuels. A nouveau un commentaire alerte et malin de Lévy, cette fois d'un ouvrage particulier, la fameuse *Réponse à John Lewis* : il désigne avant beaucoup le gauchissement que le philosophe marxiste inflige à la théorie révolutionnaire. Mieux : déjà lui-même détourne Althusser au profit du système qu'il forge dans sa tête. Et, quasiment, installe celui qui est son maître à penser tout près de ce que lui commence à penser.

Textes d'aujourd'hui encore, qui recouvrent presque sans décalage, en tout cas sans écart notable ceux d'hier. Lire pour s'en convaincre, en parallèle, précisément la « Politique d'Althusser », et « L'intellectuel et ses pouvoirs », ou « A la guerre comme à la guerre », ou encore « Déclin de l'Occident ? » Les mêmes règles s'y retrouvent, les mêmes valeurs de référence, une même vision du monde : souci de l'éthique, souci de l'Homme, souci de la rigueur intérieure, souci de l'Autre…

Questions de principe deux c'est, finalement, Bernard-Henri Lévy tel qu'en lui-même. L'intellectuel engagé, et totalement, dans son temps, partie prenante de tous les problèmes qui en émanent, veilleur infatigable, et dénonciateur acharné du Mal. Et c'est aussi, ainsi que lui-même le relève dans son avant-propos, un document qui rend compte de cet événement rare aujourd'hui : la constitution d'un système stable, de ce que l'on nommait il y a un siècle « système philosophique », une conception du monde cohérente, centrée, « dogmatique », où tout s'ordonne à partir d'un noyau dur, celui de la pensée.

BERNARD-HENRI LEVY

Questions de principe deux

GRASSET

Paru dans Le Livre de Poche :

Le Diable en tête.
L'Idéologie française.
Les Indes rouges *(Série Biblio/essais).*
La Barbarie à visage humain *(Série Biblio/essais).*

© Grasset et Librairie Générale Française, 1986.

Avant-propos

Voici donc une quarantaine de textes consacrés aux sujets politiques, philosophiques ou culturels les plus divers et parus, depuis quinze ans, dans un certain nombre de journaux et de revues.

La plupart sont ce qu'il est convenu d'appeler des textes de circonstance.

Écrits dans l'urgence, la passion — pour ne pas dire la hâte ou la précipitation — ils en portent inévitablement la marque.

Et face à quelques-uns d'entre eux, face à leur ton, leur fièvre, leurs approximations ou leurs raccourcis, face à leur emphase aussi, à cette solennité qu'ils ont parfois et qui sonne presque faux, aujourd'hui, après que se sont tus les débats qui les motivaient, j'ai peine à réprimer, c'est vrai, un très léger malaise.

Je les publie néanmoins.

Mieux : je les rassemble.

Et si je les rassemble, c'est que, tels quels, sans retouches ou à peu près, ils me paraissent constituer, pour reprendre une distinction célèbre, un « livre » plus qu'un « album », un « volume » plus qu'un « recueil » — si je les réunis, c'est que, tels quels, par-delà leur désordre et leurs prétextes, par-delà leur contingence et la dispersion des registres où ils opèrent, ils me semblent, à la relecture, dotés d'une cohérence.

Ce livre, en d'autres termes, n'est pas un catalogue. Ce n'est pas un florilège. Ce n'est pas une façon, pour moi, de classer ou d'archiver mes interventions les plus ponctuelles. C'est un livre, un vrai, qui, même si je ne l'ai pas, cette fois, tout à fait prémédité, a ceci de commun, au moins, avec mes vrais livres habituels qu'il a lui aussi, à sa façon, un principe et une unité.

Cette unité, cela va de soi, n'est pas une unité de thématique.

Ce n'est pas une unité de problématique.

Ce n'est même pas cette unité de temps que l'on trouve, en général, dans les recueils d'articles suivis, écrits au jour le jour, au fil de l'événement et que je revendiquais moi-même, voilà maintenant cinq ans, pour un premier volume de « questions de principe » où je regroupais, alors, une entière année de bloc-notes.

Non. Cette unité-ci, je crois, a une forme plus complexe. Elle a un dessin plus retors. Et il faut, pour l'appréhender, des images plus subtiles que celles de la « ligne », du « fil conducteur » ou de la bonne vieille roue « dialecticienne » des schémas traditionnels.

Mettons, pour fixer les idées, que ce soit comme une source lumineuse, à l'origine inassignée, qui donnerait à chacun des textes son relief et son découpage.

Mettons que ce soit comme un noyau radioactif qui attirerait et aimanterait des séquences que tout, *a priori*, sépare.

Ou bien imaginons encore — c'est peut-être la moins mauvaise image — une longueur d'onde unique qui traverserait, pénétrerait et, au fond, véhiculerait tous les produits, sans exception, du regard d'un écrivain.

Saint Laurent et S.O.S. Racisme branchés sur la même longueur d'onde ? Un portrait du photographe Avedon, un reportage sur l'Argentine des généraux et un éloge des palaces emportés dans le même courant ? Des plus graves aux plus frivoles, des plus essentielles aux plus accidentelles, de celles qui relèvent de l'analyse de fond à celles que l'actualité a provoquées, toutes ces pages, vraiment, inscrites dans le même spectre, le même rayon magnétique ?

Du temps qu'il y avait des philosophes, on appelait ça une « vision du monde »

Du temps que les philosophes osaient philosopher, on appelait ça une « idéologie » ou un « système ».

Questions de principe deux — ou le témoignage d'un intellectuel qui ne craint pas de faire, lui, à rebours du conformisme et de ses poncifs les mieux convenus, l'éloge des visions du monde et, donc, des systèmes de pensée.

Que ce système — *mon* système — soit là depuis le début (c'est-à-dire, je le répète, depuis bientôt quinze ans) n'est pas, à mes yeux du moins, la moindre surprise de ces pages.

Non pas que rien n'ait changé, bien sûr, tout au long de cette époque, ni que je réécrirais de la même manière tel éloge d'Althusser, telle présentation de Derrida, telle intervention polémique du temps des « nouveaux philosophes », ou bien ces articles plus récents qui, voulant rendre sensible l'horreur de la famine ou de l'extermination des Cambodgiens, usaient et abusaient d'une référence à la souffrance juive (holocauste, génocide, solution finale...) dont j'ai appris, depuis, à manier plus prudemment les termes.

Mais ce que je découvre en relisant tout cela d'affilée, c'est que si les termes ont évolué, la langue n'a pas bougé ; c'est que si les positions se sont déplacées, le point de vue est resté le même ; c'est que si le message ou le programme se sont parfois brouillés, la fréquence, en revanche, est demeurée ce qu'elle était ; bref, ce que je découvre — et qui, pour être franc, ne laisse pas de me rassurer — c'est qu'à travers toutes les variations que peut enregistrer ce livre, un certain nombre d'invariants perdurent, résistent et, encore une fois, donnent à l'ensemble sa signification.

Antinaturalisme, par exemple... Apologie des médiations... Goût des signes et de l'abstraction... Pari sur le singulier et méfiance des communautés... C'est tout le sens de ce livre que de montrer l'itinéraire d'un homme qui, s'il a pu, ici ou là, changer de politique, n'a jamais — et c'est l'essentiel — *changé de métaphysique*.

Le lecteur, puisque c'est à lui, aussi bien, que revient désormais le dernier mot, me donnera-t-il acte de cette constance ?

Si tel était le cas, je ne détesterais pas que cette lecture lui soit également — et au-delà de mon propre cas ! — prétexte à méditer sur le statut de ce type de livre dans la totalité d'une œuvre.

On connaît, sur la question, l'avis de Valéry.

On sait comment Mallarmé, oui, le pur, l'impeccable, l'essentiel Mallarmé disait volontiers, lui aussi, n'avoir quasiment écrit que des textes de conjoncture.

Et quant à Sartre — mais je pourrais dire, tout

autant, Camus, Barthes ou Merleau — les citations de lui sont innombrables où, doutant des chances qu'auront jamais ses livres, que dis-je ? *les* livres en général, d'excéder le lieu de leur naissance, de leur baptême et de leur « situation », il allait jusqu'à prétendre qu'il n'y a, en toute rigueur, *que* des textes de circonstance.

Sans pousser les choses aussi loin, mais si l'on veut bien admettre les quelques remarques qui précèdent, il me semble difficile de nier, en effet, ce génie de la circonstance. Il me semble difficile de ne pas admettre qu'ils sont, ces textes qu'elle suscite, presque plus éloquents que nos plus savantes constructions. Et je ne suis pas loin de penser, à la limite, qu'avec leurs faiblesses, leurs contraintes, leur subordination à l'événement et, donc, leur variété, ils sont le seul lieu où l'on trouve, dans toute son amplitude, la vraie mesure d'un écrivain.

Une œuvre, c'est bien connu, ne sait jamais qu'elle est une œuvre. Elle ne sait jamais, en tout cas, d'où lui viennent l'onde, la lumière, la fréquence, etc., qui la gouvernent. N'est-ce pas le mérite du genre, alors, que de jouer cartes sur table, en déployant ainsi le spectre d'une vision du monde ?

Dans ces trois cent cinquante pages, je le sais, à la croisée d'un texte sur les femmes et d'une chronique afghane, au point de rencontre silencieux d'un pari sur la peinture abstraite et d'une méditation sur le Mal, il y a, enfoui mais flagrant, inarticulé mais aveuglant, le secret de ce qui me fait écrire.

I

FIGURES

MÉTAPHYSIQUE DE RICHARD AVEDON

Il est là. Face à moi. Non pas, comme tous les photographes du monde, derrière mais à côté de son appareil. Et il y a dans ce seul fait, dans le seul choix de cette position, dans cette façon qu'il a de se tenir à un ou deux mètres du boîtier et de l'actionner à distance, avec la drôle de petite poire qu'il serre dans sa main gauche, quelque chose qui, d'emblée, me met très mal à l'aise. Je me souviens de ce malaise. Je me souviens de cette tension. Je me souviens — je me souviendrai longtemps — de l'atmosphère lourde, figée, chargée d'embûches et de menaces, qui régnait, ce matin-là, dans le studio. Et lui-même quand il en parle — quand il parle, d'une manière générale, des relations qui s'instituent entre lui et ses modèles — ne craint pas de parler de « tension », de « soumission », de « manipulation » ou de « domination ». Avedon, ou l'art de la photographie conçu comme une variante de l'art de la guerre. Avedon ou le seul photographe qui, en conscience, fasse violence à ses sujets. Au commencement cette idée simple mais qui suffit déjà, me semble-t-il, à spécifier l'effet Avedon : entre photographiant et photographié, le seul rapport qui vaille est encore le rapport de force.

En clair, cela veut dire qu'on est aux antipodes

de cette bonne vieille idée, sur quoi on vit depuis des lustres, du photographe complice, communiant avec son modèle et n'ayant de cesse que de guetter, avec une inlassable et sympathique patience, le miraculeux instant de grâce où il pourra le rencontrer. Avedon, lui, ne « rencontre » personne. Il se fiche éperdument de toutes ces histoires de sympathie, de connivence ou d'harmonie. Et il suffit d'ouvrir son livre[1], il suffit de le feuilleter, il suffit de passer en revue cette succession de gueules cassées, de corps démantibulés, de silhouettes déformées et toutes de guingois pour voir que s'il guette quelque chose c'est moins, en tout cas, la grâce que la disgrâce ; la rencontre que la malencontre ; la communion que le ratage, la discordance, la séparation. Avedon, l'anti-Doisneau. Avedon, ou le contraire de notre jolie école française du reportage poético-lyrique attachée à capter l'« intimité » de ses personnages. Avedon ou le seul photographe qui, à ma connaissance, semble s'être donné pour règle de ne filmer jamais, à la lettre, que des *malentendus*. Il y a une métaphysique avedonienne dont le premier dogme pourrait être celui de l'irréparable mésintelligence entre les êtres.

Au reste, que fait-il ? À quoi diable s'occupe-t-il, là, de côté, à un mètre ou deux de son appareil ? Un autre, à sa place, observerait. Étudierait le modèle. Guetterait déjà, avant la prise, les tics, tours ou détours de la physionomie à pénétrer. Un autre — n'importe quel autre, pourvu qu'il croie, comme tout le monde, qu'on photographie les gens pour entendre un peu de leur vérité — mettrait ce précieux moment à profit pour se préparer à la rencontre, s'y habituer peut-être ou la cadrer. Lui, manifestement, s'en moque. C'est à peine s'il me

---

1. Richard Avedon, *Visages de l'Ouest*, Le Chêne, 1986.

regarde. A peine s'il sait que je suis là. A peine s'il sait, peut-être même, que je suis un écrivain et non un politique, une nature morte ou un improbable fermier de l'« American West ». Et je ne tarde pas à me rendre compte que la seule chose qui l'intéresse est de savoir où il placera son appareil, comment il disposera son double réflecteur, à quelle hauteur exacte il va situer son objectif — je ne tarde pas à me rendre compte que, dans la perspective qui est la sienne et qui exclut toute idée, donc, d'accord profond avec le modèle, les seules questions qui valent et autour desquelles viennent refluer toute l'attention et le talent de l'artiste sont, au fond, des questions d'espace. Photographie-topographie. Photographie-géométrie. Tout se passe comme si, au photographe qui, comme Avedon, a fait son deuil de la vérité et de l'intimité, il ne restait que de se faire le plus conséquent, le plus rigoureux, le plus maniaque des arpenteurs.

Mieux (et pour donner à la chose un tour peut-être plus positif), tout se passe comme si, à ce photographe pessimiste et subtilement désenchanté, il revenait de se muer en une sorte de régisseur, de chorégraphe, de scénographe — tout se passe comme si, derrière chacun de ses clichés, constituant sa trame et son chiffre le plus secret, il y avait une manière de scénario au texte très impérieux. Que ce scénario soit invisible ne change rien à l'affaire. Qu'il soit bref, presque muet, n'a pas non plus grande importance. Car l'essentiel est qu'il soit là, qu'il règle la photo, qu'il commande à ce déhanchement, à cette torsion de la tête, à cette position du pied ou de la main qu'Avedon suggérera, mine de rien, à demi-mot parfois et sans jamais donner l'impression d'y attacher trop d'importance — alors qu'à ce détail, à cette indication laconique et minuscule tiendra tout le génie de la scène. Erreur, disait

Barthes dans *La Chambre claire*, de ceux qui, depuis l'origine, nous décrivent une photographie tourmentée par le modèle de la peinture quand c'est par le théâtre plutôt qu'elle touche effectivement à l'art. Jamais cette notation ne m'aura paru si juste. Jamais cette vérité originairement scénographique de l'art de la photo ne m'aura si fort sauté aux yeux. Jamais, en fait, un photographe ne m'aura si définitivement convaincu que son art est mise en scène bien plus que mise en images. On ne comprend rien à Avedon — comme, du reste, à la plupart des autres grands — si on oublie cette dimension, au fond, *dramatique* de chacune de ses compositions.

On n'y comprend rien, du coup, si on oublie tout l'aspect concerté, programmé, préjugé même ou prémédité qu'elles vont fatalement avoir. La plupart des photographes que l'on connaît sont des gens qui, au fond, tablent toujours un peu sur le hasard, la fortune, le miracle d'un instant décisif ou d'un accident providentiel — ce sont des gens qui, en fait, harcèlent leur modèle, le bombardent de tous côtés, multiplient à l'infini les angles, les prises, les jeux d'ombres, les types de lumière, comme si, en manipulant ainsi les paramètres, en les faisant jouer ou varier, en modifiant les circonstances et les contingences de la photo, ils multipliaient d'autant leurs chances de capter la bonne image. Avedon, encore une fois, ne bouge pas. Il ne varie ni l'angle ni la perspective. On le devine rebelle, une fois son scénario en place, à tout ce qui pourrait ressembler à un tremblé, une bavure, une improvisation ou une aventure. Et l'idée même de capter quoi que ce soit — fût-ce, bien sûr, l'image miracle — lui est aussi manifestement étrangère qu'à un homme de lettres ou de théâtre, celle d'ajuster son texte au gré de l'opportunité ou de l'humeur. Sa photo, en d'autres termes, est préconçue. Elle est pensée *a priori*. Elle est instantanée, certes, puisque telle est l'essence, le lot de toute photo — mais son instant est si extraordinairement réglé qu'on le dirait lesté d'une manière d'éternité. Si Avedon, contrairement à la plupart des autres, se contente en général d'une prise ou deux, ce n'est pas qu'il soit plus habile ou que son geste soit plus sûr : c'est que dans l'univers qu'il a choisi et dont il s'est imposé les lois, l'acte même de photographier devient presque dérisoire à côté du long travail d'élaboration qui, dans sa tête, l'a précédé.

A d'autres, bien entendu, le soin de détailler ce travail. A d'autres la rude — et peut-être, en fait, impossible — tâche d'identifier, dans chaque cas, les lois et les principes qui ont présidé à la photo. Ce que je sais, simplement, c'est que ces principes existent. C'est qu'ils sont aussi nombreux, aussi précis, aussi précisément articulés que ceux qui, en littérature par exemple, président à la genèse d'un texte. Ce que je sais c'est qu'il y a, dans la coulisse d'une photo et comme en son arrière-pensée, toute une culture, toute une histoire, tout un système de références ou de réminiscences. Et ce que je sais encore c'est qu'il y a, par-delà ces systèmes de réminiscences, toute une part de désirs ou de fantasmes, de hantises ou de répulsions dont le cliché ne fera rien d'autre, au fond, qu'exorciser l'insistance. N'est-ce pas Kafka qui disait que c'est pour se les chasser de l'esprit que l'on photographie les choses ? Rien de moins pur en tout cas que l'œil d'un homme comme Avedon. Rien de moins spontané. Rien de moins innocent. Et rien de plus bavard alors, rien de plus effroyablement éloquent que ces images grises, sagement couchées sur le papier mais qui, sous leur platitude d'apparence, trahissent toute la profondeur d'un imaginaire. Des portraits, vraiment ? Devant les plus singuliers d'entre eux, c'est *autoportraits* que l'on voudrait dire — tant ils sont criants d'une vérité qu'on a peine à rapporter au réel qui les a inspirés.

Avedon, du reste, le dit. Il le dit même expressément. Et c'est le sens, à mon avis, de cette courte mais sidérante préface où il avertit le lecteur que les portraits qu'il lui présente sont — je cite — des « opinions » et cet Ouest américain un « fictional West ». Si les mots ont un sens cela signifie, j'en ai peur, que ces créatures n'existent pas. Que nulle part, dans nulle région du réel, elles n'ont d'assise ni d'assiette. Que ce sont des images, des mirages, des spectres peut-être ou des chimères. Si les mots ont un sens et si le terme de « fiction », notamment, n'est pas là par hasard, cela signifie que, surgies du boîtier de l'artiste, elles se sont volatilisées après lui et que l'on pourra parcourir en tous sens cet Ouest américain sans jamais retrouver la trace des êtres qui les ont inspirées. Images sans objet... Clichés sans référent... Énigmes d'une représentation où se brouille tout ce que l'on croyait savoir des rapports entre le réel et les formes qu'il fomente... Ouvrir un livre d'Avedon c'est entrer dans un univers étrange et légèrement aberrant où l'on ne devrait plus, en bonne rigueur, avoir le droit de dire des modèles qu'ils ont « posé » ; de la pellicule qu'elle a « imprimé » cette pose ; de leur regard, de leur air ou de leur tournure qu'ils sont des « expressions ». Le monde d'Avedon, au fond, nous parle d'Avedon plus que du monde ; et quand il nous en parle tout de même, du monde, c'est à la manière subtile, dénaturée et dénaturante du très grand art abstrait.

Concrètement — c'est-à-dire techniquement — cet effort de dénaturation du réel suppose un certain nombre de procédures qui sont, bien entendu, au cœur même du style d'Avedon et qui n'avaient jamais été peut-être si bien manifestées que dans ce nouveau livre. C'est le marquage topographique, par exemple, dont je parlais en commençant. C'est la pratique du portrait de face, sans esquive ni profil, avec l'inévitable effet d'étrangeté qu'elle ne peut pas manquer d'avoir. C'est le refus d'une lumière « naturelle » dont il redoute l'incontrôlable liberté avec laquelle elle va dessiner, détourer, ombrer ou colorer le visage. C'est le souci qu'il a de la fabriquer, alors, sa lumière, de la composer, de la sculpter — lumière sans ombre à présent, sans nimbe ni halo, dont l'artificialité devient hallucinante. Et puis c'est cette extravagante pratique, dont je ne suis pas très sûr qu'on mesure toujours bien les conséquences et qui consiste, pour chaque photo, à placer le modèle dans une sorte de vide total, parfaitement blanc et transparent qui est, quand on y songe, le plus dénaturé des décors.

La première conséquence en effet de ce singulier parti pris c'est qu'en vidant ainsi sa scène, en épuisant toute sa substance, en y effaçant tout ce qui, de près ou de loin, pourrait rappeler une chose ou un paysage, bref, en construisant ce décor nu et, par conséquent, fictif, il isole ses sujets ; il les retranche de la réalité : il les ampute de tout ce qui, d'habitude, soutient concrètement une existence ; la première conséquence c'est que, au sens propre du terme, il en fait des sujets abstraits, parfaitement indéterminés, que leur indétermination même condamne en quelque sorte à flotter, suspendus entre être et non-être, hésitant entre une consistance précaire et une désintégration quasi certaine — il en fait des hommes sans nom, sans ancrage, sans lignage, dont on ne peut pas s'empêcher de songer, tant on les devine fragiles soudain : « des survivants sans doute, des rescapés sans âge ni demeure — témoins d'on ne sait quel naufrage, où se seraient engloutis tous leurs signes d'appartenance à l'univers civilisé ».

La seconde conséquence c'est que, par un effet de contraste élémentaire, le vide du décor souligne et accentue d'autant le plein du motif central ; que tout ce que la photo a laissé fuir par sa marge, elle semble le retrouver au cœur du portrait lui-même ; que loin, si l'on préfère, que cette prodigieuse quantité d'être qui s'est évanouie du paysage, s'égare comme une vapeur dans je ne sais quelle ténèbre extérieure au cadre photographique, elle semble refluer sur le visage, coaguler autour de ses traits et leur conférer, de ce fait, une prodigieuse surcharge d'être ; la seconde conséquence c'est que tout se passe comme si les visages avedoniens, grevés et comme accablés de toute la lourde substance dont leur environnement s'est allégé, acquéraient une épaisseur terrible, indécente, scandaleuse — tout se passe, oui, comme s'ils acquéraient cette obscène densité que Baudelaire notait sur les portraits de Nadar et qui leur donnait déjà la même massive et monstrueuse présence. Il ne faudrait pas beaucoup pousser Avedon pour lui faire prendre l'exact contre-pied, alors, du vieux rêve de vérité qui hante la photographie depuis ses commencements et la faisait aller, sous l'apparence, percer le secret des êtres. Non plus, donc : sous le masque le visage. Mais : sur le visage, rajouté à son authenticité désormais indifférente, la dureté d'un masque dont l'artiste ne fait rien d'autre, finalement, que composer la grimace.

Et puis la troisième conséquence enfin c'est qu'en vertu d'un autre retournement, tout aussi prévisible même si plus apparemment paradoxal, cette extrême densité d'être finit par induire, à nouveau, une sorte d'effet inverse ; qu'à mesure que s'accentue, sur les traits, cette excessive pression de l'être, on dirait qu'ils se dénudent, se réduisent à l'infini ; on dirait, plus exactement, qu'à la façon de ces visages vieillissants dont on sait qu'au lieu de les enrichir le sédiment des âges les dépouille au contraire et les purge de leur luxe, les visages avedoniens, à mesure qu'ils gagnent en épaisseur, perdent en détermination ; on croirait, plus exactement encore, qu'il en va de ces créatures comme de ces figures proustiennes dont *La Recherche* nous dit que plus la nature ou le temps les typent, les marquent ou les stigmatisent et plus s'estompe, en elles, la riche précision de l'individu pour s'affirmer au contraire la vérité plus pauvre, plus squelettique de l'espèce. Les photos d'Avedon, en d'autres termes, et contrairement à ce que l'on croit parfois, ne nous donnent pas des individus mais des espèces ; des sujets mais des archétypes ; des hommes de chair et de sang mais des échantillons d'humanité...

Que cette humanité soit innommée, que ces étranges prototypes ne soient nulle part ailleurs que dans le livre dûment répertoriés ne fait qu'ajouter, bien sûr, à leur troublante beauté. Devant ces catalogues de spécimens criants de fausseté et comme torturés par leur cliché, c'est tout juste si, par moments, on ne se surprend pas à déraisonner — et à imaginer, tout de même, quelque part dans l'American West réel, des hommes et des femmes de chair qui, pris au piège du photographe, commenceraient, tout à coup, de ressembler à leur archétype.

(Mai 1986)

UN LAPSUS NOMMÉ CÉLINE

Si vous continuez vous aussi de ne pas très bien comprendre pourquoi la légende du siècle a régulièrement dégénéré en religion de la persécution. Si vous êtes de ceux qui, comme moi, attendent encore qu'on leur explique cet âge de raison où s'ouvrent, en pleine lumière, des gouffres abominables. Si ici même, en France, vous ne parvenez pas à vous déprendre d'un indéfinissable malaise face à tant de fantômes, de paisibles revenants qui semblent là pour nous dire que le temps des délires n'est peut-être pas révolu. Bref, si vous êtes las de cette incroyable légèreté avec laquelle l'époque — la nôtre, celle des fascismes — décide d'éluder ses plus brûlantes questions, alors je vous invite à suivre le conseil que donne Philippe Muray dans son superbe essai, et à relire, très vite, le plus grand, le plus actuel des historiens du XXe siècle : je veux parler, bien entendu, de Louis-Ferdinand Céline[1]...

Au commencement, c'est bien connu, il y a le *Bout de la nuit*. Ces paysages de mouroirs, de cimetières, de terrains vagues qui, du *Voyage* à

1. Philippe Muray, *Céline*, Le Seuil, 1981.

Rigodon, respirent la même hideuse détresse. Cette longue, cette raisonnée saison en épouvante qui nous mène aux confins d'un univers moite, absolument sinistré, tout ruisselant d'horreur, de crimes, de massacres. On a tout dit, ou presque, sur le fameux « style » célinien. Les céliniens ont écrit toutes sortes de sottises sur cette forme « populaire », parfaitement « naturelle » et « branchée », à les entendre, sur le gargouillis communautaire. Ce que Muray dit, lui, c'est que cette langue superbe, infiniment plus travaillée qu'on ne le croit, torturée et presque chauffée à blanc par l'infernale forge du monde, est d'abord et surtout la première langue française moderne à être, pour le meilleur et pour le pire, contemporaine d'un temps de guerre, d'ossuaires, de charniers ou de camps de concentration.

Mieux, et plus concrètement peut-être, la seule langue française moderne à être véritablement contemporaine d'une époque de foules, de cohues et de meutes hébétées. A avoir su entendre cette effervescence sourde qui, sur fond de décombres et bas-reliefs d'émeute, s'est emparée de l'humaine fourmilière. A voir, et à montrer, ces grands tas de cadavres, ces immenses amas de vivants que roule, agglutine, pulvérise l'horrible mouvement des guerres qui succèdent aux guerres. Toujours, dit Muray, la même obsession du tas, de l'amas, de la masse grégarisée. La même intuition d'une humanité nombreuse, réduite à cet état de nombre, de grand nombre, d'innombrables nombres en folie. Et la même intuition, du coup, d'un âge nouveau de l'espèce dont la catégorie fondamentale deviendrait celle du Multiple ; où les « individus » de naguère ne seraient plus qu'une irréductible et saignante pluralité ; où la « politique » elle-même ne consisterait plus qu'en une obscure, macabre comptabilité — dénombrement sans fin de réprouvés, de trains entiers de réfugiés, longues cohortes de morts vivants filant droit vers l'enfer...

Je ne prétends pas, bien entendu, que cette vision soit réjouissante. Tous les lecteurs de Céline savent qu'elle est, parfois, littéralement insoutenable. Mais on ne peut nier, en revanche, qu'elle ait quelque chose à voir avec le siècle qui l'enfante. On admettra qu'il n'est pas courant qu'un romancier se risque à un si long, si têtu, si total face à face avec l'horreur. Ce n'est pas tous les jours, surtout, que l'on va aussi loin, de l'autre côté du miroir social, pour y déchiffrer le filigrane de sang qui trame les communautés. Muray a raison de rappeler, à cet égard, que ce Céline-là, ce Céline tragique et sombre, fut méthodiquement censuré par Hitler, Staline ou Pétain. Il est certain que ce mal radical, incurable auquel il nous confronte ne pouvait, ne peut encore que heurter les apôtres de la société totale, transparente à elle-même et réconciliée avec l'histoire. Pour cela, rien que pour cela, même s'il n'y avait *que* cela dans toute l'œuvre célinienne, je crois qu'elle mériterait d'être lue, érigée en monument et même — pourquoi pas ? — commentée dans les écoles.

D'autant, continue Philippe Muray, qu'il n'y a pas que cela justement dans l'œuvre célinienne ; qu'on y trouve, comme chacun sait, autre chose, à l'exact opposé de cette belle lucidité ; mais que cet autre chose — cette autre aventure, si l'on veut — est au moins aussi instructif quant à la vérité du siècle... Tout se passe, explique-t-il à peu près, comme si Céline, le « voyant », était lui-même aveuglé, frappé de stupeur et d'effroi par l'horreur de sa vision. Comme si, au moment même où, de sa propre écriture, il commence à le creuser, il était saisi de vertige devant le gouffre innommable qu'il sent s'ouvrir sous ses pas. Comme si, malade lui aussi du Mal qu'il a découvert, il convoquait alors à son chevet un autre Céline, un semblable, un double, chargé de suturer la plaie, de soulager tant de douleur, d'effacer jusqu'à la trace de l'insupportable voyage. Ce second Céline, on l'aura deviné, n'est autre que Destouches. Louis Ferdinand Destouches, le médecin, que l'écrivain, pour advenir, avait commencé par chasser. Et à qui il suffira, du haut de sa science, d'expliquer que ce Mal radical, ce Mal incurable de tout à l'heure, n'était en vérité qu'une vulgaire maladie, une peste très locale, une vague épidémie à soigner de toute urgence.

En clair, cela veut dire qu'un nouveau versant se dessine là, dans l'œuvre, à lire maintenant comme un long, un interminable diagnostic. Le génial écrivain des romans va partir en quête du virus, du bacille qui, instillé dans le corps du monde, y a induit tout son désordre. Lui qui croyait à la tragique éternité d'une douleur qui était comme l'autre nom du monde se lance dans une odieuse, une misérable imprécation contre les « *nègres* », les « *chinetoques* », les « *étrangers* » en général. Brusquement optimiste, brûlant de trouver son coupable, affreusement impatient d'instruire le procès du siècle, il part en guerre contre la littérature et le cinéma yankees et il tombe ainsi dans le panneau de cet antiaméricanisme primaire qui, depuis quelques années déjà, figurait dans l'arsenal idéologique de l'extrême droite fascisante. Et puis, bien sûr, à bout de souffle, au bout de sa longue traque, à l'horizon de toutes ses menues et provisoires inculpations, il détecte enfin son microbe, le vrai, le seul, le corrupteur par excellence, celui que deux mille ans d'histoire occidentale avaient désigné à sa fureur : en un mot, le juif.

Céline, à ce point, est devenu le pamphlétaire imbécile de *Bagatelles* ou des *Beaux Draps*. Il n'a su conjurer sa folle terreur qu'en la fixant sous les traits d'une figure abominée. Il n'a pu sortir de la crise qu'il avait lui-même ouverte, et où il s'était enferré, qu'en devenant l'abject collabo errant, bave aux lèvres, dans les bas-fonds du Paris occupé. Et si Philippe Muray écrit que ce Céline-là est au moins aussi instructif que l'autre, c'est qu'il nous dit la logique du passage, justement, et la genèse de l'abjection. C'est qu'il nous apprend pourquoi, dans l'ordre des sociétés, « *guérir* » est criminel, et la « *volonté de guérir* » la matrice même des fascismes. C'est qu'il nous met sur la piste d'une « *histoire de la clinique* » qui pourrait bien être après tout la véridique chronique des tentations totalitaires. Concrètement, et aussi atroce que cela paraisse : avant d'être un délire, le racisme est un remède, une potion de providence, un peu d'ordre dans le désordre et le non-sens du monde — un rai de lumière, enfin, à l'horizon de la nuit.

Et de fait, lisez ! Oui, lisons-le donc enfin, ce Céline des pamphlets ! Voyez la lumière crue, sans mystère ni réserve, où il s'installe maintenant ! Entendez comme sa voix a mué, comme elle est claire maintenant et purgée, miraculeusement, de toute espèce d'anxiété, d'angoisse, de négativité ! C'est comme un convalescent, guéri de ses propres songes, et qui recommencerait à croire au monde et à ses positivités. Un très ancien exilé, longtemps absent à toute place, qui découvrirait sur le tard le charme des terroirs, des folklores, des douces racines françaises. Un féministe même qui, oubliant d'un seul coup tous ces corps torturés qu'il mettait en scène dans ses romans, se met à rêver de belles danseuses musclées, dont l'entrechat souverain devient l'image mobile d'une histoire épurée, déculpabilisée. La danseuse contre le juif ? Ce qui est sûr, c'est que le Céline antisémite est un Céline souriant, presque radieux maintenant, qui a perdu sa mine sombre, son aspect sinistre et revêche, et qui, pris d'un fol, d'un brusque amour pour ses semblables, va même s'offrir le luxe de devenir « progressiste ».

Je sais que le mot est fort ; mais je ne vois pas comment nommer autrement un homme qui, changeant radicalement de projet, proclame à cor et à cri sa volonté de soigner, donc de réformer le genre humain. Je vois mal au nom de quoi lui en dénier le titre quand s'accumulent, dans *Les Beaux Draps* et ailleurs, tant de propositions de lutte contre la misère, de décentralisation de la France, de rénovation de l'école ou de réforme des transports en commun. Il est « social » comme personne, ce philanthrope avoué qui, maintenant qu'on est entre Français, propose « *du grand air pour petites bourses* », de vastes programmes d'urbanisme destinés aux petites gens et même, pour résoudre le chômage, la « *nationalisation* » du crédit, des assurances, de l'industrie[2]. Oui, il faut s'y faire. Il faut lui faire sa place, peut-être, au doux soleil du progressisme. Car Céline le salaud, Céline le raciste, Céline le collabo revendique, qu'on le veuille ou non, sa part à la fondation du « *socialisme à la française* » — qu'il appelle, assez drôlement, le « *communisme Labiche* ».

Là encore, il a tout dit. Du fond de l'immondice, il a compris l'essentiel. Il a deviné, cerné et fait lui-même l'épreuve du paradoxe de l'époque. Car s'il peut être ainsi progressiste et raciste, c'est, on l'aura compris, que racisme et progressisme sont les deux

2. *Les Beaux Draps*, Paris, 1941, p. 136.

figures, simplement, de la même volonté de guérir. C'est qu'il y a, en matière de médecine politique, deux conseils de l'ordre rivaux, mais parfois aussi associés, qui conspirent l'un et l'autre au même grand œuvre fondamental. C'est que le thérapeute socialiste qui prétend en finir pour toujours avec la souffrance, la contradiction, l'opacité du monde travaille dans le même horizon que son confrère raciste qui prétend, lui, chasser de toutes terres leurs insectes les plus nuisibles. Lire Céline, c'est comprendre, autrement dit, pourquoi il n'y a pas de rêve communautaire qui ne porte comme son ombre et sa limite la tentation de l'exclusion. Pourquoi, si l'on préfère, l'ère moderne a inventé une religion et une seule, capable, comme dit l'étymologie, de recueillir les fils épars du lien social dénoué : la religion fasciste.

On pourrait, bien entendu, s'attarder longtemps encore sur ces multiples figures de la positivité célinienne. Évoquer les fantasmes de « celtitude », par exemple, ou les belles légendes gauloises dont s'enivre le pamphlétaire. Citer les textes où, au nom de son programme commun de régénération sociale, il va jusqu'à tendre la main aux marxistes et à leur proposer alliance. Rappeler le Céline voltairien, enfin, qui, reprenant le bon vieux mot d'ordre de lutte contre « *l'infâme* » et les « *superstitions* » en tout genre, vitupère l'Église catholique, cette « *vieille sorcière judaïque* » où il reconnaît, lui aussi, l'ultime repaire du microbe. Admirer même, en un sens, l'habileté tactique avec laquelle il comprend, avant tout le monde ou presque, qu'avec l'antichristianisme il ne court plus le moindre risque et qu'il peut tranquillement, dans l'assentiment général, faire passer sa contrebande antisémite derrière les diatribes contre « *les burnes du pape* » ou « *le pucelage de la Vierge Marie* »³... La vérité, c'est qu'on trouve tout dans le célinisme. Toutes les pièces du dossier réunies en un seul homme. Toutes les séquences du film noir mises à nu et à plat. Et cette invraisemblable impudeur avec laquelle, finalement, il dévoile les moindres trucs, les ficelles les plus obscures de la folie persécutrice...

On comprend que Philippe Muray puisse se demander alors, dans un des passages les plus éblouissants de son livre, si ce n'est pas là, dans cette impudeur justement, qu'il faut chercher la raison de l'universelle exécration qui semble l'entourer. Si, davantage que ces fameux « crimes » que la société, au fond, lui avait par avance pardonnés — et dont François Gibault⁴ fait en partie justice, d'ailleurs, dans sa biographie —, ce n'est pas cette mise à nu, cette tranquille assurance, j'allais dire cette « innocence », qui, aujourd'hui encore, demeurent impardonnables. On peut rêver à la façon dont ses pires délires antisémites auraient été reçus, au soulagement même, peut-être, qu'ils auraient apporté aux lecteurs du *Voyage* ou de *Mort à crédit*, s'il s'était contenté, comme tant d'autres, comme tant de phares incontestés de la pensée française, de les chuchoter, de les murmurer entre les lignes et de passer en ombre discrète au lieu de vendre ainsi la mèche. Ah ! si ce pauvre Louis-Ferdinand s'était borné, comme eux, comme l'essentiel de la cléricature, à dîner aimablement avec le lieutenant Heller ! Le bougre a préféré aller

---

3. *Bagatelles pour un massacre*, Paris, 1937, p. 86.
4. *Céline, cavalier de l'apocalypse*, par François Gibault, Mercure de France.

partout, dans la cité, éventer le terrible, l'indicible, le brûlant secret de la communauté[5].

C'est en ce sens, pour toutes ces raisons à la fois, que je proposais de le baptiser, en commençant, le plus grand et le plus actuel des historiens du XXe siècle. A présent, au vu de cette gaffe monumentale qu'il a en quelque sorte commise, de cette vivante et hurlante gaffe qu'il est lui-même en train de devenir, j'ajoute qu'il est, de ce même siècle, le symptôme et le révélateur. Seul ou presque dans les caves de la maison de Meudon, traqué par la meute maintenant à ses trousses, assourdi par le couinement qui se fait autour de lui, il a quelque chose du gêneur, de l'indésirable témoin et, donc, de l'homme à abattre. Immense écrivain ou fasciste typique ? Les deux à la fois, bien sûr, et indissolublement. Le même paladin d'ordure ou, parfois, de vérité. A la limite de l'âge moderne, remonté depuis ses combles, surgi de ses plus noires bouches d'ombre, il y a un raté, un ratage, une propre vomissure et comme un inaudible lapsus — qui s'appelle Louis-Ferdinand Céline.

(Octobre 1981)

---

5. *Cf.*, sur ce point, les analyses de Philippe Sollers, notamment dans « Jazz », *Tel quel*, n° 80, 1979.

LE SYSTÈME FOUCAULT

I

Tout a commencé, on s'en souvient, avec cette somptueuse histoire de la folie où Foucault racontait les principales étapes du « grand renfermement ». 1657, et la fondation d'un « Hôpital Général » où l'on interne les fous mais aussi avec eux, et indistinctement, les parasites, les pauvres et tous les nouveaux gueux du capitalisme naissant. 1794, et la libération des enchaînés de Bicêtre : on rend à la folie sa spécificité, on la libère enfin de son horizon de délinquance, on lui donne des asiles où elle pourra guérir, on y applique un savoir qui se nomme la psychiatrie... Simple manière en fait de renforcer l'internement : le fou n'est pas libéré, mais enfermé dans sa maladie, contraint de déposer les armes, et réduit au silence. La raison a gagné, l'exclusion est consommée.

Pourquoi cet acharnement ? Parce que l'enjeu était de taille et qu'il s'agissait pour l'Occident, en bannissant ses démons, de découvrir son propre visage ; en enfermant ses fous, de reconnaître son territoire ; en créant des ghettos, de mieux tracer ses frontières ; en localisant son dehors, de structurer son dedans... Comme s'il fallait à l'âge classique, pour parvenir à se définir, l'image de sa contrefaçon : forçant l'historien au détour — et à passer lui aussi, l'espace du livre, de l'autre côté du miroir. Michel Foucault, annonçant donc une archéologie de la déraison, brossait en réalité un tableau de la raison. Ce qui n'était déjà pas sans importance théorique puisque allaient en sortir un nouveau concept de fondement[1] et, à terme, une nouvelle théorie de la société. Voilà en effet une Raison fondée non plus à partir de son *fond*, mais par rapport à son *bord*. Une culture définie non plus par ses bases, mais par ses marges. Un fondement qui, pour la première fois, n'a plus rien d'une fondation mais a à voir avec une clôture. Un sol enfin qui, par un étrange effet d'optique, a tous les traits d'une frontière...

Impensable bien sûr dans le schéma marxiste, mais suffisant déjà pour entamer ses certitudes ; et pour le faire, du coup, en son point le plus sensible : celui de sa théorie du pouvoir... Mais n'anticipons pas. L'essentiel pour l'instant : si tel était bien le projet de l'*Histoire de la folie*, elle doit se lire alors comme l'exact symétrique des *Mots et les Choses* qui allaient suivre. Car de quoi s'agira-t-il cette fois ? De décrire l'âge classique, puis la modernité, non plus à partir de leur Autre, mais à partir du Même. Directement si l'on veut, à la source de leur discours et de leurs énoncés. L'âge classique a parlé : comment sa parole s'ordonnait-elle, comment classait-elle ses objets, comment marquait-elle ses différences ? Le XIXe siècle a accouché de trois sciences au moins, la philologie, la biologie et l'économie politique : pourquoi justement à cette

---

1. Michel Serres, *Hermès 1* (Minuit éd.).

date et qu'est-ce qui les a rendues possibles ? Quel est leur principe de cohérence et comment se distribuent-elles ? Existe-t-il des lois, des règles ou des contraintes qui, contrôlant la production des discours, autorisent, pour une époque, à en dresser le tableau ?

Précisément oui, et c'est ce que fait Foucault. A partir des énoncés de l'histoire naturelle, de la grammaire générale et de l'analyse des richesses pour le XVIIIe siècle. A partir du discours de la philologie, de la biologie et de l'économie politique pour le siècle suivant. En inventant une méthode — « l'archéologie » — qui se donne un objet nouveau — « l'épistémé ». Entendez : pour une époque donnée, le sol de son savoir, le champ de son visible, le socle immobile qui vient répartir ses discours. *L'espace* où ses objets se profilent, *la loi* de prolifération de ses concepts, *le régime de dispersion* de ses problèmes, *la règle de distribution* de ses styles. Bref, toute une nappe de contraintes, anonymes et sans visage, qui marquent par avance le lieu de tout discours.

Archéologie de l'Autre, archéologie du Même : deux livres, deux perspectives, qui chacune à sa manière décrivent cette dénivellation où s'origine notre présent. Ce socle silencieux sur lequel, pour un temps, nous reposons encore. Jusqu'au jour où, à son tour, il menacera de s'effondrer, emportant avec lui les figures de notre savoir.

II

Car c'est bien là justement, d'après *Les Mots et les Choses* toujours, ce qui menace de se produire.

L'amorce d'une fracture, analogue par l'ampleur à celle qui sépara l'âge classique de la modernité. Et dont la première victime sera, explique Foucault, cette figure familière, que l'on croyait éternelle, mais qui est mortelle elle aussi, et dont on peut prévoir la disparition prochaine : l'Homme.

L'Homme n'est pas éternel : il faut entendre par là qu'il n'est pas « le plus vieux problème », ni même « le plus insistant », qui se soit posé à nos cultures ; qu'il n'est pas vrai par conséquent que les hommes aient réfléchi, depuis la nuit des temps, sur l'être de leur nature, la loi de leur langage, la structure de leur désir ; qu'il est même à peu près sûr que l'homme n'eut longtemps point de place, point de lieu assigné, dans l'édifice du savoir ; que l'âge classique en tout cas s'ordonnait autour de règles qui ne lui réservaient nulle surface d'émergence ; que les analyses de l'époque sur les obscurs mystères de la « nature humaine », sur les vertiges du cogito cartésien, ne le concernaient pas davantage que la grammaire générale le langage, ou l'histoire naturelle la vie... Les hommes, en d'autres termes, étaient bien là, mais l'Homme n'était pas pensable : exclu du champ du visible et donc de toute théorie.

Une date de naissance récente, ajoute Foucault : effectivement, la fin de l'âge classique et l'aube de la modernité. Il fallait à son avènement le tracé d'une clôture, à l'abri de laquelle il puisse se déployer. Il fallait aux sciences humaines un emplacement spécifique dans la configuration de l'épistémé. Cette clôture qui va pouvoir accueillir l'Homme, ce lieu propre qui va même le requérir, c'est le nouveau « trièdre du savoir » décrit à la fin des *Mots et les Choses*. C'est dans cet espace volumineux, dans l'interstice de ses trois dimensions — sciences exactes sur l'une, philosophie sur la deuxième, sciences déductives sur la dernière — que les sciences de l'Homme vont venir se répartir. N'appartenant proprement à aucune des arêtes du trièdre, jouant de leur écart et jouant les intermédiaires, elles souffrent d'être dérivées et par conséquent instables : dangereusement familières de la philosophie, tentées de loin en loin par les modèles mathématiques, adossées vaille que vaille aux autres domaines du savoir... D'où leur inévitable précarité, et le présage de leur disparition. L'Homme est venu récemment sur la scène du savoir : il pourrait bien la quitter, avec autant de nécessité. Que viennent à disparaître ses conditions de possibilité, que vienne à se disloquer la structure du trièdre, et c'en sera fini de son lieu réservé. Il vacillera lui aussi et quittera, défiguré, l'horizon de notre culture : laissant la place peut-être à une nouvelle aurore.

Et c'est bien déjà ce qui se produit dans le discours même de Foucault et dans sa méthode de l'Histoire. Car que fait-il au juste quand il assigne aux énoncés cet obscur sous-sol, fait de règles anonymes et de lois matérielles ? Que fait-il quand, aux « inventions » du génie et aux surprises du talent, il oppose la vérité muette de règles de production et de régimes de dispersion ? Que fait-il encore lorsque, au rêve d'une « continuité » de l'Histoire, il oppose des fractures, des seuils et des césures ? A sa prétendue « totalité », des strates et des niveaux, des scansions spécifiques, rebelles à toute loi commune ? Au sens qu'on lui suppose, au progrès qu'on veut y lire, l'errance et l'aléa ? Que fait-il, oui, chaque fois, sinon ruiner toute prétention de l'homme à maîtriser et totaliser le cours de son histoire ; éliminer le sujet, le sujet transcendantal, le sujet souverain ; débusquer méthodiquement tous les ultimes recours de la conscience malheureuse de l'Occident.

De là, du reste, un malentendu quant à un prétendu « structuralisme » de Foucault. Lui-même s'en est expliqué à la fin de l'*Archéologie du savoir*. A peu près rien de commun avec les analyses de Lévi-Strauss qui n'échappent d'ailleurs pas aux mises en garde foucaldiennes contre les mirages tenaces de l'intériorité, la tentation constante d'ajouter aux textes un « sur-dit » pour mieux faire parler leur « non-dit »... Rien de commun non plus avec ces notions apparemment voisines que sont la « clôture » derridienne (clôture sans dehors, frontière sans bordure) ou la « problématique » althussérienne (matrice d'un discours et non régime de dispersion), toutes notions qui fonctionnent admirablement dans leur champ, qui n'ont peut-être pas davantage de titres à se dire structuralistes mais qui ne se confondent pas en tout cas avec les concepts de l'archéologie.

Foucault n'est donc pas structuraliste, mais il est tout de même étrange qu'on ait si fort tenu à ce qu'il le devînt. Étrange aussi, cette série de mauvais procès qu'on n'a pas cessé de lui faire. Piquantes, l'accusation de « technocratie » et la dénonciation de sa méthode comme « fixiste » et « immobiliste »... Comme si on cherchait à toute force à oublier l'essentiel : que c'est l'histoire traditionnelle, l'histoire du continu et du sujet, qui a fait depuis longtemps la preuve de son impotence politique ; qu'il fallait au contraire en passer par toutes les déchirures foucaldiennes ; qu'il fallait tracer l'ébauche d'une théorie générale des productions, pour se donner une chance — un jour — de rejoindre la pratique politique ; qu'il fallait de toute urgence rendre au discours sa matérialité, s'en tenir scrupuleusement à sa positivité d'énoncé, pour se donner une chance — un jour — de lui restituer ses pouvoirs.

III

Et effectivement, il y avait quelque chose de déroutant dans cette attention scrupuleuse portée, depuis le *Raymond Roussel*, aux phénomènes de langage. Quelque chose d'énigmatique dans cet archivisme patient, dans cette érudition savante, toujours exemplaire du reste, et jamais prise en défaut. Et on était en droit de se poser la question, de la poser à Foucault : pourquoi cette fascination à l'égard du document, pourquoi cette ingrate archéologie du monument, pourquoi en un mot cet exorbitant privilège du discours ? La réponse est venue, en 1970, dans la leçon inaugurale au Collège de France, mise à l'épreuve ensuite en cinq années de cours dont *Surveiller et Punir* semble être le couronnement.

Premier élément de réponse : chose parmi les choses, le discours est comme toute chose objet d'une lutte pour le pouvoir. Il n'est pas seulement le reflet des combats politiques, il est bien plus que le théâtre des investissements du désir, il est lui-même proprement enjeu du désir et du pouvoir. La vérité d'un énoncé n'est pas dans le silence de son sens, dans sa parole muette que le commentaire articule, mais dans sa *position*, et dans la stratégie de son locuteur... De sorte que la seule question qu'il est essentiel de lui poser n'est plus la question de ce qu'il dit, mais de *qui* le dit, et pourquoi il le dit. Qui s'approprie le discours et dans quel but le fait-il ? C'est déjà ce qu'en bon philologue Nietzsche ne cessait de demander.

Mais Foucault fait un pas de plus et entreprend de montrer, toujours dans sa leçon inaugurale, qu'il se pourrait bien que le discours ne fût pas un objet de pouvoir comme les autres mais — pourquoi pas

— l'enjeu décisif du pouvoir. Comment expliquer autrement ce luxe de précautions et de mesures disciplinaires où les sociétés occidentales ont pris l'habitude de l'enfermer. Cette accumulation d'interdits, de tabous, de barrières qui en contrôlent la production et en censurent les excès. Ce jeu subtil de partages, d'exclusions, de frontières qui sont autant d'obstacles à sa prolifération. La rigueur même des règles de l'épistémé ne fonctionne-t-elle pas elle aussi comme une police des énoncés ?... Prodigieuse logophobie qui ne s'explique que par la crainte immémoriale de l'Occident devant les maléfices de la parole et le déchaînement possible de ses pouvoirs.

Il est un cas au moins, dira-t-on, où le discours peut prétendre se soustraire à ces contrôles, une forme d'énonciation qui semble par définition hors d'atteinte du Pouvoir, sa forme la plus vénérable et la plus incontestable : la forme de la vérité et la figure de la rigueur... Précisément, répond Foucault, est-on bien sûr de la nature de cette volonté de vérité ? S'est-on réellement demandé pourquoi les hommes désirent le vrai ? A-t-on bien analysé le principe même de ce partage qui rejette lui aussi dans les marges toute une tératologie du savoir... ? D'où l'hypothèse que la volonté de vérité n'est jamais innocente, qu'elle est un instrument de plus dans la discipline du savoir, qu'elle fonctionne elle aussi comme principe de raréfaction du discours, et qu'elle est peut-être même le couronnement de tous les autres, celui auquel ils s'ordonnent et vers lequel ils dérivent. L'idéal scientifique, idéal policier : c'était aussi, il y a deux ans, la conclusion du beau livre de Guy Lardreau, *Le Singe d'or*[2].

On comprend mieux maintenant comment l'ar-

2. Mercure de France.

chéologie du savoir n'a jamais été que l'autre face d'une généalogie du pouvoir. Que c'est du même pas que l'on parcourait les plages arides de l'épistémé, et les cercles tragiques du grand renfermement. Que le savoir psychiatrique portait en lui la clôture de l'Asile ; l'idéologie de Bentham, la discipline de la Prison ; la grammaire de Port-Royal, la structure de l'École ; la médecine de Bichat, l'enceinte de l'Hôpital ; et l'économie politique, le cercle de l'Usine. Avec, chaque fois, la naissance corrélative d'une nouvelle figure d'enfermé : le fou, le délinquant, l'adolescent, le malade et, enfin, le prolétaire...

Dans *Naissance de la clinique* pourtant, Foucault mettait en garde contre une interprétation mécaniste de ce rapport Pouvoir/Savoir. Pas de lien d'analogie, disait-il, entre l'idée médicale de solidarité organique et de communication tissulaire, et l'idée politique de rapports fonctionnels et de solidarités économiques. Pas davantage de causalité linéaire entre la valorisation du corps comme instrument de travail et le soin tout nouveau porté à sa pathologie. « L'archéologie, ajoutait-il, situe son analyse à un autre niveau » : et du pouvoir au savoir elle se garde d'établir des liens simples et uniques. Ce qui, comme on va le voir, fait toute l'originalité du projet.

Ni rapport d'analogie, ni rapport de causalité : c'est en termes d'articulation, de relation biunivoque, fonctionnant dans les deux sens, qu'il faut entendre maintenant le lien des pratiques discursives et des pratiques non discursives. Ainsi que le prouve par exemple le fait qu'il fallut les grandes réformes hospitalières de la Révolution française, pour que se modifie le regard du clinicien, mais qu'inversement c'est faute d'une mutation achevée du socle épistémique du savoir médical, que les conventionnels échouèrent à appliquer leur politique d'assistance. Pouvoir/Savoir, Savoir/Pouvoir : impossible décidément de privilégier l'un des deux termes. A croire qu'ils sont purement et simplement interchangeables...

IV

C'est en tout cas ce que semble indiquer un certain nombre d'analyses menées au Collège de France de 1970 à 1973 et partiellement reprises dans *Surveiller et Punir*. Foucault montre par exemple que le concept de « mesure » chez les Grecs était tout à la fois, et dans le même mouvement, cet instrument de *pouvoir* qui définissait le principe d'ordre auquel il fallait plier la cité, et cet instrument de *savoir* qui servait de matrice aux sciences mathématiques. Que la notion d'« enquête » au Moyen Age fonctionnait indifféremment dans la pratique de l'Inquisition, au service du pouvoir royal, et dans le champ des savoirs empiriques naissants, comme garant de leur scientificité. Que l'« examen », de nos jours, est à la fois principe de sélection, à l'école ou à l'usine, et modèle théorique de la plupart des sciences humaines, à commencer par la sociologie et la psychanalyse... On ne saurait rêver plus étroite intrication. Taillés dans la même étoffe, et l'un par l'autre pétris, c'est de manière indivise qu'il faut penser le rapport du Savoir et du Pouvoir.

De sorte que, de l'*Histoire de la folie* à *Surveiller et Punir*, Foucault n'a peut-être rien fait d'autre que provoquer cette minuscule dérive, ce très léger glissement de sens, par quoi ce qu'hier il nommait

« savoir », il l'appelle aujourd'hui « pouvoir ». Un imperceptible renversement, aux conséquences pourtant fondamentales, puisque là où s'articulaient des énoncés, minces fragments de discours arrachés aux continuités trompeuses et aux finalités réductrices, on voit maintenant se disperser des formes de micro-pouvoirs arrachés au corps du Prince, « infiniment petits du pouvoir politique ». Et c'est précisément l'objet de *Surveiller et Punir* que de décrire la physique de cette machine qu'est le nouveau pouvoir disciplinaire.

Il n'en fallait pas moins pour que se trouve fracturée la conception marxiste du pouvoir et, de proche en proche, l'ensemble organisé et cohérent de la structure qu'elle coiffe. Quoi de commun en effet entre ces micro-pouvoirs universellement dispersés, organisés en fins réseaux et substantiellement homogènes, et le Pouvoir des marxistes qui était système de rouages, articulation d'instances, disparité fondamentale ? Peut-on même parler encore d'instances, hétérogènes et séparées, les unes déterminantes, les autres déterminées, quand on voit leurs miettes, les miettes de pouvoir, s'ordonner spontanément le long de lignes obliques qui traversent de part en part les cloisons de la structure ? Quel sens y a-t-il à parler de « détermination » quand on a vu, au sein de ces troublantes et équivoques réalités que sont les pouvoirs-savoirs, s'échanger les fonctions et se confondre les rôles ? Et peut-on penser encore en termes de structure, devant ce quadrillage et cette constellation, ces forces qui s'affrontent et ces monades qui s'équilibrent ? Le pouvoir se dissémine, et le corps social se constelle : derrière le bavardage des métaphores c'est une nouvelle philosophie politique qui s'élabore et, avec elle, une nouvelle pratique de la politique.

Un mot simplement sur ce dernier point car il est trop tôt pour conclure : Foucault réalise ce tour de force d'être à la fois un des rares philosophes militants de ce temps, et un des rares à avoir su produire *la théorie* de son militantisme. Un des rares à descendre effectivement dans l'arène, lui qui fonda le G.I.P. et soutint un moment « Libération », et en même temps le seul à trouver dans son système, dans sa « boîte à outils » théorique, de quoi légitimer la forme de son engagement. Un exemple : c'est parce qu'il reconnaît *en théorie* la forme constellée du pouvoir, que se justifie *en pratique* une politique de la ponctualité. Un autre : c'est parce qu'il n'imagine plus d'unité au corps social que sous la forme du réseau, que trouve sa raison d'être, dans la pratique, l'idée de coordination transversale, sans appareil et sans foyer réducteur. Un autre enfin, peut-être le plus clair : c'est parce que savoir et pouvoir sont deux réalités homogènes, que l'un peut, dans la pratique, servir de relais à l'autre, que la parole philosophique n'a pas à s'articuler sur la « pratique de masses », mais à la reconduire ou à la prolonger : le philosophe parle et, de ce fait même, il dérange l'ordre du monde.

(Juin 1975)

LA QUESTION SAINT LAURENT

Sa vie est une légende. Son nom est un empire. Ses robes, toutes habitées encore des parfums de femmes qui les ont aimées, entrent dans les musées. Et lui-même traverse tout ça — toute cette gloire, tout cet hommage, tout ce tumulte aussi et ce tintamarre — avec la distance muette d'un grand dandy proustien. D'autres, je suppose, donneront les clefs de cette réussite. D'autres diront le singulier destin de cet éternel jeune homme qui habille à présent, de Paris à New York, et de Rome à Pékin, les élégantes du monde entier. Si je préface, moi, cet album, si je présente ces vingt-huit ans de croquis, photos et témoignages c'est qu'il y a, dans le fond même de cette affaire, quelque chose qui me passionne. Disons la « question » Saint Laurent... Sa « situation » dans notre époque... Ou encore, si l'on préfère, la place, dans notre culture, de ce qu'il faut peut-être bien appeler, par-delà le tumulte justement, par-delà les honneurs et les faveurs, par-delà la mode aussi, et son cortège de complaisances, *l'œuvre d'Yves Saint Laurent.*

I

Qui dit mode en effet dit toujours, qu'on le veuille ou non, cette fièvre du changement, cette folie de la nouveauté où Barthes voyait jadis une véritable « néomanie » et qui fait qu'un créateur, quatre fois par an et chaque année, fait table rase de son passé et propose à toute force quelque chose de différent. Or il suffit d'ouvrir le livre déjà[1], il suffit de le feuilleter pour y découvrir un Saint Laurent qui change certes, qui invente, qui ne cesse pas de se renouveler et qui ne dédaigne pas, au demeurant, le jeu sacré des collections — mais qui, chose curieuse, ne dédaigne pas non plus, de saison en saison, et depuis un quart de siècle, de conserver des modèles anciens qui sont comme les invariants de l'ensemble du trajet. Ce sont ses blazers par exemple. Ce sont ses sahariennes. Ce sont ses blouses, ses smokings ou ses robes safari. Bref, ce sont ces quelques vêtements fétiches, réputés indémodables, dont les vrais amateurs savent qu'ils seront là, chaque fois là, fût-ce à titre de clin d'œil ou de réminiscence — signes discrets, mais bénis, que Saint Laurent est toujours Saint Laurent, avec son cachet, ses valeurs et, au fond, sa fidélité. Jadis, on disait une « griffe ». Aujourd'hui, on dirait un « style ». Le style — ou la griffe — c'est ce noyau de permanence qui, parce qu'il résiste à la révolution programmée, fait qu'un grand couturier peut changer sans se renier.

Qui dit mode, dit un très étrange rapport au temps, saccadé et amnésique, heurté et comme décérébré, où tout arrive tout à coup, au rythme non de l'instant mais d'un perpétuel présent ; qui

[1]. *Yves Saint Laurent par Yves Saint Laurent*, Herscher, 1986.

dit mode, dit une histoire sans Histoire, sans passé ni vraiment futur, où il n'est pas exagéré de penser que, à la lettre, il ne se passe rien. Or, là aussi Saint Laurent renâcle. Que dis-je ? Il résiste. Et j'en veux pour preuve la manière dont il traite ces vêtements fétiches justement ; la manière dont il les reprend ; la manière dont, chaque fois, loin de les reproduire en l'état, tels de somptueux vestiges dépoussiérés pour l'occasion, il les retaille, les retravaille, les recommence, les repense ; j'en veux pour preuve, en d'autres termes, la manière dont, chaque fois, comme ferait un musicien modulant ses thèmes et ses motifs, il déplace, décline, rejoue les invariants — un boutonnage ici, une emmanchure là, un revers un peu plus large, une épaulette un peu moins haute. Les amateurs, à nouveau, ne s'y trompent pas qui, au premier coup d'œil, et avec une précision qui n'a d'égal que la subtilité de la variation, distinguent le caban d'origine de sa réédition en 1962 ou de sa reprise, quinze ans plus tard, dans un paysage de spencers, de tissus patchwork ou de robes rock ; ce qu'ils voient, dans cet instant, c'est qu'Yves Saint Laurent est l'un des derniers créateurs à se souvenir qu'il a une mémoire — et qu'un grand couturier ce n'est rien d'autre, en somme, que quelqu'un qui, inlassablement, au mépris de tous les impératifs de radicalité ou de rupture, insoucieux même, s'il le faut, de la « rue » et de « l'esprit du temps », taille, coud, brode, refile, faufile, fronce ou repique le *drap de sa mémoire*.

Mieux encore : il y a souvent, dans la création contemporaine, un côté anarchique, erratique, gratuitement inconséquent ou expressément disgracieux ; il y a, plus exactement, cette croyance naïve, jamais le moins du monde mise en question, dans les vertus d'une liberté totale, érigée en absolu et qui, repoussant toujours plus loin les bornes de l'innovation, autoriserait toutes les outrances, toutes les provocations. Eh bien, ici encore Saint Laurent dit non. Son style, plutôt, dit non. Son système d'invariants dit non. Les jeux subtils mais réglés de leurs délicates variations, disent, répètent non. Et c'est comme un obscur grondement qui viendrait des profondeurs de la tête, de la main, de la langue, de l'intelligence, du cœur, de la mémoire, que sais-je ? pour s'entêter dans ce refus. Tout n'est pas pensable, croit en substance Saint Laurent. Tout n'est pas possible. Cette forme-ci, ce modèle-là, cette extravagance encore ou ce caprice sont, mieux qu'impossibles, incompossibles avec ce qu'est, — et que *peut*, donc — sa couture. Il n'est pas hostile au « kitsch », par exemple : il y est rebelle. Il n'est pas ennemi de la destructuration à tout crin : il y est étranger. Il n'est même pas sûr qu'il « déteste » tel parti pris de laideur, de difformité ou de platitude, affiché par un styliste néo-punk ou un décalé fin de siècle : il y est indifférent. Ces formes d'esthétique ne sont, en fait, pas au programme.

Et puis j'allais oublier enfin ce dogmatisme, cette tyrannie du goût qui se sont si longtemps attachés à l'idée même de la mode et dont je ne suis pas convaincu qu'elle soit vraiment déprise — combien de femmes qui, chaque année, continuent d'attendre dans la fièvre le « verdict » des collections ? combien de stylistes qui, de leur côté, et non sans une arrogance tout de même ahurissante, continuent de se croire au temps où Dior, Fath ou Balenciaga imposaient en effet leurs lignes ? Ce qui est sûr c'est que, cette arrogance-là, Saint Laurent l'ignore et l'ignorera longtemps. Et si cela est sûr, ce n'est pas qu'il soit meilleur ; ce n'est pas qu'il soit plus libéral ; ce n'est même pas, comme on le dit souvent, et comme il le croit peut-être, qu'il respecte davantage les femmes ; mais c'est que, pour imposer une ligne, encore faut-il en avoir une — et qu'en travaillant comme il le fait, en s'enferrant dans sa mémoire, en affinant indéfiniment la même blouse essentielle, bref en opérant sur une ligne temporelle plus longue que celle de la seule collection et en élargissant de la sorte la taille de son « unité de goût », il invente quelque chose — disons, pour simplifier, une *élégance*, dont nul ne sait, assurément, par quel volatil mystère elle parvient à s'accréditer mais dont il est clair, au moins, qu'elle ne s'impose ni ne se décrète.

Yves Saint Laurent, bien entendu, n'est pas le seul couturier à opérer de cette façon. Et tous les stylistes d'aujourd'hui sont loin, à l'inverse, de ressembler à ces créateurs amnésiques, un peu brouillons, brûlant au détour de chaque saison ce qu'ils adoraient la précédente. A quelques notables exceptions près, cependant, la situation est bien, je crois, celle-là ; et il y a un monde entre un homme qui, à mesure que le temps passe, semble plonger toujours un peu plus loin dans la trame de sa mémoire — et puis la foule de ceux pour qui le « printemps-été » de chaque année et l'« automne-hiver » de la suivante, sont l'indépassable horizon, et de leur temps, et de leur travail. Tous ont leurs mérites, d'ailleurs. Tous ont leur place et leur rôle. Et je serais tout prêt à admettre, s'il le fallait, les charmes précaires et vertigineux de cette mode sans lendemain. Je crois, néanmoins, qu'il serait aussi absurde de les confondre que de penser dans le même genre un roman et une bande dessinée, une symphonie et une chansonnette, un film de série B et une fiction d'Éric Rohmer ; je crois, au risque de choquer, qu'il y a des couturiers mineurs et qu'il y a des couturiers majeurs — les uns et les autres ne faisant, en toute rigueur, pas le même métier.

II

Est-ce que cela veut dire qu'Yves Saint Laurent reviendrait, face à la néomanie échevelée des petits-maîtres du moment, à des positions plus classiques, voire carrément académiques ? Et en serait-il déjà au stade de cet autre grand couturier qui s'appelait Coco Chanel et qui, beaucoup plus tard, au soir d'une carrière dont elle semblait avoir épuisé les fièvres, prétendait n'exceller plus que dans la confection parfaite de sa plus élémentaire jupe noire ? La question se pose, sans doute. Je soupçonne l'intéressé lui-même de se la poser parfois. Et ce n'est un secret pour personne — puisqu'il est dûment consigné, et cela ne date pas d'hier ! dans un certain nombre de textes, interviews ou déclarations — qu'il lui arrive en effet, aux heures de lassitude et de découragement extrême, de se mettre à rêver de je ne sais quelle Femme éternelle, absente à toute femme et figée en son essence, dont la couture n'aurait d'autre objet que d'approcher l'idéalité. Sur le fond, pourtant, il me semble qu'il n'en est rien. La tentation, si elle existe, n'est jamais qu'une tentation. Et elle est de peu de poids, surtout, face à cette évidence, massive, elle, et aveuglante : il ne serait pas si fondamentalement rétif à la mode et à son caprice s'il n'incarnait aussi, dans le même geste et pour les mêmes raisons, les techniques, les valeurs et l'esprit de *la vraie modernité*.

Ainsi de son humour par exemple. Ainsi de son insolence. Ainsi de la merveilleuse, de la somptueuse impertinence qui court à travers toute l'œuvre et qui lui fait inventer, pêle-mêle, contre tous les classicismes et tous les académismes, la « robe pop », le « pyjama de soie », le « manteau tapisserie », le « sirene look » de 1975, la « robe bulle », la

« robe rock », la « robe cocktail de taffetas », le « fit revolution » ou bien l'« imper serpent ». Ce Saint Laurent-ci est toujours Saint Laurent, bien sûr. Il est, jusque dans le jeu, le gag ou la parodie, fidèle aux règles invisibles qui, à son insu parfois, programment ses créations. Et il pourrait presque, à la limite, lui si féru de généalogie, se réclamer, ici aussi, d'une Elsa Schiaparelli inventant, dans les années 30, le chapeau à tiroirs façon Dali et le sac en forme de téléphone — ou bien encore du grand Dior gardant l'esprit, et le goût, en 1959, de baptiser ses modèles « Lolita », « Coquine », « Motard » et les « Tricheuses »... Reste qu'il y a dans ces audaces, dans ces défis réglés et calculés, une autre charge subversive que dans les happenings puérils et, au fond, si gratuits des néomaniaques contemporains. Si Saint Laurent est moderne c'est parce qu'il a compris que les provocations les plus réussies, celles qui laissent dans les esprits le parfum le plus insistant, sont celles qu'un Georges Bataille appelait des « transgressions » et qui ont ceci de particulier, disait-il, qu'elles n'excèdent jamais une frontière sans, du même pas, la confirmer.

S'il est moderne c'est, plus précisément, et dans le détail même de son travail, parce qu'il a compris mieux que quiconque tout le parti qu'il pouvait tirer d'une transgression généralisée de toutes les frontières, ou presque, dont ses prédécesseurs s'accommodaient. Français, il vient chercher l'inspiration en Chine, au Pérou, au soleil de Marrakech. Coloriste, il risque, certaines années, les croisements chromatiques les plus hardis. Couturier, j'entends : *vraiment* couturier, rompu au vrai travail de la matière où ses rêves vont se tisser, il ne craint pas de marier, au sein des mêmes collections, les tissus les plus « nobles » et les étoffes plus ordinaires — taffetas et vinyls, soies et jersey, satin des fourreaux brodés et imprimés des robes patchwork. Épris de luxe encore, de faste, de raffinement, il se permet d'aller chercher, à la façon du pop art s'appropriant des canettes de bière pour les faire entrer dans des œuvres, de vraies tuniques normandes ou d'authentiques cabans de marin pour les intégrer à ses défilés — et c'est un formidable court-circuit dans le partage entre, disons, la rue et la couture. Et puis il y a la dernière frontière enfin, la plus importante de toutes, celle dont la transgression aura le plus pesé sur les mœurs et l'esprit de l'époque : celle qui sépare les hommes des femmes et qu'il a, non pas certes abolie, mais harcelée, tourmentée, entamée et rectifiée — en lançant, notamment, ses blazers et ses smokings.

Intéressante, d'ailleurs, cette histoire de blazers et de smokings ! Yves Saint Laurent n'était pas le premier, en effet, à travestir les femmes en introduisant dans leur garde-robe des éléments venus de celle des hommes. Mais ce qu'il y avait de nouveau, je crois, dans sa démarche c'est qu'il ne cherchait pas, lui, justement, à habiller les femmes en hommes ; c'est qu'il n'était plus question de pièces empruntées, importées, rapportées ; c'est qu'il ne s'agissait plus, mais alors plus du tout (et contrairement, d'ailleurs, à ce que la référence au pop art pourrait donner à penser) d'éléments qui, tels quels et, pour ainsi dire, à l'état brut, auraient basculé d'un univers à l'autre ; ce qu'il y avait de nouveau (et de réellement révolutionnaire !) c'est qu'en traversant la frontière, les éléments en question avaient en quelque sorte changé de visage, d'identité et de statut — comme si la logique de la transgression, poussée jusqu'à son terme, avait provoqué l'avènement d'êtres neufs, parfaitement originaux, qui n'avaient plus d'autre ancrage, tout à coup, que dans la collection qui les baptisait. Le blazer n'était plus un blazer. Le smoking n'était plus un smoking. Le caban lui-même n'était plus tout à fait un « vrai » caban avec ce côté « naturel », faussement « peuple » ou « baba-cool » qu'il aurait, en principe, dû impliquer. On pourrait multiplier les exemples. Énumérer mille autres cas. Ce que Saint Laurent a de moderne, derechef, c'est que, chaque fois, comme tous les créateurs authentiques, il dénature ce qu'il emprunte, transfigure ce qu'il intègre : pas un élément, pas un fragment de réel qui, en passant au prisme de son style, ne change radicalement de sens.

Dit en d'autres termes encore, ce qu'il a de vraiment, de très profondément moderne, c'est ce que j'appellerai faute de mieux — mais en donnant au mot son sens le plus contemporain — son goût de la citation. Je songe aux robes Matisse, bien sûr. Je songe aux robes Mondrian. Je songe aux collections entières dédiées, récemment encore, à Picasso, Cocteau, Aragon, Apollinaire. Mais je songe aussi, par-delà ces cas célèbres et presque trop spectaculaires, aux mille citations invisibles qui émaillent tout son travail — aux mille clins d'œil, allusions, suggestions ou détournements qui sont là, constamment là, dans la moindre de ses jupes ou le plus humble de ses accessoires et que le style, toujours lui, a proprement assimilés. Car — et c'est l'essentiel, bien entendu — Saint Laurent ne « colle » pas, il « cite ». Il ne « cite » pas, il « interprète ». Il n'« interprète » même pas, il mixe, malaxe, mélange, métisse. Et, loin de faire une couture bêtement savante qui exposerait ses références comme des quartiers de noblesse, il fait une couture véritablement intelligente qui brûle ses citations à mesure qu'elle les absorbe. Qui, dans le drapé de cette robe, reconnaîtra le reflet du sourire d'infante, cueilli dans un tableau de Goya, qui l'a paradoxalement inspiré ? Qui, derrière ce coloris, cette couture, ce détail énigmatique et poignant, l'écho de la phrase de Proust, de la mesure de Verdi, de la réplique de Desdémone qui s'y trouvent clandestinement évoquées ? Personne, fors l'artiste — si, du moins, il consent un jour à livrer ses vrais secrets.

III

Toute la question, dira-t-on, est de savoir si Yves Saint Laurent mérite ce nom d'« artiste ». Et je m'aperçois en effet que j'ai petit à petit, au fil de ces réflexions et sans en donner, peut-être, toutes les raisons, tenu la chose pour acquise. Ai-je eu tort ? Suis-je allé vite en besogne ? Et Saint Laurent lui-même ne nous met-il pas en garde contre un sacre trop hâtif dans ces textes, innombrables eux aussi, où, évoquant le pauvre destin de toutes ces robes portées, froissées, jetées parfois ou perdues dont il lui arrive d'égarer jusqu'à la plus lointaine image, il s'étonne que l'on puisse ainsi, sans façon ni précautions, les mettre sur le même pied que les œuvres impérissables qui se conservent dans les musées : « de l'art, non, répète-t-il avec un acharnement qui, du reste, l'honore — un artisanat tout au plus, une sorte de métier artistique... » Eh bien, au risque de m'acharner moi aussi, je maintiens que, sur le fond, et quelles que soient ses dénégations, je n'ai pas complètement rêvé ; et je suis prêt à soutenir que si ce qui précède est exact, s'il a, vis-à-vis de son histoire, de sa mémoire ou de sa culture l'attitude dont j'ai parlé, alors, en termes stricts de métier (les seuls qui comptent, en fait, et qui fournissent l'ébauche, au moins, d'un étalon ou d'un critère) il est bien plus proche des grandes ombres dont il lui arrive de réclamer le parrainage que des vivants qui, de-ci de-là, voudraient passer pour ses pairs.

D'ailleurs, écoutez-le. Oui, écoutez-le réellement — non pas dans ses prudences, ses pudeurs ou ses dénis, mais dans les moments, tellement plus éloquents, où il parle de ce métier et de la façon dont il le met en œuvre. Je me souviens d'une conversation avec Sagan par exemple, reproduite dans un magazine, où il expliquait de façon très étrange qu'une robe c'est d'abord un geste, l'effet ou le reflet d'un geste ; au commencement il y a le geste, insistait-il — le sien, celui du mannequin, celui de cette passante peut-être, furtivement croisée : et c'est ensuite seulement, une fois le geste trouvé, qu'il peut choisir la couleur, le tissu, la forme définitive. Il y a des mots qui ne trompent pas. Il y a des mots qui vous trahissent. Et ce que ces mots-là trahissaient, soudain, c'était la proximité extrême à ce très grand peintre abstrait, Cy Twombly, que Saint Laurent connaissait sûrement, mais dont il ne pouvait pas savoir que Roland Barthes, quelque temps plus tard, dans un texte chronologiquement postérieur à la conversation en question, allait dire lui aussi, en des termes quasi semblables : au principe de chacune de ses toiles, il y a un geste, rien qu'un geste — la suite (couleurs, formats, tracés définitifs ou figures) n'étant jamais, finalement, que le reste de ce geste.

Je me souviens d'une autre conversation. Avec moi cette fois. C'était chez lui, en présence de Pierre Bergé, un de ces jours de désespoir, à la veille d'une collection, où il a toujours le sentiment, disait Bergé, que le temps va trop vite, que les modèles ne seront jamais prêts et que l'inspiration elle-même l'a, cette fois, abandonné... Yves Saint

Laurent, pour m'expliquer sa détresse — et pour, en lui donnant la forme d'une régularité, tenter peut-être aussi d'en exorciser l'angoisse — m'expliqua que c'était chaque fois comme une longue brume, tout à fait indéchiffrable, où signes, gestes, citations, couleurs, images, se croisent sans se répondre, s'ébauchent sans prendre forme ; rien ne vient, répétait-il, vraiment rien, pas même un brouillon, un raté, un vêtement moyen ou perfectible — et ce jusqu'au moment (mais viendrait-il, cette fois ?) où, par on ne sait quel effet de grâce, dans l'éblouissement d'une éclaircie parfaitement imprévisible, tout s'arrange, tout s'ordonne et la collection vient tout d'un coup. Je l'ai écouté, ce jour-là. Je me suis gardé de l'interrompre. Mais quand il a eu terminé, je lui ai tout de même dit que c'était ainsi, exactement ainsi, que cela se passe pour un écrivain : qu'est-ce que la fameuse angoisse de la page blanche sinon cette buée de mots qui ne « prennent » pas, qui vous filent entre les doigts, qui sont là, au bout de la plume, comme si un charme malin les dissuadait de s'articuler ? et qu'est-ce que cette euphorie, au contraire, qui vous envahit à l'instant magique de l'écriture sinon le même sentiment qu'au terme d'une longue nuit où rien de visible ne s'est produit, tout cristallise, tout précipite, tout se met en place et se résoud en phrases ?

Et puis il faut l'avoir vu travailler enfin, je veux dire vraiment vu, au vrai moment où il invente — là, debout, seul ou presque au milieu de son atelier, avec, autour de lui, les matériaux dont il se sert. Il y a un peu de tissu, bien sûr... Un croquis vague, tout juste esquissé... Une idée de couleur peut-être, un « geste », une « citation »... Mais l'essentiel, le matériau fondamental, la matière littéralement première où gît le secret de la robe, c'est la jeune femme qui lui fait face et sur le corps de laquelle il élaborera le modèle. Extraordinaire spectacle que celui de ce corps à corps ! Extraordinaire image que celle de cette *épreuve du corps* à quoi il soumet, et le vêtement, et le mannequin ! Il y a les corps dociles, il y a les corps rétifs. Il y a les corps qui cèdent, il y a les corps qui tiennent. Il y a les corps bavards, qui avouent trop de choses trop vite — il y a les corps massifs, qui ne répondent rien. Et puis il y a les corps patients, enfin, ceux qui après des heures de modelage, après des jours et des jours, parfois, de mise à la torture, après qu'ils ont longtemps tenu, hésité, résisté encore, se cabrent une dernière fois et finissent par se plier — avec, sur leurs épaules, la robe miraculeusement advenue. Dans ces moments-là, Yves Saint Laurent ne coud plus comme on peint ou on écrit — mais comme on sculpte. Il faut l'avoir vu, oui, pour savoir comment un couturier peut retrouver soudain les gestes de la statuaire — « je hais ce marbre, pourrait-il dire, qui me sépare de ma statue ».

Cela ne suffit pas, sans doute. Et il se trouvera toujours, je le sais bien, des esprits chagrins pour s'étonner que l'on confère le rang d'« artiste » à des hommes qui, quoi qu'on en dise, et quelques gestes qu'ils reproduisent, ne seront jamais, à leurs yeux, que des princes du futile et des faiseurs d'insignifiance. A ceux-là, qu'il me soit permis de répondre que ce procès en insignifiance, loin de me décourager, aurait plutôt tendance à lever mes tout derniers scrupules — et que l'inutilité, la vanité, le caractère somptuaire et dépensier d'une robe ne seront jamais, pour moi, que des raisons supplémentaires d'accepter de la consacrer. Gravité du frivole. Grandeur de la dépense. Puissance des formes les plus gratuites, les plus infructueuses. Et magie, surtout, de ces signifiants vides, quasi tautologiques — êtes-vous si sûrs que ça, vraiment, que le vêtement soit un « langage » et que ses signes aient un « sens » ? Il y a un grand écrivain, au moins, qui en doutait et qui, glorifiant jusqu'au vertige les « abolis bibelots d'inanité sonore » où il voyait l'essence de l'Art, s'enchantait des purs noms des catalogues de la « dernière mode ». Qu'eût-il dit de celui-ci : « panne et mousseline... reine Christine... pure élégance... Broadway suit... mariée Louisiane... brocards lamés... domino jaune... fourreau admirable... robe portefeuille très décolletée... écharpe nœud de satin... tailleur rose... manteau de gazar » qui, par la seule succession de ses noms, par la théorie de parfums, de formes et de couleurs qu'il fait lever en moi, me semble presque, en tant que tel, mériter sa place dans les musées ?

(Mai 1986)

LA FOLIE - MAURICE CLAVEL

Clavel s'est retiré « au désert », il en est rentré illuminé. Avec un livre qui, cette fois, pourrait ne lui être pas pardonné[1]. Par les laïcs d'abord, qui risquent fort, en première lecture, d'être déroutés ou scandalisés. Ils le savaient chrétien mais chrétien dans le siècle, militant quand il fallait, et généralement à leurs côtés : ils le retrouveront à l'église, enfermé parmi les siens, avocat d'une cause qui, jusqu'à plus ample informé, ne concerne que les calotins. Ils connaissaient son éloquence, la puissance et la chaleur de sa voix : ils verront tous ces talents mobilisés dans un obscur règlement de comptes où sont tour à tour convoqués le Diable et le bon Dieu, les bons et les mauvais prêtres, les fidèles et les infidèles. Ils en étaient restés au fond à un Clavel haraguant les « Lip », chrétien des catacombes peut-être mais qui descendait tout de même dans la rue : ils le découvriront tonnant au milieu des « *pères* », vitupérant les uns, en bénissant quelques autres et les étourdissant tous sous un flot d'anathèmes, de supliques et de prophéties. Bref, on le savait engagé : le voilà dans la peau d'un croisé, moderne soldat du Christ, sorte d'antipape

1. Maurice Clavel, *Dieu est Dieu, nom de Dieu*, Grasset, 1976.

séculier portant sur ses épaules tous les péchés de l'Église...

Par les nouveaux chrétiens ensuite, cette cohorte de fidèles qui rallient l'Union de la Gauche et qui ne trouveront pas du meilleur goût les apostrophes clavéliennes. Car de quoi s'agit-il au juste, et contre qui part-il en guerre ? Contre eux précisément, contre ces prêtres de bonne volonté qu'on aurait pris naïvement pour ses alliés naturels. Contre « *l'Église de l'Archipel* », vendue à la gauche donc au pouvoir, au pouvoir donc au Malin, au Malin donc au Goulag. Contre les prêtres ouvriers, « *marxisés et défroqués* », qui, au terme d'un ignoble et pitoyable marché de dupes, ont troqué la foi et le nom de Dieu, pour l'idéologie et le nom du Prince. Contre l'Église d'après le Concile donc, qu'il adjure de réagir, de revenir aux soutanes et à l'apolitisme de jadis. Honte aux abbés de cour d'un prolétariat défunt ! Vive l'Église intégriste et vive le retour aux origines !... A Palente, on avait laissé un Clavel qui se prenait — qu'on prenait ? — pour Lamennais. Du désert, il nous revient hanté par le spectre de Veuillot...

Inutile de dire enfin que la chose sera fort mal prise à gauche car cette Église qu'il pourfend, c'est tout de même celle qui, il y a deux ans, manqua donner à l'opposition sa majorité présidentielle. Cela aussi Clavel le sait, puisque, au-delà de la gauche du Christ, c'est à la gauche tout entière qu'il dit son fait dans *Dieu est Dieu*..., avec une violence et une outrance qui surprendront les plus malins, les plus prévenus de ses adversaires. On attendait une offensive feutrée, il attaque de plein fouet. On comptait sur des compromis, il rompt la paix sociale. Le marxisme ? Une barbarie. Le Goulag ? Un crime cosmique. Les socialistes ? Des imposteurs. Clavel nous prévient : il est de ces catholiques qui continuent de croire au Diable ; or il n'est pas loin de voir en nous, « intellectuels de gauche » comme on dit, la plus redoutable de ses incarnations terrestres. Il croit aussi, nous dit-il, à quelque chose comme une « *révolution culturelle* » ; or il déclare, cette fois très clairement, qu'elle n'est possible et ne se fera que contre la droite bien sûr, mais contre la gauche aussi bien. Qu'il ne s'étonne pas, du coup, si l'on murmure ici et là qu'il a choisi son camp et qu'en excommuniant il s'est exclu...

L'affaire est d'autant plus sérieuse qu'il n'y a pas vraiment d'affaire Clavel ; que Clavel n'est pas, n'est plus un franc-tireur ; que le seuil du tolérable, d'autres avec lui le franchissent ; qu'il les a tous, au demeurant, salués et parrainés ; et qu'à suivre leur lignage, ce n'est pas à Bloy qu'on remonte mais à la Chine révolutionnaire et au maoïsme français... Glucksmann, Lardreau et Jambet, pour ne citer que les plus récents, sont parfaitement athées et reconnaissent pourtant à l'œil du prêtre une fine vision des choses. Nés à la politique à la veille de Mai 68, ils voient, eux aussi, dans le marxisme le germe du Goulag. Longtemps militants à l'ultragauche, à la gauche de la gauche par conséquent, ils refusent désormais à la gauche le pouvoir de les situer. Autant de raisons qui font que le procès Clavel sera aussi le leur. Autant de signes de reconnaissance qui nous promettent un débat où risque fort d'être abordé tout l'épineux problème de l'impensé de Mai...

N'anticipons pas. Et prenons acte pour l'instant du rôle charnière de *Dieu est Dieu*... Où se décèlent aisément un certain nombre de thèses qui donnent, on va le voir, les clefs politiques de ce débat.

Première position théorique, manifestement kantienne d'inspiration : il y a, dit à peu près Clavel, rigoureusement distincts, le monde de tous les jours et l'Être qui n'est pas le monde ; le monde du relatif d'un côté, l'Être absolu de l'autre. Sur le monde, règne la raison, honnête gestionnaire, après tout, de la poussière des phénomènes. Aux portes de l'Être, au contraire, cette même raison démissionne et cède la place à la foi. De sorte que la foi est, comme l'ont bien vu les agnostiques, indémontrable et injustifiable ; mais qu'inversement, et en toute logique, elle est indéniable et irréfutable. De sorte qu'il y a bien ici-bas une pensée humaine de l'absolu et que c'est la première fonction du spiritualisme que d'en indiquer la voie.

A s'en tenir au monde, aux phénomènes, au relatif, pas moyen, montre encore Clavel, de faire ou de penser l'événement révolutionnaire. Rien qui de ce monde-ci échappe au Diable ou au Prince, qu'on l'entende au sens de saint Paul ou au sens de Machiavel. Tant qu'un projet de révolte passera par le discours, c'est le discours du Maître qu'il prolongera nécessairement. Tant qu'un projet de révolte visera les rapports de chair, c'est encore le sexe du Maître qu'il célébrera malgré lui. Tant qu'un projet de révolte touchera à ce qu'on appelle le pouvoir, le pouvoir qu'il instaurera reconduira les figures de la maîtrise. Tant que les révolutionnaires, autrement dit, projetteront leur rêve dans les formes de ce monde, ils n'accoucheront jamais que de semblants de révolution. Sur ce point au moins Clavel retrouve les thèses politiques des lacaniens : à cette réserve près que, pour lui, c'est au spiritualisme que revient la tâche de traquer, de débusquer ce jeu de feintes et de fausses révoltes.

Est-ce à dire que le révolutionnaire doit être un barbare sans parole, un ange dénué de sexe, un pur rebelle sans visée de pouvoir ? Clavel dit simplement ceci, et c'est sa troisième thèse : que s'il faut désespérer de ce monde, c'est effectivement sur un autre monde qu'il faut tenter de parier ; que si, sur ce monde-ci, règne sans partage le Prince, il faut lui échapper pour déjouer les ruses du Prince ; que si, dans l'ordre du possible, il n'y a de rébellion qu'illusoire, alors il faut miser sur l'impossible pour excéder cette illusion. Et telle est bien la fonction de l'au-delà clavélien : non plus, comme l'arrière-monde des théologiens, une doublure de ce monde-ci, qui, au nom d'une future mais fictive félicité, invite les opprimés à mettre l'arme au pied, mais un *autre* monde précisément, rigoureusement disjoint de celui-ci, et qui, au nom d'une image insensée, commande d'oser lutter... Où l'on voit que quand il parle de « *révélation* », il faut entendre « *révolution* », et que son spiritualisme fonctionne finalement comme ontologie de la rébellion...

On en sait assez à présent pour revenir à la lettre du livre et dissiper les équivoques à quoi une première lecture se prêtait.

On comprend mieux par exemple le sens de ses griefs contre l'Église de gauche. Quand il lui reprochait d'avoir été bernée par le Prince, il voulait dire ceci : qu'en laïcisant sa foi elle a désespéré de l'autre monde, pris le parti de ce monde-ci et tourné le dos par conséquent au projet de révolution culturelle. Quand, ailleurs, il reproche aux marxistes d'avoir « oublié » le Dieu transcendant, il faut entendre ceci : que s'il est vrai que l'expérience de la transcendance est immédiatement et sans détour expérience de la rébellion, en renonçant à la transcendance, ils ont renoncé à la rébellion. C'est moins par conséquent à leur militantisme qu'il en veut qu'à cet engagement dans le monde qui les fait capituler devant le Maître. L'Église avait la chance d'avoir avec la foi une voie d'accès à l'Être : elle a gâché cette chance en pactisant avec le siècle, et ce qu'elle a trahi du coup c'est à la fois, et dans le même mouvement, la foi et la révolution. Et ce n'est d'ailleurs pas le moindre paradoxe de l'affaire que de la voir céder devant les prestiges du monde humain à l'heure où, précisément, les plus rigoureux des philosophes athées, Michel Foucault en tête, en démontrent les limites et en dénoncent les illusions.

S'éclaire de la même manière le sens de l'« intégrisme » de Clavel. On comprend pourquoi, par-delà la gauche, c'est de l'ensemble des « idées modernes » qu'il veut purger la foi : c'est que, là encore, opère l'homologie parfaite de l'ordre de la révélation et de celui de la révolution, et que pour que le premier soit effectivement promesse du second, il lui faut les mêmes quartiers d'Être et les mêmes titres à l'absolu. De même que la révolution est un pari sur l'impossible, de même, rendue à elle-même, l'Église ne pourra être qu'une impossible Église. A l'introuvable rebelle, introuvable en ce monde-ci, ne pourra correspondre qu'une figure, celle de l'introuvable Dieu. Et c'est pourquoi, tentant de le penser, Clavel s'en donne la plus impensable des images : contre le charpentier Jésus de Nazareth, contre le possible, trop possible Jésus, l'image de l'incroyable, de l'impossible Jésus du *credo quia absurdum*.

On comprend enfin — et c'est, on va le voir, l'essentiel — les raisons d'un antimarxisme qu'on aurait tort d'assimiler à celui des traditions de droite. Là encore, en réalité, c'est du même point qu'il faut partir : l'idée qu'on ne peut penser la rébellion que hors du monde, contre le monde, comme un pari sur l'autre monde ; l'idée par conséquent que sera adversaire du rebelle toute vision des choses qui s'en tiendra à ce monde-ci et refusera de parier sur l'absolu — disons, pour faire vite, toute « vision politique des choses »...

Rappel capital parce que ainsi s'explique que Clavel puisse à la fois saluer dans le marxisme la plus grande et la plus cohérente des philosophies politiques : entendez la plus sérieuse, peut-être même la seule, vision politique des choses. Et qu'il puisse aussitôt le dénoncer comme le plus redoutable de ses adversaires théoriques : parce qu'il incarne précisément le stade suprême de la conception politique du monde. Au fond, les clavéliens souscriraient sans doute volontiers à la classique formule de Sartre moyennant cette simple rectification : ils verraient dans le matérialisme dialectique « la philosophie *politique* indépassable de notre temps... » ; et dépassable donc du seul point de vue de la rébellion.

On est bien loin, pour le coup, des sacristies et des bénitiers. Et si, avec cette analyse du marxisme, on touche effectivement à l'essentiel, c'est qu'on approche désormais du vrai crime de Maurice Clavel.

Nul doute d'abord qu'avec *Dieu est Dieu*... prend forme un mode de pensée qui pourrait bien casser en deux l'idéologie socialiste française. Non pas, comme on l'a trop dit, sur le front de l'antimarxisme, question secondaire selon Clavel parce qu'au sens propre *dérivée* par rapport à une autre, plus radicale : celle du choix entre le pari de rébellion et la conception politique du monde. Pas davantage autour de la référence à Soljenitsyne, qui n'aura peut-être été qu'une bannière spectaculaire pour les uns, un épouvantail commode pour les autres, une station en tout cas sur le chemin de la rupture. Pas non plus, on l'a compris, sur le thème du spiritualisme, ou du supposé retour de Saint-Sulpice, puisqu'il est question de bien autre chose dans les métaphores christiques de Clavel...

Radicalisons le propos. Que critique au juste Clavel, que critiquent de leur côté ses amis Lardreau, Jambet et, dans une moindre mesure, Glucksmann, quand, au projet raisonnable d'une révolution aux autres semblable, ils opposent la figure insensée d'une rébellion inouïe et à nul passé comparable ? Que reprochent-ils à la gauche quand ils la voient infectée de ce bacille politique qui lui ordonne de prévoir, d'organiser, de planifier ? Ce qu'ils critiquent, ce qu'ils reprochent, c'est l'insistance d'un thème, à ce point ancré dans nos esprits, qu'il semblait aller de soi : le thème des lumières qui guident le peuple et éclairent la politique ; le culte de la raison qui enchaîne l'histoire à elle-même et en inscrit le cours sur fond d'éternité ; la religion du progrès, pour tout dire, où ils voient la forme la plus subtile de la tentation réactionnaire. La voilà vraisemblablement, la très prochaine ligne de partage : contre la gauche des Lumières, enracinée dans le XVIIIe siècle, une pensée de révolution qui dit sa haine du progressisme...

Nul n'est tenu de parier, bien entendu, comme nul n'est tenu d'avoir la foi ; mais l'immense mérite de Clavel est de poser dans les termes les plus rudes, et paradoxalement les plus rigoureux, la vieille et obsédante question : la révolution est-elle possible ? Et il en place si haut la barre qu'à s'exercer, ici et maintenant, à la folie-Maurice Clavel, on voit s'évanouir comme des mirages tous les semblants de rébellion.

(Avril 1976)

LE MATIN DES CLAVÉLIENS

Ce livre, il m'en avait parlé quelquefois, dans les toutes dernières semaines[1]. Je me souviens de ces étranges et tonitruants coups de téléphone qu'il m'assenait au petit matin, terrassé, me disait-il, par une nuit passée à « *faire rendre gorge* » aux textes kantiens. Je me rappelle mon scepticisme, presque mon agacement, le jour où il me confia que, de telle page de la *Critique* ou de telle « *amphibologie de la* Raison pure », dépendaient notre « *salut* », l'issue de « *nos combats* », et le sort même de la « *pensée* ». Je ne suis même pas très sûr de l'avoir réellement écouté, la dernière fois, sur le quai de la gare, quand il m'annonça, fort solennel, qu'enfin c'était « *gagné* », les heideggériens étaient « *enfoncés* », la « *dialectique transcendantale* » définitivement « *pulvérisée* ». Et la vérité, c'est qu'aujourd'hui, un an après, le livre lu, j'ai peine à réprimer un obscur sentiment de gêne, de honte et de remords : au fil de ces six cents pages dont je n'avais rien deviné, c'était un autre Clavel, un Clavel insoupçonné, un Clavel presque inouï qui, en fait, et tragiquement, était en train de nous advenir. D'un mot — et je le pèse — un authentique grand *philosophe* qui, d'un coup, venait de relever le séculaire défi de ses pairs.

Oh ! bien sûr, cette critique de Kant ne rompt

1. Maurice Clavel, *Critique de Kant*, préface de Jean-Toussaint Desanti, Flammarion, 1980.

guère, du moins en apparence, avec la manière de l'ensemble de son œuvre. Le ton par exemple, la vive et haute voix sont là, très obsédants, qu'on entend sourdre encore, au détour des théorèmes. La dramaturgie aussi, avec ses suspenses et son spectacle, ses coups de théâtre et de clairon, dont les héros sont des concepts et le décor des citations. La trame, le rythme même de l'exposé sont presque ceux d'un roman ou d'une épopée — avec, en prime, un narrateur qui, à toute heure, brise son récit pour nous livrer les affres et les émois de sa recherche.

Un obstacle survient-il où bute la déduction ? Il est pris de « *tremblements* », « *coincé* », « *jeté à terre* » et appelle à grand fracas « *les textes à son secours* ». Les textes arrivent-ils, qu'il déchiffre en érudit ? « *Tout chavire* » d'un seul coup, la « *victoire* » est « *presque acquise* », et il nous enjoint de « *retenir notre souffle* ». L'argument se dénoue-t-il, en une triomphante scolie ? La « *percée* » est opérée, mais lui est « *pris de vertige* », demande « *sursis* » à son lecteur, avant de lancer l'« *offensive finale* ». Les amis et les fidèles, autrement dit, ne seront pas dépaysés : dans le Clavel philosophe, c'est encore et toujours la vieille folie-Maurice Clavel qu'au premier regard ils retrouveront ; et, s'il dialogue avec Kant, c'est comme jadis avec les prêtres, les gaullistes, les maos, les Lip et autres paroissiens de ses catacombes fabuleuses.

Ce qui surprendra plus, en revanche, c'est les effets qu'il tire, cette fois, de la « Folie » d'antan : et rien de moins, pour commencer, qu'un nouveau genre philosophique... Ce genre, il lui donne un nom : provisoirement et conscient de l'emprunt, « *psychanalyse existentielle* ». Cette psychanalyse elle-même, un principe et une gageure : s'en tenir aux textes seuls, et n'aller nulle part ailleurs quérir le matériau de l'enquête. Cette « existence » à son tour, une presque intenable définition : exsangue et raréfiée, purgée de tout le bruit qu'y firent autrefois les passions, la mince et pure crête d'une odyssée spirituelle. Comme si, sous les pas si sûrs, si raides, d'un système en gestation, grondait toujours l'écho de drames et de tourments secrets ; que l'œuvre maîtresse de ce système — la *Raison pure* en l'occurrence — en portait toujours aussi la trace, refoulée certes, mais visible, comme une affreuse plaie de mots, au flanc de l'édifice ; qu'il revenait alors à l'interprète, au *travail* d'interprétation ainsi conçu et inventé, de repérer la plaie, de déchiffrer les cicatrices, de lire à même l'œuvre, en un corps à corps gigantesque avec le propre corps des textes, le calvaire conceptuel qui silencieusement s'y dit — en même temps que, bruyamment, il s'efforçait de s'y taire.

La thèse, plus précisément, pourrait à peu près se résumer ainsi : Kant aurait fait très tôt une découverte décisive, qui ruinait d'un seul geste deux mille ans de philosophie. Ébloui et comme aveuglé par l'éclat de sa propre audace, saisi d'horreur et d'effroi devant le champ de débris qu'il venait lui-même d'ébouler, il n'eut de cesse, ensuite, que d'oublier ce qu'il savait, d'effacer ce qu'il écrivait et de se rendormir gaillardement du sommeil dogmatique de jadis. En sorte que toute son œuvre, toute cette noble architecture dont on nous dit, dans les écoles, l'impeccable cohérence, serait de bout en bout scandée, voire déchirée par la résistance qu'y oppose une intuition originaire à la vague qui, sans trêve, s'applique à l'engloutir. D'un côté, quelques milliers de pages, tout un fatras verbeux pour combler le gouffre immense qu'il avait lui-même creusé. De l'autre, soixante pages, oui, soixante pages à peine, où tient la plus féconde, la plus bouleversante des révolutions théoriques. Et, entre les deux, lui, Clavel l'hyper-kantien, qui, retournant contre Kant les armes mêmes de Kant, appliquant à la *Critique de la raison pure* les procédés mêmes de la « méthode critique », s'acharne à isoler le « bon kantisme » de l'autre, qui, si vite, l'a noyé.

Car de quoi s'agit-il au juste ? Qu'était-elle donc, cette découverte, aussi géniale que terrifiante ? Eh bien, tout simplement, que tout ce qui, depuis Aristote, s'appelle ontologie était une formidable impasse. Que rien de ce que, après Descartes, on baptise théorie de la connaissance, ne tient réellement debout. Que cette étrange manie qu'ils ont tous, de saint Thomas à Leibniz, de discourir sur Dieu, est une imposture millénaire. Que la Morale elle-même, avec sa prétention à statuer sur le Bien, l'Ame ou la Liberté, est une vaste plaisanterie. Bref, que tous les pompeux monuments qu'érigèrent à leur gloire les bâtisseurs de métaphysique n'étaient le plus souvent que châteaux de cartes et cathédrales de papier...

La place me manque, hélas, pour rendre compte de tout le détail de l'analyse. Mais il en ressort ceci, en tout cas, souligné par Desanti dans sa préface : que nous ne sommes, nous, les hommes, que de simples vivants, rivés sans recours à ce monde, assignés sans merci à ce corps, sans autres mots pour le dire que le dénuement d'un dérisoire et trop humain langage ; et que tout le reste est mensonge, vain babil d'illusion — pauvre et piteuse « pensée moderne » qui, de Hegel à nos jours, n'a pas cessé de *régresser* par rapport à la rupture et à la lucidité kantiennes.

Clavel dit bien *tout* le reste. Et aussi, donc, bien sûr, le reste du kantisme. Et d'abord, donc, surtout, l'indigne Kant de tout à l'heure, le philosopheur absurde qu'on dirait tout occupé à se renier et s'enfouir lui-même... Ainsi de la laborieuse « table des catégories », où viennent de nouveau se faire face, comme jadis, comme demain, les mirages du Sujet et de l'Objet. Ainsi de la « Dialectique transcendantale » où, au mépris de ses propres intuitions, il confère maintenant à Dieu et à l'Ame une « *semi-existence rationnelle* ». Ainsi, encore, de cette lourde *Méthodologie*, que nul ne lit plus guère, mais où Clavel est allé voir et où il n'a vu, tonne-t-il, qu'un classique et banal « Discours de la méthode ».

En clair, et pour les profanes, il établit que tout cela, toutes ces pâteuses raisons où tous les lycéens du monde ont une fois au moins peiné, n'est qu'une gigantesque greffe sur le corps kantien originaire. Il montre comment la greffe, malheureusement, a promptement dévoré le corps et transformé ainsi la très subversive « critique » en une simple machine à balayer devant le seuil des conformismes reconstruits. Il nous conte, en un mot, l'histoire d'un Kant qui ne rêvait, au fond, que d'être un Wolf amélioré, ou une sorte de sous-Leibniz, pour ruminer en paix le bon vieux brouet dogmatique : et qui n'est devenu ce qu'il était — le novateur génial de la « découverte » primordiale — que malgré soi, à son insu, par un arrachement douloureux à sa pente la plus intime.

Restaurateur de tempérament alors, et novateur par la force des choses ? Les lecteurs non philosophes sont, ici, en terrain mieux connu. Maurice lui-même, Maurice *surtout* ne pouvait manquer d'être frappé par une troublante coïncidence. Car, de fait, nous dit-il, cette double postulation, cette tragique contradiction, c'est à peu près celle qui déchira, ailleurs, le destin d'un général fameux. Celle qui fit d'un officier traditionnel au service de la plus traditionnelle des Frances le proscrit de 40, puis le héros de 44, vainqueur au nom d'une France à laquelle il n'aurait jamais, sans doute, songé à s'associer. Celle encore qui, un peu plus tard, aux heures de gloire et de majesté, lui fit freiner le mouvement dont il était le père, dont il eût pu être le héraut et dont il s'employa, si obstinément pourtant, et jusqu'en 68 inclus, à enrayer la mécanique...

Certes, Kant n'était pas de Gaulle, ni la *Critique de la raison pure* un 18 Juin spéculatif. Mais le Clavel d'aujourd'hui, en revanche, quand il lit et « critique » Kant, n'est peut-être pas si différent du Clavel-compagnon d'hier, quand il interpellait le Général. Mais cette vénération qu'il lui portait et dont l'intransigeance, on s'en souvient, allait parfois jusqu'à l'outrage, elle n'était pas très loin non plus de la folle fidélité qu'il voue au Penseur et qui le pousse, donc, à l'amputer de quelques milliers de pages. Si l'analogie a un sens, c'est que, ici comme là, Maurice s'était engagé tout entier, corps et âme, indissolublement, et qu'il faut le prendre au mot quand il confesse que, dans cette aride partie de lecture, il ne jouait rien de moins, *à nouveau*, que son « *existence* » même et « *toute sa philosophie* ».

J'ajouterais, moi, volontiers, *notre* existence à tous et la *commune* philosophie. Car, tout de même, quel bilan, quand on récapitule ! Primo, liquidation entamée de toutes les pensées terroristes de ce siècle : Clavel n'en avait pas, trivialement, aux idéologies en soi, mais il savait — et c'est tout différent — qu'il n'est pas de totalitarisme politique qui ne commence et ne s'achève avec une ontologie totalitaire. Secundo, chasse à toutes les infiltrations de la foi dans le domaine réservé des savoirs : loin de ces sombres retours du sacré dont s'enchante la modernité, il ne savait de pires religions que les laïques ou les païennes et c'est pourquoi il était en train de fonder une philosophie radicalement agnostique. Tertio, et symétriquement, conversion du regard, tenu de fixer, au bord de l'abîme, l'ineffable transcendance : croyant Dieu d'autant plus irréfutable qu'il est absolument indémontrable, c'est sur les ruines de sa preuve, là où bredouillent les langues et défaillent toutes les sciences, qu'il en avait fiché l'impossible Nom vivant.

Distingue-t-on mieux, ainsi, l'enjeu de l'entreprise ? Les voit-on mieux, à présent, ces hautes pierres d'angle où il s'apprêtait à bâtir ? Je comprends, moi, en tout cas, l'urgence qu'il pressentait à cette *Critique de Kant* : à l'écoute de la pensée autant que des bruits du monde ou des silences de l'outre-monde, elle scellait tout simplement les fondations de ce qu'il faudra bien, désormais, appeler le « clavélisme ».

Le mot, j'imagine, ne lui eût guère souri, avec cet « isme » pompeux, si profondément contraire au Socrate qui sommeillait en lui. Je ne suis même pas sûr d'avoir, à si grands pas, pu suggérer la chose et rendre la richesse, la beauté de la traversée. D'autres viendront, espérons-le, plus savants et mieux lotis, qui fixeront plus rigoureusement les motifs qui s'y croisent et s'y composent. Pour ma part, je voudrais avoir su dire combien il serait incongru de lire en ce livre posthume un de ces « derniers » textes où l'amitié, parfois, se plaît à voir un testament : car il s'agissait plutôt, j'y insiste, d'une manière de premier livre, d'une promesse de toute lumière, d'une aube radieuse et triomphale : comme une source vive qui, jamais encore, n'avait coulé et que la mort, absurde, avait seule pouvoir de tarir.

(Avril 1980)

LE MARTEAU DE JACQUES DERRIDA

Il y a des derridiens, et il n'y a pourtant pas de derridisme. Jacques Derrida a des disciples, et il n'est pas un maître à penser. C'est peut-être l'ambiguïté majeure de ses textes, la clef de leur hermétisme et de leur légendaire difficulté.

Les derridiens ? C'est un peu nos nouvelles femmes savantes. Une race étrange de philosophes qui gravitent autour de la rue d'Ulm et d'un certain nombre de revues d'avant-garde. Ils parlent la langue du maître et miment ses moindres tics. Ils écrivent la « différance » avec un a et lisent le grec dans le texte. Ils vont au séminaire comme d'autres à la messe ou au marché : pour y chercher un viatique ou le concept dernier-cri. Aujourd'hui « l'hymen », hier le « pharmakon », avant-hier « l'architrace ». Vous ne comprenez pas ? On vous répond qu'il n'y a rien à comprendre : car ce ne sont pas des « concepts » mais du « travail textuel »...

Et puis, il y a aussi les docteurs. Les derridiens dogmatiques. Les maniaques du « système » et les experts en « théorie ». Ceux qui auscultent Derrida pour y trouver une « problématique ». Ceux qui cherchent dans ses textes une « clef » pour embrasser l'ensemble. Est-ce encore la « différance », vieille notion démodée ? Ou est-ce déjà la « dissémination », titre d'un ouvrage plus récent ? On n'en sait trop rien, et on discute à l'infini. Faute de certitudes, on se contente de quelques tabous. Les mauvais concepts, les gros mots qu'il ne faut pas prononcer : la « parole », le « sens », la « présence »... Vous ne comprenez toujours pas ? Il n'y a toujours rien à comprendre. Les petits marquis de la philosophie deviennent théologiens, et Derrida est leur gourou.

Le malheur encore une fois, c'est qu'il est bien incapable de remplir une telle fonction. Pour avoir une école, il faut donner des leçons : or ce professeur n'enseigne à proprement parler rien. Althusser a des élèves, Lacan des disciples, Deleuze des émules, Foucault une équipe : Derrida, lui, est seul. Seul par nécessité et seul par vocation. Avec des compagnons de route parfois (Klossovski) ou des amis de rencontre (Sollers) mais rien qui ressemble à une école... Je défie les derridiens de tirer de ses derniers textes, *Glas* par exemple, la moindre leçon théorique, la moindre thèse et le moindre concept. Leur forme même est étrange : de plus en plus « poétique », de moins en moins « philosophique ». On n'imite pas les poètes, on ne « fait » pas du Derrida. Derrida travaille, mais *à l'écart*. Sans donner ses recettes et sans livrer ses secrets : faux gourou, mais vrai sorcier, il est à la lettre insaisissable.

En quoi consiste donc ce mystérieux travail ? Une chose est sûre : de l'*Introduction à l'origine de la géométrie* (1962) à *L'Archéologie du frivole*, le programme au moins n'a pas changé. Un programme énigmatique : « déconstruire le logocentrisme »...

Pourquoi « logocentrisme » ? Jacques Derrida veut dire que la culture occidentale est dominée depuis deux mille ans par quelques concepts clefs et quelques clivages simples, qui tournent tous autour de la notion grecque de « logos ». Des auteurs aussi différents que Platon ou Bataille, Freud ou Condillac ont au moins ceci de commun qu'ils pensent à partir des mêmes couples de concepts : raison et déraison, présence et absence, dehors et dedans, parole et écriture, etc. Ils s'affrontent évidemment, mais sur le même terrain. Ils apportent du nouveau, mais restent tous grecs à leur manière. Le logocentrisme en somme, c'est le cadre obligé de toute la culture classique. Derrida dit : sa « clôture ».

Pourquoi « clôture » ? Il faut entendre par là qu'il n'y a en toute rigueur pas de pensée, pas de texte, pas de doctrine qui puisse échapper au filet. Car on a beau refuser les concepts, il restera toujours les mots, les habitudes mentales qui leur ont donné naissance : et les non-philosophes y sont pris autant que les philosophes traditionnels. Voyez Nietzsche : il proclame la mort de la métaphysique, mais il reste hanté par son fantôme, c'est-à-dire son langage et ses images. Freud ou Heidegger : ils prétendent en critiquer les fondements, mais ils conservent sans le vouloir l'essentiel de ses présupposés. Foucault ou Lévi-Strauss : ils essaient en désespoir de cause de déserter, mais le discours de l'ethnologue ou de l'historien est lui aussi dominé par les mécanismes logocentriques. Espace décidément limité, sans ailleurs et sans dehors possibles. C'est un peu le monde clos des cosmogonies de la Renaissance : on peut atteindre ses frontières, mais sans jamais les franchir. On peut percer ses parois, mais sans jamais rien trouver derrière.

Si cette analyse est juste, alors la situation est tragique. Tous les espoirs de transgression, d'effraction, de révolution sont ruinés d'un seul coup. Il n'y a aucune issue, ou plutôt il ne reste qu'une solution. Une solution qui n'en est pas une, tant elle semble paradoxale. Une position apparemment intenable mais qu'occupe héroïquement Derrida : puisqu'il n'y a pas moyen d'y échapper, eh bien il n'y a qu'à rester. Puisqu'il n'y a pas moyen de tuer la philosophie, eh bien il ne reste plus qu'à la prendre très au sérieux. En termes clairs : lire et relire les grands textes classiques. S'installer dans la philosophie pour la critiquer du dedans. S'il y a quelque chance de faire un pas hors de son empire, c'est à condition de l'avoir patiemment exploré. S'il y a quelque chance d'en sortir un jour, c'est à condition de s'y être enfermé.

S'y enfermer pour quoi faire ? Pour briser méthodiquement les couples de notions qui le constituent. Un exemple : le couple parole/écriture. Derrida engage pour le briser une opération en deux temps. D'abord ce qu'il appelle un « renversement » : il réhabilite l'écriture en montrant, contre la tradition, qu'elle est bien autre chose qu'un simple et pâle reflet de la parole. Ensuite, un « déplacement » : il explique qu'il ne s'agit même pas d'un clivage véritable car la parole, dans la mesure où elle s'articule, dans la mesure où elle s'espace, a au fond la même forme que l'écriture... Deux temps, deux stratégies : la vieille hiérarchie est renversée, et puis la contradiction est annulée. Derrida « invalide », comme il dit, une des grandes oppositions métaphysiques : c'est cela la fameuse « déconstruction ».

Ce n'est qu'un exemple bien entendu, mais c'est ainsi qu'il procède pour tous les textes qu'il analyse. Partout il cherche le mot, l'image, la notion, qui vont lui permettre de déconstruire une opposition classique. Chez Saussure, il a trouvé « l'architrace » (trace première ou fondamentale) qui permet de penser l'unité de la parole et de l'écriture. Chez

Platon, il trouvera « pharmakon » qui signifie à la fois le remède et le poison, donc le bien et le mal. Chez Mallarmé, « l'hymen », c'est-à-dire indistinctement le voile et le dévoilement, soit le dehors et le dedans... Tous ces mots étranges, aux sonorités baroques, il les nomme des « indécidables » parce qu'ils sont toujours équivoques et disent toujours une chose et son contraire. Ce sont les failles où la logique d'un texte se dérègle. Les fentes ou les fissures par où son système fuit. Oui, voilà tout le travail de Jacques Derrida : explorer ces failles et faire jouer ces fentes. Et voilà tout le sens de la mystérieuse formule qui était au cœur d'un de ses derniers ouvrages : travailler « aux marges » de la philosophie.

Au fond s'il fallait nommer le postulat fondamental de ce travail, ce serait peut-être celui-ci : un texte, même classique et conformiste, finit toujours par se trahir — et il faut le démasquer ; la philosophie est toujours infernale, et le déconstructeur diabolique.

Un mot encore, pour répondre à une question qui est peut-être naïve mais qui est tout de même essentielle. *La* question qu'on ne peut manquer de se poser à la lecture de ces textes difficiles : à quoi bon ces trésors de perspicacité ? Comme disent les politiques, quels en sont les enjeux ?

La réponse peut surprendre : ces enjeux sont *politiques* précisément. Ils concernent les luttes, les drames et les contradictions de notre temps. Ils touchent au point le plus sensible de notre conjoncture théorique : le destin et le statut du marxisme. A l'heure où on parle tant de le *dépasser*, Derrida est peut-être le premier à le *déborder*...

Car enfin, qu'est-ce que le logocentrisme, dont il

a fait sa cible, sinon l'assise et le fondement de ces fameux idéalismes que critiquent depuis un siècle les philosophes marxistes ? Qu'est-ce que la déconstruction sinon une forme radicale de la critique marxienne : une critique qui plonge jusqu'aux racines par-delà les effets de surface, une critique qui remonte jusqu'à la source pour démanteler le système ? Derrida ne dénonce pas telle ou telle forme d'idéalisme mais leur matrice à toutes ; il ne s'en prend pas à Hegel précisément, mais aux conditions de possibilité de son discours ; il n'attaque pas de front l'épouvantail, mais travaille sur son sol nourricier. L'hydre logocentrique a mille têtes et il faut les trancher d'un seul coup : face au radicalisme derridien, bien des « marxistes » et bien des « antimarxistes » font figure de chasseurs de sorcière...

Justement, Derrida les démasque et c'est, si l'on peut dire, l'autre enjeu de son entreprise. Parce qu'il travaille aux fondements, il peut se montrer impitoyable. Derrière les vieilles rengaines déceler les airs connus. Dénoncer les fausses ruptures et les critiques mal faites. Tous les marxistes avoués qui restent métaphysiciens dans l'âme. Tous les matérialismes inconséquents qui couvrent des idéalismes honteux. Combien de pseudo-marxistes qui croient par exemple qu'il suffit de parler matière pour en posséder le concept, et qu'il suffit d'avoir le concept pour devenir matérialiste ! Un concept, rappelle Derrida, n'est rien hors de son contexte et du rôle qu'on lui fait jouer ; et il y a une façon de parler de la matière qui reste profondément idéaliste : à bon entendeur, salut.

Décidément, le byzantinisme a du bon et produit des effets insoupçonnés. Le travail solitaire et têtu de Derrida s'inscrit d'ores et déjà dans la grande tradition des philosophies du marteau. Ces philosophies âpres, rudes et exigeantes qui sont d'abord de vastes démystifications. Ces pensées redoutables et glaciales qui attaquent les conformismes où qu'ils se trouvent. A la foire aux idéologies, le marteau derridien est peut-être un de nos critères de rigueur.

(Mai 1975)

POLITIQUE D'ALTHUSSER

La philosophie se porte bien. La preuve : elle parle politique et le fait à visage découvert. Témoin : le dernier livre de Louis Althusser — brillant, plein d'humour et d'une écriture limpide. A soi seul, un *événement* politique[1].

De quoi s'agit-il au juste ? D'une « Réponse à John Lewis ». Qui est ce John Lewis ? Un philosophe marxiste anglais. Pourquoi lui faire tant d'honneur ? Parce qu'il publiait l'an dernier, dans la revue *Marxism Today*, une réfutation en règle des thèses althussériennes. Réponse à John Lewis donc, comme autrefois l'*Anti-Dühring* : c'est l'occasion pour Althusser d'une mise au point spectaculaire.

Mise au point philosophique d'abord : il précise et approfondit un certain nombre de thèses anciennes. Il lève des ambiguïtés et clarifie ses positions. Il intervient autrement dit dans cet étrange débat qui se noue depuis cinq ans autour de lui, sans lui. Gare aux épigones : le maître met les pieds dans le plat...

Mise au point politique surtout, et c'est sans doute le plus nouveau. On spéculait beaucoup dans les

1. Louis Althusser, *Réponse à John Lewis*, Maspero, collection Théorie, 1973.

salons sur les « engagements » d'Althusser. Était-il maoïste ou communiste orthodoxe ? Était-il un produit du stalinisme ou un antistalinien conséquent ? Quels furent ses rapports avec l'ex-U.J.C.M.L. et pourquoi ne l'a-t-il pas publiquement soutenue ?

Les commentaires allaient bon train et les légendes aussi : sorte de Rimbaud de la rue d'Ulm qui aurait trouvé la pierre philosophale politique, pour s'effacer ensuite et revenir à ses chameaux — là aussi Althusser intervient, et avec quel bonheur ! Il joue cartes sur table, pour expliciter le sens politique de ses interventions philosophiques.

D'où un certain nombre de bombes, dispersées ici et là dans le cours de l'ouvrage. Je cite pêle-mêle. Le Printemps de Prague était un mouvement libérateur et authentiquement populaire. La « déviation stalinienne » n'a jamais été critiquée que d'une manière « droitière », et poursuit par conséquent ses ravages au sein des appareils communistes. Sa seule critique de gauche, effective, efficace, c'est l'histoire de la révolution chinoise, poursuivie par la révolution culturelle : critique « de loin », dit Althusser, mais qui nous concerne « de près »...

Voilà qui est clair, et qui fera grincer bien des mâchoires. Même si la formulation reste discrète, et comme « de l'intérieur du Parti ».

I

La mise au point philosophique d'abord.

Elle tourne autour de trois concepts majeurs. Ceux-là précisément qui font l'objet depuis dix ans des controverses les plus vives. Ceux-là par conséquent où se joue pour une bonne part la rigueur des thèses althussériennes. Les concepts d'« anti-humanisme théorique », de « procès sans sujet » et de « coupure ».

Sur l'anti-humanisme, une précision capitale. Je maintiens, explique Althusser, qu'il faut débarrasser le marxisme de toutes ses séquelles humanistes ; qu'on ne comprendra jamais rien à rien tant qu'on expliquera l'Histoire en termes d'essence humaine, d'aliénation et de besoins purement humains. Mais je rappelle quand même, pour ceux qui ne l'auraient pas compris, que c'est bien les hommes réels que je vise au bout du compte ; que je ne refuse de partir de l'Homme abstrait que pour mieux arriver à l'homme concret ; et que c'est bien pour comprendre ses misères, ses drames et ses épreuves, que je mobilise le lourd appareil de la Théorie. Cela, pour les belles âmes effarouchées qui voyaient dans le prétendu « structuralisme » althussérien un scientisme aveugle et inhumain.

Une autre précision, à l'usage cette fois des disciples trop zélés qui font de l'anti-humanisme une religion. L'anti-humanisme théorique, déclare Althusser, s'inscrit dans un contexte bien déterminé : les lendemains du XXe Congrès et de la « déstalinisation ». Il a une fonction bien déterminée aussi, qui est de lutter, dans la région de la théorie, contre les résultats d'une déstalinisation de droite : la contamination du marxisme par des idéologies de régression. Si l'on néglige ce contexte et si l'on oublie cette fonction, on risque de ne rien comprendre à l'affaire. Pire encore : on court le risque de graves erreurs politiques.

« Il faut prendre garde, souligne la *Réponse*, à ne pas confondre ce qui, politiquement, ne peut être confondu, quand les faits sont sans commune mesure... Il serait politiquement grave de prétendre juger et condamner à cause d'un adjectif (humain)

quelque chose comme le socialisme à visage humain...
Il serait politiquement grave de confondre ce mouvement national de masse avec les élucubrations humanistes de nos philosophes occidentaux, même communistes. » Prague, autrement dit, ce n'est pas la même chose que Garaudy...

Second point crucial où intervient la *Réponse à John Lewis* : la notion de « procès sans sujet ». Il s'agit, on le sait, de la dette positive de Marx à l'égard de Hegel. Et Althusser entend par là que l'Histoire selon Marx n'a ni sujet, ni centre, ni origine : que la question du sujet de l'Histoire n'a pas plus de sens pour un matérialiste que celle de l'existence de Dieu.

Là encore, il fallait préciser, car le sens commun, c'est-à-dire l'idéologie, est loin d'être d'accord. Va pour l'Homme abstrait qu'on consent volontiers à sacrifier. Mais pas question de céder sur l'homme concret qui, lui, serait bel et bien sujet de sa propre histoire... A quoi Althusser répond par une distinction conceptuelle importante, entre « sujet dans » et « Sujet de ». Oui, l'homme concret est sujet, mais *sujet dans* l'Histoire seulement. Ce qui n'implique nullement qu'il soit *sujet de* son procès, c'est-à-dire comptable et responsable de la totalité de ses événements.

Fort bien, répond l'idéologue. Mais il reste tout de même les classes. Et il tient là une solide thèse orthodoxe : les classes sociales sont bien, elles, LE Sujet de l'Histoire... Nouvelle erreur, montre Althusser. Les classes sociales ne sont pas sujets. Elles ne *peuvent pas* être sujets. Pour la simple raison qu'elles n'ont pas d'existence autonome. Pour la simple raison qu'elles n'existent que parce que la lutte des classes les divise et que les rapports sociaux les constituent. Elles aussi structurées, et non pas structurantes : l'Histoire a un *moteur* (la lutte des classes) mais pas de *sujet* (les classes ou l'Homme...).

On devine derrière tout ceci l'enjeu philosophique latent : c'est la fameuse question de la « coupure ». Là aussi Althusser apporte du nouveau. Mieux : il annonce une autocritique. Mais une autocritique, on va le voir, d'un type très particulier.

Première particularité : elle ne porte en fait sur aucun des points qui étaient jusqu'ici en débat ; Althusser ne retire aucune des thèses incriminées par les contradicteurs ; il maintient l'idée fondamentale d'une mutation du marxisme, de l'idéologie à la Science...

Seconde particularité : c'est sur un point inattendu que porte l'autocritique ; sur une question peu debattue et que John Lewis n'avait pas attaquée : la question de la rupture « philosophique », contemporaine selon *Pour Marx* de la coupure « scientifique ». D'où l'originalité majeure : cette autocritique n'est pas un *aveu* mais une *rectification* ; au lieu d'un « mea culpa » masochiste, une refonte de concepts...

Sans entrer dans le détail de l'analyse, on peut dire au moins ceci : Althusser reconnaît s'être trompé en parlant d'une *coupure* philosophique redoublant la coupure scientifique. Il y a eu effectivement une *révolution* philosophique, et elle a même rendu possible la naissance de la « Science marxiste ». Mais révolution n'est pas coupure et implique contre-révolution. D'où la menace permanente de retour aux formes philosophiques antérieures. D'où les retours intermittents des vieux concepts métaphysiques, tel celui d'aliénation. D'où la nécessité de consolider cette révolution philosophique, toujours menacée et toujours en péril. D'où l'importance, plus que jamais, de la philosophie marxiste...

On le voit, cette autocritique n'est pas ordinaire, et elle a des résultats positifs : un affinement du concept de coupure, et une redéfinition de la philosophie. Conçue non plus sur le modèle de la Science (erreur « théoriciste ») mais comme, « en dernière instance », *lutte de classes dans la théorie*.

II

Nous y voilà. La politique dans la théorie. Ou mieux : la politique tout court. A la racine des erreurs d'interprétation des thèses althussériennes, il y avait peut-être finalement une méconnaissance de leur fonction politique. Là aussi la *Réponse à John Lewis* apporte des éléments nouveaux. Je résume :

1. *Pour Marx* et *Lire le Capital* doivent être replacés dans leur contexte historique : le XXe Congrès et la déstalinisation. C'est la libéralisation de l'époque qui a rendu possible ce type d'intervention philosophique. En ce sens, c'est Khrouchtchev qui rend possible Althusser.

2. Khrouchtchev, malheureusement, c'est aussi une déstalinisation de droite. Souvenez-vous : le « culte de la personnalité »... Les « violations de la légalité socialiste »... Des explications psychologiques ou juridiques, quand il aurait fallu mobiliser des concepts scientifiques.

3. Que l'on n'aille pas s'étonner alors de la vague d'humanisme qui a suivi. On donnait l'exemple en haut lieu : le bataillon a imité. On ouvrait tout grand les vannes : l'idéologie bourgeoise s'est engouffrée.

4. D'où le travail d'Althusser et de ses amis.

Attaquant cette idéologie bourgeoise, ils visaient la politique qui l'avait engendrée : à travers l'humanisme, Khrouchtchev ; et à travers Khrouchtchev, Staline. Althusser par conséquent, c'est *la première critique de gauche de la déviation stalinienne*.

5. Si l'on songe par ailleurs que l'histoire de la révolution chinoise est, selon Althusser toujours, la seule critique historique de gauche (quoique silencieuse) de cette même déviation, on voit s'esquisser une convergence que l'on soupçonnait depuis longtemps. Maoïste ou pas, peu importe. Le fait est que *Pour Marx* et *Lire le Capital* rencontraient le maoïsme sur un point : leur commune fonction historique.

Qu'en est-il au juste de cette critique « de gauche » ? Elle restait implicite dans les textes précédents mais les choses se clarifient brusquement, et Althusser avance pour la première fois l'ébauche d'une définition. La déviation stalinienne, explique-t-il, n'est peut-être pas autre chose que le retour, sous des formes transformées et dans de tout autres circonstances, d'une vieille tendance du mouvement ouvrier : l'économisme. Cet économisme, comme toujours, se double de son envers ou de son alibi : l'humanisme. D'où, d'un côté, l'exaltation des forces productives et de la productivité ; d'où, de l'autre, l'exaltation de l'homme en général (dans, par exemple, la Constitution de 36) ; d'où, pour finir, l'occultation de la lutte des classes et des rapports de production.

Le stalinisme, autrement dit, est un humanisme, doublé d'un productivisme. Le reste, ses effets spectaculaires, et « humainement » les plus dramatiques, un effet dérivé.

La thèse est audacieuse et elle a une portée politique considérable. Si réellement c'est ce couple qui sous-tend le problème stalinien, alors il faut admettre que le stalinisme n'est pour une large part, et sous certains rapports, qu'un avatar de la tendance social-démocrate du mouvement ouvrier. La déviation de la IIIe Internationale n'est à bien des égards, passés inaperçus mais essentiels, qu'une revanche posthume de celle de la IIe.

Mieux : si l'on se souvient que le terrain natal de ce couple (économisme-humanisme) n'est autre que l'idéologie bourgeoise, si l'on se souvient qu'il prend d'abord effet dans les rapports de production et d'exploitation capitalistes, dans le Droit qui les sanctionne et l'idéologie juridique qui les couronne — alors il faut admettre que la déviation stalinienne n'est paradoxalement (et à une échelle tout autre) qu'une forme abâtardie de l'économisme classique ; qu'une variante particulière d'un invariant fondamental qui ne nous est, en tout cas, pas complètement étranger.

Il y a plus grave encore, et qui concerne cette fois les appareils communistes d'aujourd'hui. Si la déviation stalinienne se réduit effectivement à un noyau (économisme-humanisme), c'est qu'elle peut se perpétuer sans ses effets les plus voyants ; c'est qu'elle peut survivre à Staline, malgré la déstalinisation. Cherchez l'humanisme et cherchez l'économisme : vous trouverez le stalinisme. Un stalinisme transformé, c'est vrai, et presque méconnaissable : un stalinisme à visage humain.

(Juin 1973)

L'INTELLECTUEL ET SES POUVOIRS

« *Encore une interview. Est-ce que ça ne commence pas à vous fatiguer ?*

— Voulez-vous vraiment savoir ce qui commence à me fatiguer ? C'est ce type de question, par exemple, avec tout ce qu'il laisse entendre. C'est cette nouvelle manie de venir interviewer les gens pour savoir ce qu'ils pensent — du mal, de préférence — des journaux et des interviews. C'est tout ce récent prêchi-prêcha autour du problème des média, et l'absurde combat de nains des médiaphiles et des médiaphobes. Ma réponse, autrement dit, est simple : j'en ai un peu assez de ce chantage au silence et à la mauvaise conscience qu'on a tendance, depuis quelque temps, à faire peser sur les intellectuels. Et je ne crois pas que la cause des droits de l'homme, de la justice, de la morale, ait fait récemment tant de progrès que le temps soit venu de se taire et de se reposer.

— *Si je vous pose cette question, c'est que d'aucuns vous prêtent effectivement un amour immodéré des média, du spectacle, du bruit...*

— Oui. Et ce sont les mêmes qui, aux dernières nouvelles, poussent l'indécence jusqu'à nous inviter à "résister" aux média[1] ! Vous ne trouvez pas que c'est un peu fort ? Vous ne vous êtes jamais demandé ce que pourraient penser de cette audacieuse initiative tous ceux pour qui, ici et ailleurs, le problème de la "Résistance" est une affaire de vie et de mort ? Vous n'avez jamais eu envie d'aller interroger, pour savoir ce qu'ils diraient de nos débats oiseux, un torturé argentin, un goulagisé soviétique, un de ces innombrables martyrs à qui trois lignes dans *Le Monde*, une minute à *Antenne 2*, suffisent parfois à rendre espoir, raison de vivre et de lutter ? Vous n'avez pas le sentiment parfois que, dans un monde sans média, Auschwitz, par exemple, ne serait plus depuis belle lurette qu'un souvenir préhistorique ? les camps de la Kolyma de très exotiques lieux-dits d'une improbable légende ? les génocidés du Cambodge d'éternels morts-abstraits, dont la plainte aurait mis quelques années-lumière à crever le mur de notre indifférence ?

Oui, vraiment, en ce sens, vivent les média ! Vive le bruit quand, dans la guerre des bruits qu'est la lutte idéologique, il couvre le brouhaha que font les assassins ! Vive le spectacle même, quand, par le spectacle, nous devenons contemporains, immédiatement voisins, des charniers et des holocaustes. Là aussi, c'est clair et sans équivoque : les combats auxquels j'ai choisi de lier ma vie ne me paraissent pas si dérisoires que je doive les mener en fraude, en cachette, clandestinement, comme autant d'innocents mais inavouables hobbies.

— *Vous ne pouvez nier pourtant que vous parti-*

---

1. Allusion au courant qui s'est exprimé notamment dans les livres de Régis Debray (*Le Pouvoir intellectuel en France*), et d'Armand et Michèle Mattelart (*De l'usage des média en temps de crise*). (Note de l'éditeur.)

cipez d'un certain "pouvoir intellectuel" et que ceux qui le dénoncent ne manquent pas d'arguments.

— Je pense qu'ils ne manquent surtout pas d'objectifs. Et d'abord, justement, celui de maintenir, de conforter, leur "propre" pouvoir intellectuel. Car enfin, écoutez-les, nos professeurs de vertu, chevaliers à la triste figure ! Écoutez plutôt leur trouille, leur sainte et morne trouille, à l'idée que leurs idées puissent quitter la serre si chaude des cénacles et des académies. Entendez comme ils résistent, comme ils répugnent de toute leur âme, à ce que la philosophie puisse descendre dans la rue, affronter sa rumeur vulgaire, et se soumettre, pourquoi pas, à la sanction du grand public. Voyez leur acharnement à recréer le bon temps, l'époque bénie des dieux où les clercs étaient entre eux, confinés en leurs salons, éternelles et frileuses "union des écrivains" à la française, avec leurs rites, leurs mœurs, leurs fossiles et leur poujadisme...

C'est Pierre Stepanovitch, je crois, qui, à la fin des *Possédés*, annonçait un « chigalévisme », où les maîtres se réserveraient les vertus de la connaissance et laisseraient aux esclaves les délices de l'ignorance. Eh bien, nous y sommes ! C'est peut-être cela, au fond, le rêve et le modèle de notre intelligentsia "progressiste". Avant d'être de droite ou de gauche, avant d'être révolutionnaire ou contre-révolutionnaire, elle est d'abord et massivement "chigaléviste" — c'est-à-dire finalement réactionnaire et élitiste.

— *Que proposez-vous alors ? Quelle est l'alternative ?*

— L'alternative est simple. Et ma proposition très concrète. *Primo*, constituer un vaste rassemblement d'intellectuels antitotalitaires, qui engageraient enfin le travail d'inventaire qui nous manque sur les fabuleuses ressources techniques, l'extraordinaire mémoire vivante, que constitue la télévision.

Secundo, munis des résultats de cette enquête, aller voir les directeurs de chaîne, pour leur proposer des programmes concrets, des "séries" précises et ponctuelles, sur les droits de l'homme par exemple, l'histoire du socialisme, les réfugiés ou la torture, la faim ou la démocratie dans le monde — autant de thèmes sur lesquels, à nous entendre, nous avons notre mot à dire que nous aurions alors, effectivement et concrètement, le lieu et les moyens de dire.

Le "pouvoir", dans ce cas, serait mis au pied du mur, et il serait intéressant de voir comment il s'y prendrait, quels arguments il pourrait bien trouver, pour refuser à trois prix Nobel, à deux professeurs au Collège de France, épaulés par d'indiscutables et indiscutés professionnels des média, quelques heures sur les droits de l'homme. Le parti des intellectuels serait lui aussi au pied du mur, et il serait passionnant d'observer s'il sait mettre autant de passion dans l'action pédagogique et pratique que dans le vain babil guerrier.

Quant aux gagnants, aux vrais gagnants de l'opération, ce serait cette fois, ce serait *pour une fois*, l'immense peuple de l'ombre et des charniers modernes, dont nous ne savons jusqu'ici, depuis nos doctes tours d'ivoire, que nous renvoyer les cadavres, les noms et les nombres à la figure.

— *La tour d'ivoire, comme vous dites, n'a-t-elle pas de bons côtés ? Un garde-fou, une protection, un abri peut-être, permettant une certaine indépendance ?*

— Quelle indépendance ? Par rapport à qui et à

quoi ? Est-ce que ça veut dire qu'il faut se mettre aux "abris" quand monte la rumeur, par exemple, d'une droite néo-nazie qui relève impudemment la tête ? Qu'il fallait se "protéger", se fermer les yeux et les oreilles, quand des centaines de milliers de personnes en danger, flottant comme chiens crevés au fil de la mer de Chine, imploraient notre assistance ? Qu'il faut se "garder des fous" quand ces fous sont tchèques ou soviétiques, amoureux fous de la liberté, du droit, de la dignité humaine, et que toutes les forces du malheur semblent se ranger à leurs côtés ?

Non, vraiment non, je n'aime guère cette idée d'"indépendance" de l'intellectuel. Je la laisse aux éternels collabos, élégants et satisfaits planqués qui vont chercher chez les Montherlant, les Drieu, les Jünger, leurs modèles de courage et d'éthique. Libre à une certaine gauche d'en reprendre l'étendard, toute bluffée qu'elle est, la sotte, par les prestiges d'un esthétisme au vague parfum stoïcien. Je crois, moi, le temps venu de déserter les cloîtres, de parler à ciel ouvert et de s'engager clairement, fermement, vivement, dans l'enfer du présent et la diabolique comédie du siècle.

— *Elle ne date pas d'aujourd'hui, tout de même, la tradition de l'engagement. Et elle a même, il me semble, de très anciennes lettres de noblesse.*

— Ah ! oui ? Parlons-en donc, de ces lettres de noblesse. C'est quoi, au juste, l'engagement au sens traditionnel ? Ça veut dire quoi, "s'engager", pour un intellectuel occidental, jusqu'à présent ? En gros, je crois que ça veut dire, que ça a *toujours* voulu dire deux choses. D'un côté la position, mettons "platonicienne", du conseiller des princes, du clerc au service des puissants, du savant fournisseur d'idéal et de supplément d'âme : c'est le rêve déjà ancien du philosophe-roi ou du roi-philosophe, qui va de la *République* à Aron et Kissinger, via Voltaire auprès de Frédéric ou Diderot au service de Catherine II.

De l'autre, vous avez la position, disons "hégélienne", du conseiller de l'histoire, du confident de la Providence, du sismologue inspiré des tours et des détours de la rusée dialectique : c'est le fantasme, plus récent, de l'intellectuel révolutionnaire, qui va à peu près de Marx aux théoriciens actuels du terrorisme, en passant par tous les avatars de la tradition léniniste.

Or, dans un cas comme dans l'autre, ce qui me frappe, c'est que le schéma est identique : une étrange, une incroyable volonté d'esclavage, d'allégeance, de soumission, qui fait de l'intellectuel "engagé" le servant décervelé de grands signifiants maîtres qui sont comme les autels où il se dépêche d'immoler son autonomie, sa volonté propre, sa subjectivité. Non plus, comme tout à l'heure, l'intellectuel planqué. Mais un intellectuel organique, c'est-à-dire aligné, c'est-à-dire à la botte, et finalement, il faut bien le dire, toujours aussi démissionnaire.

— *Être "à la botte" de la révolution, ce n'est quand même pas la même chose qu'être "à la botte" des princes...*

— Si, bien sûr. Si du moins l'on admet, avec les révolutionnaires justement, que le prince moderne, c'est le parti, et le maître moderne, l'histoire ou la révolution. Est-ce que c'est vraiment différent de servir Denys de Syracuse ou de se plier à la volonté, réputée juste et infaillible, du parti bolchevik ? Qu'est-ce que ça change quand, au lieu de conseiller un despote éclairé, on guide sur les sentiers de la gloire un prolétariat solaire, doté d'une vocation native au souverain bien ? Est-ce que ça ne revient pas exactement au même d'adorer Catherine et Frédéric ou de courber la tête devant un sens de l'histoire qui devient l'ultime figure du vieil ordre du monde ?

Ce qui, de fait, revient au même, c'est que, dans les deux cas, le juste, le vrai et le bien pâlissent devant ce qu'en disent et ce qu'en font leurs hérauts du moment. Ce qu'ils oublient chaque fois, les intellectuels "engagés", c'est qu'il y a des valeurs, des impératifs catégoriques, qui sont plus saints que l'événement, transcendants à toute histoire et dont ils se doivent d'être, en toute hypothèse et toute circonstance, les témoins et les vigiles.

— *Vous défendez là, à peu de chose près, la position de Benda, dans sa* Trahison des clercs...

— Je ne crois pas. Je prends acte simplement de l'échec historique de la plupart des grandes organisations de masse au XXe siècle. Je me contente de tirer la leçon du fantastique gâchis, de l'hécatombe spirituelle que fut, depuis cinquante ans, l'alignement partisan — et notamment stalinien — des intellectuels. Je me rappelle qu'un André Gide, par exemple, n'a effectivement contribué à alléger la souffrance des hommes qu'avant son "engagement", au temps où il n'était qu'une "belle âme" inquiète transportant sa solitude au Tchad ou au Congo. Je vous rappelle le cas de cette très haute figure d'intellectuel de l'après-guerre, je veux dire Albert Camus, seul à avoir osé tenir, contre la horde et la calomnie, qu'aucune idole politique, aucun sens et aucune ligne ne valent qu'on leur sacrifie les impératifs universels de l'éthique.

— *Vous ne prenez tout de même pas Camus pour le prophète de la modernité ? C'est curieux, ce retour à celui que d'aucuns ont pu définir comme un "philosophe pour classes terminales".*

— Pardonnez-moi, mais quand j'étais en classe terminale, c'est plutôt Sartre que je lisais. C'est plutôt Sartre que nous lisions tous d'ailleurs, enfants-chefs que nous étions, petits théoristes en herbe, si impatients de manier la guillotine conceptuelle. C'est chez lui que nous apprenions par exemple que Camus justement était un salopard, avec son incorrigible manie de désespérer Billancourt. Et c'est lui encore qui, avec d'autres bien sûr, nous persuadait que, contrairement aux thèses naïves de *L'Homme révolté*, un camp n'est pas un camp, ni un cadavre un cadavre, quand ce camp a la chance d'être "rouge" et ce cadavre le malheur d'être "de droite"... Dix ans plus tard, bien sûr, je le retrouve, comme vous, aux côtés de Raymond Aron, venant plaider à l'Élysée la cause des "boat people" vietnamiens. Et, comme vous aussi sans doute, je ne peux m'empêcher de me dire que Sartre, sans le dire, est devenu camusien, et que Camus, sans le savoir, a finalement gagné...
Alors, prophète de la modernité ? Ce qui est sûr en tout cas, c'est qu'il avait compris cette règle simple et toujours actuelle : qu'on peut, qu'on doit même parfois, être seul à avoir raison, à avoir raison contre la cité entière, à avoir raison de toutes les raisons du monde. D'un mot : pour s'engager, commencer par se dégager.

— *Est-ce que la conception que vous défendez là n'est pas, à son tour, bien élitiste ?*

— Je crois que c'est la seule tenable. Prenez l'exemple du nazisme. Vous aviez là Hitler, son État, son parti. Mais vous aviez aussi les organisations politiques qui, toutes, parti communiste compris, pactisaient au début avec les S.S. Mais vous aviez encore les masses, oui, les saintes et glorieuses masses, qui acclamaient la croix gammée. Ces masses elles-mêmes, elles n'étaient pas passives, écrasées, abruties, mais bel et bien en rébellion, poussées par un fantastique et unanime désir de révolution.

De sorte que résister au nazisme, jusqu'en 1933 au moins, ça voulait dire résister à toutes ces forces conjuguées. Un antinazi résolu, c'était quelqu'un d'absolument, de terriblement seul, seul contre *toutes* les illusions communautaires de l'époque.

— *Que devient l'idéal démocratique dans tout ça ?*

— Il y a deux façons de définir la démocratie. L'une, qui nous vient des Grecs, et qui y voit un juste rapport entre le haut et le bas, les gouvernants et les gouvernés : l'idéal, c'est quand les gouvernants expriment fidèlement le vœu et le désir des gouvernés — au risque, bien entendu, que ce soit un vœu et un désir barbares. L'autre, qui nous vient de la tradition judéo-chrétienne, et qui y voit une juste articulation entre le haut et le bas, entre le prince et la loi : l'idéal étant, cette fois, quand les gouvernants s'obligent à la lettre d'un droit et que ce droit est comme un référent qui borne leur pouvoir en même temps qu'il l'institue.

En ce qui me concerne, j'opte pour la seconde formule. Je suspends plus exactement la validité de la première au respect de la seconde. Je crois que le point décisif, ce n'est pas celui du plébiscite mais celui du symbolique. Et que la première question à se poser par conséquent, à propos d'une démocratie, c'est celle de sa "Constitution" plus que de son régime de délégation. C'st ce que je voulais dire dans *Le Testament de Dieu*, quand j'invitais à choisir Jérusalem contre Athènes.

— *On vous a beaucoup reproché ce manichéisme.*

— Parce qu'on n'a pas voulu le comprendre. Je ne disais pas, comme on a fait semblant de le croire, qu'Athènes c'était le goulag. Mais, plus fondamentalement, que Jérusalem c'est, ce pouvait être en tout cas, un roc d'antifascisme.

— *Pourquoi ce leitmotiv du "fascisme" et de l'"antifascisme", qu'on retrouve d'ailleurs constamment dans vos livres ?*

— Parce que ce leitmotiv, on le retrouve aussi, et d'abord, dans le siècle. Faisons les comptes, voulez-vous ? Trente-cinq ans après Auschwitz, une "nouvelle" droite qui ose, comme si de rien n'était, nous parler d'eugénisme, d'aryanisme, d'antijudaïsme. Quarante-quatre ans après les Jeux de Berlin, des foules et des foules de gens qui s'apprêtent à aller fêter gaiement les Olympiades de Moscou, à l'ombre des gibets, des asiles psychiatriques, des camps de concentration. Quarante-deux ans après la conférence d'Évian où on a livré les réfugiés juifs aux fours crématoires d'Hitler, une conférence de Genève où, à peu près dans les mêmes termes, avec le même cynisme, on livrait en juillet dernier les réfugiés vietnamiens aux prisons de Pham Van Dong.

Je trouve que ça fait beaucoup. Qu'on peut difficilement dire après ça que l'histoire ne se répète pas. Qu'il y a de quoi devenir bègue, obsédé, obsessionnel. En ce qui me concerne en tout cas, et en deçà même de la théorie, il se trouve que je suis issu d'une famille qui a manifesté assez clairement, jadis, son antifascisme pour me rendre chatouilleux — et intraitable — sur la question.

— *Cela ne vous dispense pas de l'analyse théorique. La faites-vous dans vos livres ?*

— Je crois que, d'un livre à l'autre, je n'ai rien fait d'autre. Disons, pour aller vite, que le fascisme c'est l'envers de la démocratie au sens où je la définissais tout à l'heure. Et qu'on peut parler, très précisément et très rigoureusement, de fascisme chaque fois qu'il y a déni de la loi, du référent, du symbolique. Staline : déni du droit par un prince qui se fantasme comme auto-produit et auto-légitimé. Hitler : déni de la loi dans un délire raciste fondé sur les valeurs du sang et de la terre. Notre extrême droite, même : déni de l'universel dans l'affirmation acharnée du primat de la différence.

— *Vous êtes contre la différence ?*

— Je suis contre l'équivoque où baigne cette notion. Là encore, il y a deux choses. D'un côté le culte absolu, prioritaire, de la différence : et on voit mal alors au nom de quoi refuser au bourreau, au salaud, au violeur, la libre expression de sa petite différence à lui. De l'autre le respect relatif, tolérant, de la différence : et elle ne vaut d'être respectée que lorsqu'elle s'inscrit et se découpe sur un fond d'unité, d'identité, d'universalité. C'est la leçon de la Bible dans l'histoire d'Adam et Ève. C'est la leçon démocratique authentique quand elle parle d'un "droit" — et non d'un "fait" — à la différence. C'est la distinction capitale, et qu'il faut absolument faire si l'on ne veut pas tomber dans le piège où s'enlise actuellement une certaine extrême gauche.

— *A propos de "leçon", vous n'avez pas l'impression, parfois, de donner des leçons à tout le monde ?*

— A tout prendre, je préfère ça au côté : "Non, non, je ne sais rien ; tout ce que je sais me vient des masses, du ciel ou du président Machin", qu'affectionnent tant d'intellectuels. Et qui leur permet après, forts de cette dénégation et de cette garantie d'humilité, de mener les braves gens, tête baissée et échine courbée, vers les cimes de leur société bonne et ses camps de concentration. Étrange, non, comme la dictature idéologique va toujours si bien de pair avec la haine des idéologies ? Comme le despotisme intellectuel fait si souvent bon ménage avec un anti-intellectualisme radical ? Comme il marche sur ses deux jambes, le fascisme réel : d'un poujadisme anti-savoir d'une part, et d'un savoir de granit d'autre part ?

Les marxistes ont un nom pour ça, qu'ils évitent généralement de célébrer, de peur sans doute de vendre la mèche : le kautskisme. Et moi, j'ai une réponse à ça que je préfère au contraire afficher : l'urgence aujourd'hui, contre les démagogues et les malins, de réhabiliter à sa place, en son lieu limité mais singulier, la dignité et la spécificité de la "position de l'intellectuel".

— *C'est la vieille question, très années 60 : "Que peut la littérature ?"*

— Peut-être. Mais la réponse, elle, n'est plus celle des années 60. Elle tient dans des initiatives concrètes, qui se multiplient depuis quelque temps. Le bateau pour le Vietnam, par exemple, où se sont regroupés des hommes et des femmes de tous bords, sur l'impératif minimal de sauver des corps en détresse. Action internationale contre la faim, qui s'est donné pour objectif de travailler à la base, loin des barbelés partisans, pour inviter les municipalités françaises à "adopter" des communautés du tiers monde affamé. Le comité Droits de l'Homme Moscou 80 que vient de créer Marek Halter et qui se propose simplement de rappeler aux autorités soviétiques la lettre de leur droit, de leurs lois, de leur Constitution.

Ce qui est nouveau, dans ces initiatives, c'est que des intellectuels s'engagent sur le terrain, autrement qu'en signant de sempiternelles pétitions. Ce qui est en train de changer plus fondamentalement encore, c'est que la grande affaire n'est plus ce morne débat, où nous avons perdu tant de temps, des rapports de la théorie et de la pratique. C'est que la question de savoir si une pratique est bien fidèle à sa théorie préalable, ou la théorie, inversement, la juste expression d'une pratique antérieure, est devenue dérisoire et totalement privée de sens.

Ce qui commence à se profiler, et qui me paraît essentiel, c'est un dispositif inédit où la théorie et la pratique, le discours et l'action, les concepts et le monde, échappent à leur extériorité de jadis, pour se mêler et se relayer, se fondre et s'entrelacer en des nœuds d'"idées concrètes" qui constituent comme les pivots d'une autre forme de militantisme.

— *Justement, on peut se demander si, dans tout cela, les idées ne sont pas devenues un prétexte. Et si votre programme philosophique ne pourrait pas se résumer à un simple programme politique.*

— Je crois, hélas ! que les idées au XXe siècle ne sont "jamais" des prétextes. C'est Benjamin Fondane qui disait qu'il n'y a pas une idée moderne qui n'ait sur la conscience quelques milliers de morts. Et c'est Hobbes qui, beaucoup plus tôt, prophétisait que les guerres de l'avenir se joueraient par bataillons d'idées interposés...

— *C'est bien la raison pour laquelle on peut s'inquiéter de voir les intellectuels ambitionner de faire la même chose — en mieux, sûrement — que les politiques.*

— Non, ce n'est pas cela. Je crois que leur ambition devrait être de faire tout autre chose que les politiques. De faire, très précisément, ce que les politiques refusent ou renoncent toujours à faire. D'occuper le terrain qu'ils n'ont jamais cessé de déserter... Depuis deux siècles à peu près, ils nous disent : le clivage principal, c'est celui de la droite et de la gauche, moyennant quoi on ne dénonce jamais mieux le fascisme de droite qu'avec les arguments du fascisme de gauche, et vice versa. Nous, nous leur disons à présent : le clivage principal, c'est celui des bourreaux et des victimes, de tous les terrorismes et de tous les droits de l'homme — moyennant quoi de nouveaux fronts commencent de se dessiner, dont l'objectif final pourrait être, comme l'annonçait Boukovsky à sa sortie d'U.R.S.S., de parvenir à échanger un jour Brejnev contre Pinochet.

— *Vous participez, autrement dit, de la condamnation globale — et finalement assez facile — de toutes les pratiques et de tous les partis politiques...*

— Ce n'est pas cela non plus. Je trouve également très inquiétante cette condamnation globale et sans appel. Je me méfie tout autant de la haine du politique comme tel, que du "tout est politique" de jadis. C'est même un autre cas, encore, où l'on voit s'échanger, passer d'un bord à l'autre, des thèmes de droite et de gauche. Le pétainisme, décidément, a la vie dure, et on le voit réapparaître parfois dans les endroits les plus inattendus... Alors, politique ou pas politique ? La question est surtout de désacraliser le politique : non pas de l'abolir mais de le limiter — et, disons, en parodiant Kant, de le limiter pour laisser place à l'éthique.

Partis ou pas partis ? Il y a un pays, l'Italie, où le problème se pose déjà différemment : c'est l'œuvre des radicaux si bien nommés, extrémistes du droit, libéral-libertaires acharnés qui, loin, comme on le dit ici et là, de tourner en dérision la politique, en prennent au contraire à la lettre les infortunes et les vertus. Et commencent peut-être, du coup, à la réinventer.

Je ne serais pas fâché qu'ici, en France, une structure de ce type voie le jour : un monstre politique qui viendrait lui aussi nous rappeler, sur tous les terrains du malheur, sur tous les champs de bataille de la misère, cette idée neuve en Europe qu'est l'antifascisme radical. »

(Janvier 1980, propos recueillis par Christian Delacampagne)

REMARQUES SUR LE ROMAN

« *Quel est, selon toi, le type de* vérité *qu'un roman peut produire ? En quoi cela se distingue-t-il de la « vérité » à laquelle prétend le discours philosophique ?*

— J'ai souvent dit, en effet, que le roman ne m'intéressait que pour autant qu'il *produisait* de la vérité. Et le fait est que les romans que j'aime, la tradition dans laquelle je me reconnais, c'est plutôt celle de Musil, de Broch et de tous ceux qui présentent explicitement leurs livres comme des instruments de connaissance. A la limite, mon « grand » écrivain du XIXe, c'est moins Stendhal que Balzac avec son projet fou de se faire « le secrétaire de la société française » ou le « Buffon des espèces sociales ». A la limite aussi, les seuls écrivains contemporains que je parvienne à lire sont ceux qui, de la même manière, se proposent de sonder, de radiographier leur temps. Et à la limite toujours, il me semble que sur les grands problèmes de ce temps, sur ses questions vraiment brûlantes, sur ses drames, ses affres, ses points d'intensité maximale ou ses failles les plus vertigineuses, ce sont les romanciers, bien plus que les philosophes, qui disent la vérité. Malraux sur la Révolution... Soljenitsyne sur le stalinisme... Musil, donc, sur la guerre de 14... etc, etc. Alors, me dis-tu, pourquoi ? Qu'est-ce qui vaut au roman ce privilège ? D'où lui viennent ce prestige, cette puissance ? Je l'ai dit là aussi, au moment de la sortie du *Diable en tête :* ce qui est clef dans l'affaire, c'est le rapport très étroit qu'entretient la forme romanesque avec la question du Mal. Tu sais, je crois, combien je suis sceptique quant aux capacités du discours philosophique face à cette question du Mal. Tu sais à quel point je suis persuadé de sa très grande asthénie dès qu'il s'agit d'en traiter les formes les plus perverses. Et je crois avoir établi, dès *Le Testament de Dieu,* que la philosophie n'a peut-être pas d'autre objet, à tout prendre, que cette forclusion du Mal et de ses figures. Alors le roman, donc, s'inscrit en faux contre cette tendance. Il pénètre de l'intérieur ce que le discours philosophique ne fait jamais que traiter de l'extérieur. Il est comme un grand coup de sonde du côté du fond maléfique qui ordonne la société, l'histoire, etc. Et c'est à ça qu'il doit sa puissance de vérité.

— *Dans* Le Diable en tête, *tu as pris le parti d'adopter, pour chaque grande partie, le point de vue d'un personnage, et le style direct. Pourquoi ce choix ? Pourquoi as-tu tenu à éviter le point de vue d'un narrateur extérieur à la fiction ?*

— Disons que j'avais une idée fixe, tandis que j'écrivais. Et que cette idée fixe, c'était, en gros, d'échapper au vieux reproche — tellement connu désormais — qu'adressait Sartre, après la guerre, à Mauriac et à tous les romans classiques. Quand il disait à l'auteur de *Thérèse Desqueyroux* : « Mais comment savez-vous donc ce qui se passe dans la tête de vos personnages ? Qu'est-ce qui vous permet de raconter ainsi leurs pensées les plus secrètes, les plus intimes ? Quel Dieu êtes-vous donc, quel être omniscient et omnipotent, pour vous transporter ainsi, tour à tour et sans prévenir, dans la tête de chacun ? Et comment ne voyez-vous pas que les grandes lois de la relativité devraient, en toute rigueur, s'appliquer aussi à l'univers romanesque ? » Eh bien, mettons que j'aie, moi, essayé d'entendre la leçon. Mettons que j'aie voulu en finir avec cette idée d'un observateur privilégié gouvernant de l'extérieur la totalité de l'intrigue. Et mettons que j'aie voulu prendre très au sérieux ces « principes de relativité » — dont je ne suis pas complètement sûr, soit dit en passant, que Sartre lui-même ait, dans ses propres romans, tiré toutes les conséquences... Bref, c'est vrai que dans *Le Diable en tête*, chaque partie du livre fait apparaître un nouveau narrateur. Et c'est vrai que chaque nouveau narrateur, lorsqu'il arrive sur le devant de la scène, parle à sa manière propre, voit le monde de son propre point de vue et le raconte depuis, exclusivement, ce point de vue... Jamais, nulle part, aucun de mes personnages n'excède les limites de ce qu'il peut voir, savoir, prévoir étant donné sa position dans le fil de la narration. Et jamais, nulle part, les personnages en question ne s'arrogent je ne sais quelle prééminence sur le récit. C'était la seule manière pour moi de résister, non seulement à la naïveté dénoncée par Sartre dans la polémique célèbre, mais encore à ce qu'une très grande critique, Marthe Robert, appelait la « trivialité du roman ».

— *Est-ce que ce parti pris t'a imposé des contraintes ? Et lesquelles ?*

— C'est d'abord, bien sûr, une contrainte de style. Je veux dire par là qu'il m'a fallu : primo, faire parler des personnages qui aient chacun leur voix, leur langue propre ; secundo, accepter, c'était fatal, qu'aucun d'entre eux ne parle littéralement dans ma langue propre à moi, dans celle qui m'était la plus spontanée, la plus familière ; tertio, accepter — et c'était le plus difficile — que tous ces personnages s'expriment, sur des dizaines et des dizaines de pages, dans une langue qui n'était pas la grande langue littéraire dont j'aurais *a priori* rêvé. C'est d'ailleurs, quand on y réfléchit, l'un des problèmes les plus anciens que se soient posés les romanciers. C'est le problème, vieux comme le roman, de l'introduction du style direct dans la trame narrative. D'un côté, Mme de Lafayette, Benjamin Constant, Chateaubriand, mais aussi *Gil Blas* et *Manon Lescaut* — c'est-à-dire des romans où l'on fait comme si le problème n'existait pas, et où les dialogues sont écrits de la même plume, tramés dans la même étoffe que le reste du livre. De l'autre, au contraire, Balzac, Zola, l'essentiel du roman moderne et puis, en tout premier lieu, Choderlos de Laclos qui est le premier, lui, à s'être posé la question dans toute son intelligence et à faire parler Valmont dans une autre langue que Volanges. Et puis enfin, entre les deux, Flaubert qui, comme toujours, a tout compris : relisez les lettres où il explique que tout le problème du « dialogue », c'est qu'il faut à la fois faire « vrai » (c'est-à-dire « pittoresque » et « trivial ») et « beau » (c'est-à-dire « bien écrire », dans un style « vif, précis et toujours distingué »). Le problème, dit Flaubert, est insoluble. C'est un cauchemar. C'est *le* cauchemar du romancier, c'est-à-dire de celui qui s'assigne la double tâche de faire de la littérature d'un côté et d'épouser, de l'autre, la banalité, la trivialité, la vulgarité même de ses personnages et de ses situations. Eh bien, voilà. C'est un peu comme ça que, moi aussi, j'ai ressenti les choses. Et le fait est, puisque tu me parles de « contraintes », que je me suis contraint dans *Le Diable en tête* à parler comme Mathilde, comme Jean, comme Alain Paradis — c'est-à-dire, tour à tour, comme une grande bourgeoise B.C.B.G., un vieux con Algérie française, un avocat proche du terrorisme. Pour l'auteur de *La Barbarie à visage humain*, du *Testament de Dieu*, de *L'Idéologie française*, ça n'a, tu l'imagines, pas été une mince affaire. Mais c'était l'imprescriptible condition pour faire de la littérature.

— *Qu'est-ce, pour toi, qu'un personnage ? Comment s'élabore, dans ta pratique, un « être de fiction » ? La rédaction transforme-t-elle la conception que tu pouvais initialement avoir de tes personnages ?*

— Cette question de la transformation des personnages n'est pas une question simple. Il y a, je crois, deux manières de faire. D'un côté des romans qui s'écrivent à la suite, au fil de l'intrigue, chaque phrase, chaque séquence étant, pour ainsi dire, inconsciente de celle qui va la suivre : c'est, en gros, le modèle stendhalien — et c'est sûr que, dans ce modèle, le lecteur mais aussi l'auteur vont, si je puis dire, de surprise en surprise et que le travail du roman transforme indéfiniment le profil des personnages. Et puis il y a des romans qui sont tout entiers contemporains d'eux-mêmes, qui s'écrivent par tous les bouts à la fois, où l'exigence de composition a été mise au poste de commandement et dont la structure est, au fond, « symphonique » : ces romans-là se transforment eux aussi au cours du travail ; mais vers l'arrière autant que vers l'avant, de la fin vers le début autant que du début vers la fin ; ce n'est pas la ligne précédente qui, autrement dit, transforme ce qui suit mais l'inverse aussi bien ; et c'est chaque nouvelle ligne écrite qui remanie, rectifie et entame celles qui l'ont précédée.

— *On parle de « crise du roman », — le roman, nous dit-on, serait de plus en plus supplanté par les témoignages directs, les autobiographies, voire par d'autres formes de récit (audiovisuelles). Qu'en penses-tu ? Comment apprécies-tu le genre romanesque en 1985 ? Sa fonction ? Son avenir ?*

— Je sais, oui, qu'il y a une tendance, aujourd'hui, à survaloriser le genre autobiographique. C'est-à-dire, au fond, la tradition égotiste ou le style de la chronique. Et ça donne d'ailleurs, quand les auteurs s'appellent Bodard ou Sollers, des résultats tout à fait convaincants. Mais c'est vrai que ce n'est pas ma tradition. Et que, pour des raisons à la fois de pudeur et de principe, personnelles et esthétiques, j'opte, moi, pour une distance, une extériorité à mes personnages qui relèvent d'un tout autre lignage. Alors, bien sûr, je ne dis pas que ça ne changera pas. Et il n'est pas du tout impensable que l'on me voie, un jour, raconter à mon tour, entre mémoires et antimémoires, l'histoire d'un personnage qui me ressemblera comme un frère et où l'on pourra reconnaître, chemin faisant, clefs, clins d'œil et références. Pour le moment, ce n'est pas le cas. Et ma tradition, dans le seul roman que j'aie jusqu'ici publié, est à l'opposé de ce lignage stendhalien, célinien, proustien même. S'il fallait absolument le définir, je dirais qu'il se trouve du côté de Flaubert encore : mais celui de *Madame Bovary,* celui de *La Tentation,* celui de *Salammbô* même —

celui qui soufflait à Louise Colet son fameux « l'expression tue le style ». Quant à l'avenir du roman, enfin, tout ce que l'on peut dire, c'est qu'il s'agit d'un genre récent dans l'histoire de la littérature occidentale ; et que l'on peut tout à fait s'attendre à ce qu'il s'éteigne aussi subitement qu'il est apparu. »

(Novembre 1985, propos recueillis par Guy Scarpetta)

L'AMOUR SE FAIT TOUJOURS
A TROIS

Venir parler, à New York[1], des rapports entre sexe et langage me paraît être aujourd'hui mieux qu'une tâche urgente, une œuvre de salubrité publique. D'autant que j'ai choisi, comme vous le savez, un thème particulièrement épineux. Et qu'en vous proposant une réflexion sur le thème d'« Ève », j'ai songé, bien entendu, à la question de « la Femme ». Pour dire quoi ? Eh bien, permettez-moi, pour commencer, d'énumérer brutalement, presque sèchement, les six thèses que j'entends illustrer. La première : l'individu est un dividu. La seconde : la femme n'existe pas. La troisième : il n'y a pas de rapports sexuels. La quatrième : le sexe est structuré comme un langage. La cinquième : il n'y a d'amour que du Père. La sixième : il n'y a d'amour que de Dieu. Propositions assez énigmatiques encore, j'en conviens. Mais où j'ai tenu à ce qu'apparaissent tout de même clairement deux choses. D'une part : que toutes ces affaires de « femme », de « sexe », de « division des sexes » sont éminemment et fonda-

---

[1]. Conférence prononcée dans le cadre du colloque organisé à New York, en avril 1981, par le Mouvement Freudien International d'Armando Verdiglione.

mentalement religieuses — au point que tout mon exposé se tiendra aux parages du texte biblique et talmudique. D'autre part : que cette lecture théologique des rapports du sexe et du langage a fort à faire avec une autre problématique qui est celle de l'inconscient, du désir et de leurs rapports — au point que c'est volontairement que j'ai donné à ces six remarques un parfum et un intitulé ouvertement lacaniens. La Bible et Lacan. Ou, plus simplement : la Bible et Freud. Cet exposé aura déjà atteint son but s'il contribue — après quelques autres, notamment Gérard Haddad, dans son très bel *Enfant illégitime* — à montrer que ce ne sont pas là des ordres de discours aussi éloignés qu'on pourrait croire.

I

Commençons donc par la première remarque. Je prendrai comme point de référence les textes fameux de la Genèse contant la naissance d'Ève. Plus particulièrement un fragment du Talmud qui tente d'élucider ces textes. Et, plus particulièrement encore, le commentaire que donne de tout cela, dans ses lectures talmudiques, Emmanuel Levinas. De quoi s'agit-il ? Il s'agit, nous disent les rabbins talmudiques, de savoir pourquoi diable, dans l'expression « Dieu façonna la femme », le verbe « façonna » — en hébreu « vayitzer » — s'écrit avec un double « yod ». Oui, une longue, très longue discussion théologique, et bientôt métaphysique, va commencer à partir du mystère de cette *faute d'orthographe* dans le texte biblique original, qui fait qu'un verbe, qui s'écrit d'habitude avec un seul « yod », en prend brusquement deux. C'est là, pour les rabbins, une grande énigme. Et ils vont faire, pour l'éclairer, assaut d'explications.

Je cite de mémoire car je n'ai pas apporté les textes avec moi. Il y a un premier rabbin qui dit que s'il y a dans le verbe « façonner » un double « yod », c'est pour dire qu'il y a dans l'être humain un double penchant, une double « postulation », l'une qui tendrait vers le Bien, l'autre qui nous inclinerait vers le Mal, et l'une et l'autre qui, ainsi, le diviseraient entre la « droite » et la « gauche ». Non ! dit un second rabbin, s'il y a double « yod » c'est pour dire que l'Homme est divisé entre le Haut et le Bas, qu'il y a toute une partie de son être qui tend vers le haut, vers le ciel, vers l'Innommable, vers la Loi et les commandements, et toute une autre qui tend au contraire vers le bas, vers la terre, vers la matrice, vers les forces obscures des anciennes religions païennes. Non, de nouveau ! dit le troisième rabbin. Le vrai sens de ce double « yod » c'est de dire que l'Homme est un Janus, qu'il a deux visages, qu'il est comme redoublé et dupliqué d'avec lui-même, et que le premier de ses visages est transparent à Dieu, alors que le second lui demeure plus opaque. Et arrive alors le quatrième rabbin qui avance, lui, cette dernière explication : si les auteurs bibliques ont commis cette énigmatique faute d'orthographe, c'est pour illustrer le fait qu'Adam a été créé « homme » et « femme », que Dieu a fait d'Adam le nom générique de cet homme et de cette femme.

Il est clair que, comme toujours dans les discussions talmudiques, aucune thèse n'est présentée comme plus « valable » que l'autre. Mais ce qui m'intéresse, moi, c'est d'abord qu'elles ont toutes pour point commun de poser la division, le clivage du sujet. Et c'est ensuite que c'est dans ce contexte, dans le contexte de ce fondamental clivage, que se fait l'apparition de la femme. Autrement dit, s'il y a « de la femme » c'est parce qu'il y a au cœur du sujet une fondamentale et énigmatique séparation. La femme est le nom que prend cette séparation, cette béance, ce trou au creux de l'humain. S'il est nécessaire, dans le plan de création, que place soit faite à cet être qu'on appelle « la femme », c'est parce qu'il y a d'abord en Adam un manque, une béance, dont elle est la métaphore. En d'autres termes encore, l'existence de la femme, c'est la preuve que le sujet n'est pas cet « indivisé » ; que l'homme n'est pas cet « individu » qu'on imagine communément ; et que, au lieu de cet atome, de cet insécable, de cet être plein et bouché qu'aime à supposer notre entendement substantialiste, il faut se figurer un être ruiné, miné, raviné, éboulé et lézardé déjà du dedans par cette fissure ontologique dont la femme est le nom privilégié.

C'est d'ailleurs si vrai qu'il y a un autre Midrach (Pirké de Rabbi Eliezer, XII) qui nous raconte comment un jour « Adam se promenait dans le jardin comme les Anges du Service ». Que Dieu, le voyant, songea qu'à le voir ainsi « seul dans son monde », de même que lui, Dieu, seul dans le sien, « les créatures risquent de dire : c'est lui qui nous a créées ». Qu'à la racine de la possible et tragique confusion, il y a cette coïncidence troublante qui fait qu'il « ne procrée pas » de même que moi, Dieu, « je ne procrée pas » non plus. Et c'est pour cette raison, pour dissiper le malentendu en quelque sorte, qu'il a finalement décidé de « lui faire une aide en face », entendez : de créer la femme. Le texte est clair. Il dit bien que si la femme était nécessaire c'était pour couper court au quiproquo possible entre l'Homme et Dieu. C'est pour affirmer que l'infini, ou l'Absolu, qui sont l'apanage de l'Un, sont interdits à l'autre. C'est pour marquer en un mot la finitude fondamentale d'Adam. S'il y a de la femme, autrement dit, c'est parce que l'être humain est un être fini. La femme est cela qui vient, en son être, témoigner de cette finitude. C'est elle, donc, la sexualité, et non pas, par exemple, la mort, qui est le signe et la marque de cette finitude. Oui, c'est cela : il y a des philosophies qui disent — ou qui diront — que le sceau de la finitude humaine c'est son rapport à la mort, ou encore au travail, ou même encore, tout simplement, au réel. La Bible, elle, dit autre chose : elle dit que rien ne marque mieux notre finitude, notre précarité d'humains que la division, la séparation, la guerre éventuellement des sexes... La femme, ou la trace, en chacun de nous, de notre essentielle précarité d'humains.

II

J'en viens alors à ma seconde remarque, qui s'ensuit de la première et que je résumais dans la formule : *la femme n'existe pas*. Ce n'est pas à vous, bien sûr, que j'apprendrai ce que la formule a appris à signifier dans le contexte analytique en général et lacanien en particulier. Mais peut-être certains seront-ils étonnés d'en trouver ainsi la trace, le pressentiment et jusqu'au quasi-énoncé dans des textes vieux d'un nombre incalculable de siècles.

Que dit en effet la Bible ? Elle dit que « Dieu créa Adam ». Et qu'il « le créa mâle et femelle ». Ou plus exactement que Dieu, « créant l'homme à son image, le créa mâle et femelle ». Ou encore, plus loin, au chapitre cinq de la Genèse quand, reprenant pour la troisième fois son récit, le chroniqueur précise : « mâle et femelle il les créa et les appela du nom d'Homme ». D'un « nom » dont je rappelle ce fait tout de même essentiel que, étant ainsi le nom commun de la « femelle » et du « mâle », figurant le nom générique et abstrait où se découpe la différence de ce que nous appelons aujourd'hui l'homme et la femme, il se dit dans le texte hébreu du nom même de cet Être à qui on a vu la légendaire côte prélevée : je veux dire Adam... En clair, cela veut dire que cette fameuse différence des sexes dont nous faisons généralement si grand cas, n'a pas le sens que nous lui prêtons d'habitude. Que tout en étant irrémédiable, incontournable, irrémissible, elle n'en est pas moins un épisode, j'allais dire une péripétie du destin des humains. Qu'hommes et femmes, avant que d'être séparés, livrés à la guerre des chairs, voués à la ruineuse ronde des désirs, sont d'abord conjoints, fondamentalement conjoints, et conjoints en cette Humanité que le texte nomme adamité. Que, en un mot, l'homme et la femme n'existent pas comme deux essences, deux substances, deux natures séparées. Avis aux amateurs : il n'y a pas de femme essentielle. Il n'y a pas de nature féminine. Il n'y a pas de « substance » féminine distincte d'une hypothétique substance masculine. C'est tout cela que je veux dire quand j'avance que, du point de vue de l'intelligence biblique, la femme n'existe pas.

Mais attention ! J'espère m'être bien fait comprendre. Et je regrette presque de m'être laissé aller à parler de « différence des sexes ». Car tout cela, vous l'aurez deviné, ne signifie pas du tout la visée de je ne sais quelle ré-union des sexes. Ça n'a rien à voir avec d'obscures rêveries de sexes fusionnés dans je ne sais quelle unité primordiale. Si je dis

« adamité », je ne dis pas « androgynie ». Je ne dis pas corydonisme. Je ne songe nullement à ce rêve archaïque et souvent meurtrier de l'espèce, qui est celui de l'homo-sexe. Non. Ce qu'a de très fort le texte biblique c'est d'affirmer le caractère irrémissible de la différence des sexes et pourtant, en même temps, de souligner son caractère épisodique. C'est de tenir pour son caractère absolument incontournable et pourtant, *en même temps*, pour son caractère second et dérivé. Comment quelque chose peut-il être à la fois second et incontournable ? Dérivé et irrémissible ? En étant non naturel. Antinaturel. Inscrit dans un ordre qui n'est pas, qui n'est plus celui de la Nature. Eh bien, c'est ça que nous dit la Bible. Elle dénaturalise la différence sexuelle. Elle l'arrache à ce mirage ou à ce pari de naturalité qui est le fond commun à sa sacralisation comme à sa dénégation. Elle la dérive, la secondarise, au sens propre la *façonne* en l'inscrivant dans un autre ordre qui est celui du symbolique et où les petites histoires d'androgynat perdent leur sens, exactement comme les bavardages convenus sur la monarchie du sexe. La première conséquence de la non-existence de la femme, c'est par conséquent une rupture avec le point de vue naturaliste sur le destin de l'espèce.

La seconde conséquence concerne ce que nous appellerions aujourd'hui « l'idéologie de la différence ». Cette « idéologie »-là, nous savons désormais qu'elle est bien souvent le point de ralliement des extrêmes droites, des néo-racismes ou des néo-paganismes de tout genre. Il est clair que cette revendication partout claironnée d'un primat de la différence n'est pas, comme les gogos voudraient le croire, une école d'antiracisme mais le chemin même par où passe, s'insinue et finalement triomphe le délire raciste. On commence à se rendre compte qu'à réduire le sujet à l'empire de sa différence ou — et cela revient au même — à la collection de ses différences, on n'a plus le moindre critère permettant de *distinguer* entre les différences justement, et de ne pas légitimer la différence du bourreau, du violeur, du nazi, à l'égal de la différence de la victime, de la femme violée, du résistant antifasciste. Cela donc, nous le savons. Tels idéologues modernes le savent qui, du culte de la différence, aboutissent vite, et cyniquement, au racisme généralisé. D'autres aussi qui, plus nigauds, parviennent mal à contourner l'atroce et inévitable conséquence qui, d'une métaphysique naturaliste du désir, conduit naturellement à une apologie politique de la barbarie. Mais ce qui m'intéresse, moi, c'est que ces vérités, le chroniqueur biblique semble les avoir intégralement aperçues. Il voit très tôt, que, à la lettre, il n'y a pas d'éthique possible sur la base d'une pensée de la différence. Il n'y a pas de maxime morale qui, sur cette base, puisse être formulée, c'est-à-dire universalisée. Je dirais, pour aller vite, que faire de la femme cette hémorragie d'Adam, illustrer de la sorte son innaturalité, affirmer même, et au sens que j'ai dit, son inexistence, cela a encore ce sens-ci : penser les rapports entre humains de manière à y économiser, autant que faire se peut, les rapports de barbarie.

Et puis j'ajouterai enfin cette troisième conséquence, dont on saisira toute l'importance en ces temps de « féminisme » et autres « libérations » de la femme : la Bible nous dit — et elle a raison de le dire — qu'il n'y a qu'ainsi, sur cette base, qu'on peut poser et penser une rigoureuse égalité entre les hommes et les femmes. Ça vous étonne ? Ça me paraît pourtant très clair. Car cette démystification de la « femme essentielle » est le meilleur moyen de poser une stricte réciprocité entre les sexes. Elle les fait parler, se parler dans ce que d'aucuns appelleraient un rapport « de visage à visage ». C'est, dit Lévinas, parce qu'elle n'est pas une matrice qu'elle est proprement ce visage. Et c'est pourquoi, comme le note Rachi, l'hébreu est une des rares langues au monde où les deux mots ont la même racine ; où homme se dit « Ich » et femme « Icha ». Très important, cette affaire de mots. En français on dit « homme » et « femme ». En grec « aner » et « gunè ». En latin « vir » et « mulier ». Et ainsi de suite. Alors qu'en hébreu je le répète, c'est le même mot ou presque. Comme pour dire que c'est en « dérivant » d'Adam et de sa côte que « la femme » échappe à sa malédiction millénaire...

III

De là alors, la troisième remarque que j'annonçais et que je formulais : *il n'y a pas de rapports sexuels*. Qu'est-ce que ça veut dire ? Pas besoin là, je crois, de longs développements. S'il est vrai que « homme » et « femme » ne sont pas deux substances distinctes et séparées ; s'il est vrai que « Ich » et « Icha » ne sont pas deux essences qui s'affrontent et se confrontent ; s'il est vrai qu'il n'y a pas, vis-à-vis, deux réalités ontologiquement dissemblables ; si tout cela est vrai, donc, cela veut dire que le projet n'a plus de sens qui vise à une fusion, à une conjonction des sexes, à une résorption de leur écart, bref à leur harmonie. On ne trouvera pas dans la Bible de ces songeries où nous nous plaisons parfois sur « l'acte sexuel réussi » ou sur je ne sais quelle miraculeuse rencontre des chairs et des désirs. Les rabbins du Talmud, ce sont des gens qui savent, quinze siècles avant Freud, que le sexe, ça foire toujours, que ça foire nécessairement, qu'il y a en lui une foirade essentielle qui en est comme la loi. L'idée même que tout ça, toutes ces étreintes qui se cherchent, tous ces désirs qui tâtonnent, toute cette poussière de libido qui flotte et qui attend, que tout ça donc pourrait ici, maintenant, un jour même, se rassembler, se totaliser, est une idée qui leur paraît hautement absurde. Et cela parce qu'il y a, entre les humains, une « pauvreté » fondamentale. Cette « pauvreté » dont le Deutéronome nous dit qu'« elle ne disparaîtra jamais de la surface de la terre ». Une « pauvreté » qui nous voue, nous autres êtres de chair, pliés à la précarité de notre corps, à un manque consubstantiel.

D'ailleurs lisez. Oui, lisez le Cantique des Cantiques par exemple, et ces pauvres monologues croisés, à jamais séparés de la Shoulamit et de son amant. Lisez le fragment talmudique (Talmud de Babylone, Sanhedrin, 22a) où il est dit que « l'union d'un couple est chose aussi difficile que le partage de la mer Rouge ». Lisez ce Midrach (Berechit Rabba...) où une noble romaine demande à Rabbi José ben Halafta : « En combien de jours votre Dieu a-t-il créé le monde ? » ; où, après qu'il a répondu « En six jours », la noble dame demande encore : « Mais que fait-il depuis lors ? » et que le rabbi répond simplement : « Des mariages », tant il est vrai, comme il l'ajoute, que « aux yeux du Saint béni soit-il, c'est chose aussi difficile que le mirage qui déchira la mer Rouge ». La dame, raconte encore le Midrach, voulut en avoir le cœur net. Rabbi José une fois parti, « elle prit mille esclaves hommes et mille esclaves femmes et les maria ». Mais le lendemain les femmes vinrent protester chez leur maîtresse : l'une avait la tête fêlée, l'autre l'œil crevé, la troisième la jambe cassée... Eh oui ;

le voilà, le rapport sexuel ! Le voilà, le mirobolant accouplement humain ! Au pire, le jeu de massacre ; au mieux, l'équivalent du miracle de la mer Rouge ! L'alternative est rude, on en conviendra, pour les prophètes du tout va bien. Et l'argument accablant — de cette foirade fondamentale qui structure nos pratiques sexuelles...

IV

Reste, dira-t-on, que ces pratiques existent. Que hommes et femmes, à défaut de s'aimer, n'en finissent pas de rêver et de tenter de s'accoupler. Et que la question se pose — où s'ouvre ma deuxième série de remarques — de savoir ce qui au juste se passe entre ces dividus, quand hommes et femmes, en leur inexistence, s'efforcent à mimer un utopique « rapport sexuel ». Première réponse — et ce sera ma quatrième remarque — : ce qui se passe c'est ce que nous appellerions en termes modernes, dans la problématique de Georges Bataille par exemple, un rapport de désir, irréductible au besoin, à la satisfaction organique, à l'assouvissement instinctuel, à je ne sais quelle nécessité biologique, bref c'est un rapport de dépense, de pure dépense. Bien entendu, les textes ne parlent pas comme ça. Mais ils disent par exemple — et je songe au Midrach haggadol, commentaire de Genèse 1, 20 — que Dieu, avant de créer Ève, fit défiler tous les animaux devant Adam. Qu'il chargea celui-ci de leur « donner un nom », c'est-à-dire d'exercer à leur endroit cet acte éminemment symbolique qu'est l'acte d'appropriation par le nom.

Mieux : qu'il mit en scène sous ses yeux, sinon à son humaine intention, le spectacle de leur « accouplement ». Et qu'Adam cependant, troublé mais non ému par ce type de sexualité, n'y comprit goutte et « ne savait pas ce qu'ils faisaient ». Manière de dire que, non content de ne pas trouver dans le bestiaire partenaire à son goût, c'est l'idée même de partenaire, l'idée même du désir qui ne parvient pas à germer en lui à l'occasion de ce défilé. Le désir d'Adam, donc, ne s'éveille pas. La sexualité du premier homme, baignée dans le règne animal, n'apparaît pas. Il y a une coupure radicale entre ce qui sera sa sexualité et cet empire du pur « besoin ». L'intention du texte me paraît manifeste : lorsque la femme adviendra, il se passera entre elle et l'homme un rapport dont la gratuité, le caractère dépensier, l'aberrante économie seront sans commune mesure avec ce type particulier de sexualité qui est voué à la reproduction, à la *production* du vivant.

Ils nous disent — et cette fois tout au long de la Bible — que les grandes héroïnes du Récit sont des femmes stériles. Que Sarah, Rachel, Rebecca, pour ne citer que celles-là, sont spontanément, « naturellement » hors d'état d'enfanter. Comme si, là encore, l'accent était mis sur une sexualité affranchie des lois de la reproduction. Comme si l'inexistence d'une nature, d'une substance féminine impliquait l'absurdité d'une sexualité pensée et vécue elle aussi sur le mode naturel, naturaliste. La chose est très exactement confirmée d'ailleurs dans l'énoncé du quatrième commandement noachide, celui qui prohibe l'inceste. Et mieux encore dans son commentaire talmudique en Sanhedrin 56a, où tous les commandements à contenu sexuel sont systématiquement, et assez mystérieusement, précédés d'un « pour dire ». Deux commentateurs français ont donné une interprétation de ce bizarre « pour dire ». Je ne la répéterai pas, et me contente d'y renvoyer. En précisant simplement qu'ils voient dans cette juxtaposition de termes ceci : que la sexualité est donnée à penser dans la forme d'un langage, et qu'elle a, en général, la forme, la structure d'un langage. Comme je l'annonçais : *le sexe est structuré comme un langage*. Manière de dire aussi, probablement, qu'il est structuré comme un inconscient...

V

D'autant, et c'est ma cinquième remarque, que tout cela ne va pas sans un certain rapport à ce Père, ce nom du Père, dont on sait la fonction dans l'économie de l'Inconscient. Citerai-je le Rabbi Juda du Talmud Sanhedrin qui (22ab) déclare que ce qu'il a trouvé « de plus amer que la mort c'est la femme dont le cœur est piège et filet », soit nommément la « mère » ? Les « quinze liens de parenté » qui, selon le Talmud Yebamot 2a, « sont interdits au mariage d'un homme » : « sa fille, la fille de sa fille, la fille de sa femme, la belle-mère et la mère de celle-ci, la mère du beau-frère, la demi-sœur maternelle, la sœur de la mère, etc., etc. » ? Tout cet antimatérialisme conséquent dont j'ai fait ailleurs *(Le Testament de Dieu)* la théorie et que l'on trouve à l'œuvre là aussi, là surtout peut-être, au cœur même de l'image biblique des rapports du sexe et du langage ? Le temps presse et, là non plus, je ne m'étendrai pas. Je ne répéterai pas ce que j'ai maintes fois exposé de l'arrachement monothéiste à la nuit des mères, des matières, des matrices, des natures. Je ne citerai que pour mémoire cette figure biblique de la répétition, de la duplication de l'origine, du dédoublement, si l'on préfère, de l'origine et du commencement qui fait corps avec le message juif dans son ensemble. L'important c'est de bien marquer que tout cela marche aussi dans le cas qui nous occupe aujourd'hui. Que cette sexualité dépensière que j'ai évoquée suppose, elle aussi, la négation de cette inhumation matricielle où se cantonne le sujet païen. Qu'elle suppose, que dis-je ?, qu'elle façonne un tout autre sujet, un sujet qui n'a plus grand chose de commun avec le sujet dit « naturel ». Qu'elle implique cette rupture « patérialiste » dont tout le monothéisme ne cesse de dire l'exigence et par quoi l'homme se fait homme, hominise sa majuscule, advient à la dignité de sujet. En deux mots : pas de sexe sans médiation. Ou bien : pas de jouissance sans position de la loi et possibilité de sa transgression. Ou bien encore : il n'y a, à la lettre, d'amour que du Père...

VI

Ou plus exactement, et plus profondément — ce sera ma dernière remarque — que de Dieu. Eh oui ! il est là lui aussi. Toujours là. Plus là que jamais. Tiers inclus de nos ébats. Hôte muet du grand tintouin sexuel. L'acte sexuel, si vous voulez, ne se fait jamais à deux, mais à trois, et ce troisième partenaire, c'est l'Innommable, le « saint-béni-soit-il »... Pourquoi ? Parce que sans ça, ça ne marcherait pas. Je veux dire : ça ne marcherait pas du tout. Ce serait la faillite totale et absolue. Et les humains ne s'en remettraient probablement pas.

Les textes là-dessus abondent, et je les cite très vite. Il y a d'abord ceux que je citais tout à l'heure et qui faisaient allusion à la stérilité des grandes matrones de l'Ancien Testament. Car attention ! Le chroniqueur ne nous dit pas seulement ça. Il ne parle pas seulement de leur stérilité. Il nous dit aussi que, au bout du compte, elles finissent par donner des enfants à Abraham, Isaac et Jacob. Mais il prend soin de préciser qu'il y a fallu, chaque fois, une intervention extérieure, transcendante — l'intervention de Dieu.

Il y a ensuite des textes talmudiques beaucoup moins connus, mais plus éclairants encore, qui disent par exemple que homme se dit en hébreu « Ich », soit *aleph, yod, chin*. Que femme se dit « Icha », soit *aleph, chin, hé*. Que Dieu, par ailleurs, peut se dire « Yah », soit *yod* et *hé*. Que chaque membre du couple porte donc en lui la moitié du nom divin, *yod* pour l'un et *hé* pour l'autre. Que si Dieu se retire de l'affaire, c'est-à-dire si on retranche ses deux lettres, « Ich » et « Icha » s'écrivent de la même manière, soit *aleph* et *chin*. Et que ce nouveau mot, alors, le mot et le nom de cette manière d'unisexe, signifie « feu » ou « brasier » — pauvre couple précaire, rendu au feu de la naturelle barbarie... (Talmud Sota, 17a).

Et puis il y a d'autres textes enfin, dont je n'ai pas ici la référence, mais que cite également Gérard Haddad et où on nous explique par exemple que, dans la naissance d'un enfant, il y a trois interventions. Celle de la femme qui est à l'origine des « parties rouges ». Celle de l'homme qui est à l'origine des « parties blanches ». Celle de Dieu qui est à l'origine de l'« âme ». Là encore le tiers inclus. La dimension symbolique de Dieu. Cet *ordre du symbolique* qu'est le nom de Dieu, et qui vient biffer et remarquer le grouillement des matrices et des symbolismes de tout à l'heure. Il n'y a d'amour que de Dieu, disais-je : cela veut dire qu'il n'y a pas de sexualité humaine sans référence implicite à ce symbolique — que vous me pardonnerez d'appeler de son nom propre, qui est celui de *Transcendance*.

Voilà. Oui, voilà ce que j'avais envie de vous dire et que j'ai tenté d'articuler. Vous allez me dire dans un instant l'effet que vous font ces remarques et les objections, peut-être, qu'elles vous paraissent soulever. Pour ma part je dirai, avant de vous laisser la parole, qu'elles ont à mes yeux une triple fonction. D'abord, je crois qu'elles permettent d'entrevoir à quel point l'alternative est un leurre, qui nous commande de choisir entre les mots d'ordre de répression sexuelle (« cède sur ton désir ») et ceux dits de « libération sexuelle » (« pousse, pousse toujours plus loin ton désir ») — deux aspects, en fait, de la même dénégation, symétrique, du Nom du Père. Ensuite j'ai voulu qu'elles permettent de mettre en suspens l'autre fausse opposition sur laquelle me paraît vivre l'intelligence — ou la connerie — contemporaine, celle du « féminisme » et de la « phallocratie » : faux concepts, là encore, dont le face à face ne sert sans doute qu'à dénéguer la vérité biblique des rapports du « sexe » et du « langage ». Et puis enfin, si j'ai insisté sur ces six remarques, c'est qu'elles m'ont semblé apporter quelque lumière sur un débat dont je doute fort qu'il soit si clos qu'on veut bien le dire, et qui est celui du fascisme et de l'antifascisme : mais je laisse cela, pour le coup, à une autre fois — à moins que ce ne soit pour notre discussion.

(Avril 1981)

DÉCLIN DE L'OCCIDENT ?

« *Peut-on actuellement parler de « déclin de l'Occident » ?*

— Sans doute, oui. Encore que je me méfie un peu de ce mot de « déclin ». Il a une histoire, vous savez. Une histoire extrêmement précise. Datée. Référencée. Qui commence, pour l'âge moderne en tout cas, du côté de gens comme Burke ou de Bonald. Qui transite par la philosophie politique de Novalis et des romantiques allemands. Qu'on retrouve, à la fin du siècle, chez Taine, Barrès, Renan. Qui atteint probablement sa maturité dans les textes des penseurs de ce qu'on a appelé la « révolution conservatrice » allemande. Et dont il ne peut espérer, ce mot toujours, s'affranchir jamais tout à fait... Alors je ne dis pas, bien sûr, que cette histoire soit indigne. Et il y a même des gens dans le lot — je pense en particulier à quelqu'un comme Spengler — dont la démarche ne manque ni d'allure ni de pertinence. Mais disons, si vous voulez, que ce n'est pas ma famille d'esprit. Ou, plus exactement, qu'il y a dans la façon dont on pense le « déclin » depuis un siècle ou deux dans la philosophie occidentale, un certain nombre de postulats, de corrélats, de théorèmes qui me gênent et qui font que je suis tenté de prendre le terme avec des pincettes...

— *Pouvez-vous préciser ?*

— C'est très simple. Je crois que compte tenu, encore une fois, de cette règle absolue de l'histoire des idées qui veut qu'un mot — et à plus forte raison un concept — garde toujours peu ou prou la trace, et pour ainsi dire le sédiment, des étapes de sa généalogie, il y a forcément un risque, quand on raisonne en termes de « déclin », de voir subrepticement revenir toute une conception, toute une *philosophie* de l'Histoire terriblement connotée et concevant celle-ci — l'Histoire — comme une espèce d'être vivant, soumis à des lois naturelles de dégradation et voué donc à un processus d'extinction aussi fatal, nécessaire, inévitable que celui de n'importe quelle autre créature vivante. Je schématise, bien sûr. Et rien ne vous empêche, en principe du moins, de mettre tout autre chose sous ce mot de déclin. Mais je crois quand même que, quoi qu'on en dise, il y a toujours un peu de ça. Et je crois surtout, pour être très clair, que ces philosophies de l'Histoire — que l'on pourrait qualifier, si l'on veut, de « naturalistes » ou d'« organicistes » — ont forcément, et pour le moins, quatre inconvénients majeurs qui sont d'être : 1. parfaitement abstraites ; 2. complètement métaphysiques ; 3. tragiquement démobilisatrices ; 4. étrangement symétriques, même si elles en inversent la direction, de la tentation progressiste telle qu'on la trouve par exemple dans le marxisme-léninisme...

Oui, c'est ça, au fond, le vrai problème : je crois que ces histoires de « déclin », de « décadence » sont l'exact envers des fantasmes « progressistes » ou « dialecticiens » qu'on trouve de l'autre côté. Je prétends que décrire une civilisation tendant irrémissiblement vers je ne sais quelle « décadence » nécessaire ne vaut guère mieux que rêver de son cheminement triomphant vers je ne sais quel « avenir radieux ». Et je n'ai pas, en ce qui me concerne, tant travaillé à dissiper les illusions de l'optimisme historique traditionnel pour en retrouver les figures inversées, mais finalement consolidées, dans ce type de mythologies « décadentes »... Pardon d'avoir l'air de pinailler. Mais ces questions de mots ne sont pas, je vous le répète, *que* des questions de mots. Il y a, derrière elles, toute une foule de problèmes qui concernent la manière même que nous avons de voir, de prévoir, d'organiser ou peut-être de conjurer notre destin. Et je me demande si l'on ne s'éviterait pas bon nombre de malentendus, de quiproquos, d'erreurs d'analyse ou de stratégie si l'on consentait à changer de vocabulaire et à substituer à ces problématiques du « Déclin » ou de la « Décadence », une problématique, mettons, de la « Crise »...

— *Soit. Quid alors de cette crise ? Y a-t-il donc à vos yeux une « crise » de l'Occident ?*

— Oui, de nouveau... Encore que, permettez-moi de m'y arrêter une seconde, une remarque préalable s'impose. A savoir que lorsqu'on regarde les choses sur une durée un peu longue, on note ce phénomène tout à fait troublant qu'il n'y a quasiment pas un seul moment de l'histoire de l'Occident où l'on n'ait pas dit, clamé, chanté, gémi ou rugi que l'Occident était en crise. C'est vrai à l'époque des Lumières. Vrai à celle des Romantiques. Vrai chez quelqu'un comme Hegel dans le beau texte des *Leçons* où il évoque l'imminent achèvement du « destin historique » de l'Europe. Vrai encore chez les grands auteurs austro-hongrois du début du siècle qui écrivent (je pense notamment à Musil, à Hermann Broch) dans le sentiment de vivre à l'heure d'une crise sans précédent de l'univers européen et, au-delà, occidental. Et ne parlons pas de tout un pan — considérable — de la culture, de l'art, de la conscience de l'après-guerre qui, sortant à peine d'un désastre planétaire sans précédent, vit à nouveau dans la prescience hallucinée d'un désastre nouveau dont s'amoncelleraient déjà les signes... Alors, je ne suis pas en train de vous dire, là non plus, que ces discours aient tous le même sens. Et il est bien évident que dans le cas, pour ne parler que de lui, des romanciers viennois du début du siècle, il ne s'agissait pas d'un vague pressentiment d'une non moins vague crise spirituelle mais bien de la conscience claire, lucide, tragiquement précise et concrète de ce qui allait très vite se révéler comme un cataclysme mondial inouï. Ce que je dis, simplement, c'est qu'il faut relativiser en quelque sorte la conscience que nous avons de la crise. Et que nous ne sommes ni les premiers ni sans doute les derniers à percevoir l'Occident comme une réalité fragile, précaire, branlante, mal assurée d'elle-même, en un mot *critique* — la vraie question devenant, dans ce cas, de savoir d'où vient cette perception, comment s'explique sa récurrence, bref, comment s'explique cet acharnement des Occidentaux à s'éprouver et à se proclamer aussi continûment « mortels »...

— *Oui... Et quelle est votre réponse ?*

— A mon avis et au risque d'être excessivement schématique, il y a deux interprétations possibles de la chose. L'une : que nous vivons au rythme d'une crise tenace, têtue, d'une agonie de longue durée si vous voulez, qui s'acharnerait depuis deux siècles — mais qu'est-ce au fond que deux siècles au regard de la totalité de l'histoire humaine ? — à évider implacablement ses cercles et ses ambages : il en irait de la crise de l'Occident, selon cette perspective, comme de celle de l'Empire romain qui dura, elle aussi, plusieurs siècles, non sans tolérer au passage (Alexandre Sévère, Dioclétien, Marc Aurèle....) d'assez longs sursauts de lumière et de santé. Et puis l'autre interprétation : que si l'on a si souvent, si constamment (en fait, depuis le début !) parlé de « crise » de l'Occident, c'est peut-être, tout simplement, que « crise » et « Occident » naissent ensemble, vont ensemble, marchent ensemble, mourront peut-être ensemble, bref que, loin d'être une réalité qui survivrait péniblement malgré la crise qui le ronge, l'Occident est un songe qui ne vit que par, pour et si j'ose dire *de* la crise qui le travaille. L'Occident, en ce sens, ce serait la crise ; il n'y aurait d'Occident qu'en crise ; et la grande différence entre l'Occident et mettons, l'Empire romain, c'est qu'il est la première civilisation connue à avoir fait de ladite crise son pli, sa césure, sa vérité la plus intime et comme son régime de fonctionnement...

Vous avez compris, je suppose, que j'opte personnellement pour cette seconde interprétation. Et que j'ai la conviction, encore une fois, qu'être en crise est le propre de l'Occident, son principe, son destin, la raison de sa faiblesse assurément mais celle aussi de sa force, de sa grandeur, de sa noblesse — de sa supériorité tout simplement, sur l'univers totalitaire. Vous en doutez ? Allez donc interroger un Cubain, un Soviétique, un Cambodgien, sur ses doutes, ses hésitations, sa mauvaise conscience éventuelle, les contradictions qui le minent, la négativité qui le travaille, le sentiment qu'il a ou non de vivre dans une société fragile, menacée, critique : je n'ai réellement pas la moindre idée de ce qu'il pourrait vous répondre car il vit dans un univers mental où c'est la question même qui, fondamentalement, n'a pas de sens ! C'est, à mon avis, tout à fait capital... Et c'est à ne surtout pas perdre de vue chaque fois que l'on réfléchit sur les malheurs passés, présents ou futurs du Monde libre.

— *Doit-on comprendre que vous n'êtes pas spécialement pessimiste quant à la situation présente du Monde libre ?*

— Non, bien sûr ! Ça n'a, hélas ! rien à voir. Car dire que l'Occident vit structurellement dans la crise est une chose — dont l'intérêt est, par exemple, de cesser de traiter comme un mal externe un mal qui, en fait, vient du plus profond de nous-mêmes. Mais il y a autre chose ensuite, qui est de ne surtout pas se tromper quant à l'importance, à la profondeur, à la gravité relative des formes que prend cette crise ! Celle que nous vivons en ce moment est de ce point de vue, et à l'évidence, très grave. Très profonde. Extraordinairement préoccupante. Aussi préoccupante peut-être même — *mutatis mutandis* bien entendu, et le soviétisme jouant le rôle alors dévolu au national-socialisme — que celle qui, il y a presque un demi-siècle maintenant, manquait emporter la civilisation libérale. Et je serais le dernier, vous vous en doutez bien, à en minimiser ou à en banaliser les enjeux... Simplement je me refuse (et c'est le sens, à mes yeux, de tout ce que nous venons de dire) à ces deux tentations apparemment opposées mais en fait symétriques qui sont : *primo*, je vous le répète, de voir dans la crise que nous vivons une espèce d'accident qui nous frapperait du dehors, par hasard (je suis, de ce point de vue, plutôt plus pessimiste qu'on ne l'est en général et je suis persuadé que nos problèmes sont enracinés très profondément dans les structures de la conscience ou de l'inconscient occidental) ; *secundo*, de voir dans la même crise un phénomène fatal, irrésistible, inévitablement mortel (je suis, de ce point de vue-ci, beaucoup plus optimiste que ne le sont les métaphysiciens du déclin dont nous parlions en commençant).

— *Quels sont, selon vous, les symptômes les plus importants de cette crise que nous vivons ?*

— C'est compliqué, là encore. Beaucoup moins simple en tout cas que ne le dit l'air du temps. Car ça se situe, si vous voulez, à plusieurs niveaux bien distincts que l'on peut énumérer de la façon suivante.

Vous avez d'abord cette espèce d'asthénie, de faiblesse, de dépression profonde des cervelles qui s'appelait dans les années 30 « l'esprit de Munich » ; qu'un Soljenitsyne a baptisée « le déclin du courage » ; qui fait penser aussi à cette « vieillesse de l'esprit » que décrivait Hegel dans le passage des *Leçons* déjà cité ; et qui constitue, pourrait-on dire, l'aspect « psychologique » du phénomène. Bon. Je n'insiste pas. Car ce côté des choses est, je crois, fort connu. Nous en avons, en nous-mêmes et chez nos dirigeants, des exemples quasi quotidiens. Et ce n'est peut-être pas, tout compte fait, le symptôme fondamental.

Deuxièmement, et à un niveau déjà plus profond, vous avez ce que l'on pourrait appeler la « crise culturelle » de l'Europe. J'entends par là la crise de ses valeurs. La perte de confiance en ses croyances. La dévaluation méthodique de ses idéaux politiques. Cette façon que nous avons de ne défendre plus la démocratie par exemple que timidement, du bout des lèvres, presque en nous excusant. Bref, l'affaissement progressif, et qui dure depuis plusieurs dizaines d'années maintenant, des grandes idéologies qui ont fait la gloire et la noblesse de notre civilisation. Vous souvenez-vous de l'adresse d'Ivan Karamazov lançant à Aliocha son : « j'ai envie d'aller en Europe : je n'y trouverai plus qu'un cimetière, je le sais, mais combien cher ! des morts précieux qui reposent, chaque pierre atteste leur vie ardente, leur foi passionnée, leur idéal, leur lutte pour la vérité et la science ! Oh ! je me prosternerai sur le sol, je couvrirai ces pierres de baisers et de larmes bien que mon cœur soit convaincu que c'est une nécropole et rien de plus... » ? Eh bien je me demande si cette prophétie sinistre n'est pas, comme souvent hélas ! chez Dostoïevski, en train de devenir réalité. Et si nous ne sommes pas, nous autres Européens, en train de pénétrer à tâtons dans une nécropole de cette espèce. Allez faire un tour du côté de Vienne, par exemple... Allez voir ce qui se passe à Berlin... Ou réfléchissez simplement à cette loi étrange, quand on y pense, qui veut qu'il n'y ait quasiment pas un grand intellectuel qui, dans la France des trente, quarante ou cinquante dernières années, ait jugé digne, juste, légitime, de réfléchir tout bêtement au fondement théorique, philosophique, politique même de cette vieille affaire de famille qui s'appelle la démocratie. Vous avez Camus, certes... Ou Benda... Mais ils sont, tous les deux, comme par hasard, les plus constamment diffamés des grands intellectuels contemporains. L'histoire des autres intellectuels, ou tout au moins de la plupart d'entre eux, n'étant bien souvent que l'interminable chronique de ce qu'il faut bien se résigner à appeler la fascination totalitaire.

Troisièmement, et de manière un peu plus profonde encore, vous avez le niveau métaphysique des choses. L'Occident, on n'y insiste jamais assez, représente une civilisation tout de même assez paradoxale. La première, sans doute, dans l'histoire de l'humanité dont le lien social se soit fondé sur une réalité aussi ténue, aussi fragile, aussi difficile à gérer que la forme-individu. La seule qui, si vous préférez, fonde ses communautés sur quelque chose — l'individu donc — qui, fondamentalement et par principe, est rétif à toute espèce de communauté. La seule qui, pour dire les choses d'une autre manière encore, inscrive en son sein, que dis-je ? en son cœur, au nœud même de ses rassemblements, quelque chose qui, constamment, naturellement, ne cesse de travailler à les dénouer. Eh bien, ce dispositif fragile, ce miracle d'équilibre est en train, sous nos yeux, de faillir. D'exploser. De perdre ses assurances d'antan. Et lorsque l'on parle d'une crise de l'Occident, c'est de cela aussi qu'il s'agit : au-delà des têtes, des textes, des psychologies et des cultures, la mise en crise du lien social en tant que tel — avec, dans son sillage, cette question nouvelle, terrible, obsédante, à laquelle nous savons bien qu'aucune époque n'a jamais pu supporter longtemps de ne pas répondre : « pourquoi, comment, au nom de qui et de quoi, sommes-nous ainsi institués — êtres de société, en sociétés rassemblés, plutôt que bêtes en grand nombre, reconduites à la barbarie ? »

Cette question, quand on la pose sérieusement, renvoie à son tour — et quatrièmement — à une dernière qui est celle des fondements ultimes de ce qui faisait lien jusqu'ici dans les sociétés occidentales... Un lien social, vous le savez, ça signifie étymologiquement une « religion ». Et je crois qu'en effet l'idéal démocratique s'est toujours implicitement adossé, même dans les têtes les plus athées, à un certain nombre de signifiants, de référents symboliques ou imaginaires qui renvoyaient tous plus ou moins, et qu'on l'accepte ou pas, à la mémoire judéo-chrétienne. L'invention de l'individu, par exemple, n'était possible que dans cet horizon. Et celle de la « Loi ». Et celle de l'« Éthique ». Et celle du « Droit ». Et celle de la « Liberté ». En sorte que si l'on cherche la source vraiment ultime de la crise présente de l'Occident, je crois que l'on est inévitablement reconduit à cet événement énorme, à ce séisme spirituel sans précédent que le XIXe siècle philosophique a conceptualisé dans la forme de « la mort de Dieu ». La crise présente, en ce sens, et en dernier ressort, est une crise d'origine religieuse. De nature religieuse. La dernière crise religieuse, peut-être, de la modernité. Ou la dernière étape, au moins, d'un cataclysme religieux ancien qui achèverait, sous nos yeux, d'égrener ses effets...

— *Si Dieu est mort au XIXe siècle, peut-on dire que Marx est mort au XXe siècle ?*

— Justement non ! Et c'est tout le problème ! Car enfin, soyons sérieux ! Et essayons d'éviter de prendre nos désirs pour des réalités ! Il suffit de jeter un coup d'œil sur la situation de la planète aujourd'hui pour constater qu'un mort qui continue de gouverner vaille que vaille la moitié de l'humanité, est un mort qui se porte sacrément bien. Et il suffit de regarder ce qui se passe dans le tiers monde par exemple, dans un certain nombre de pays récemment décolonisés, pour s'apercevoir que le marxisme est loin, très loin d'avoir terminé sa course... Ma conviction, de ce point de vue, c'est qu'il demeure une bonne machine d'accumulation primitive du capital... Un excellent instrument de prise et de conservation du pouvoir... Un dispositif simple, bien moins fragile et précaire que celui des démocraties libérales, pour nouer ensemble les fils qui trament le lien social... Une source d'identités pauvres, si vous préférez — mais simples du coup et commodes, et rassurantes, et littéralement providentielles pour les enfants perdus de la mort de Dieu.

Rappelez-vous, à cet égard, les années 30 ! Cette étrange machine à resacraliser les têtes qui se déclenche avec le fascisme ! Toutes ces nouvelles idoles, ces fétiches sévères mais rassurants qui viennent meubler la place vide des signifiants judéo-chrétiens déchus ! Ce déferlement de nouvelles valeurs, valeurs sûres, valeurs refuge, dieux de fer et de bois, de tourbe et de sang, par quoi l'on tente de suppléer au défaut des valeurs faillies ! Tout cet incroyable contre-dispositif qui, à coups de « Race », de « Sang », de « Force », de « Nation », vient obturer, garrotter l'intolérable hémorragie qui a commencé dans les cervelles ! Eh bien, toutes choses étant égales, c'est un peu cela qui est en train de se passer aujourd'hui. C'est cela qui, en tout cas, se passe dans les pays tombés depuis vingt ou trente ans au pouvoir du léninisme. Et c'est cela qui se passerait si nous devions, à notre tour, céder au vertige du soviétisme. Celui-ci, ne l'oublions pas, est lui aussi une religion. C'est peut-être même *d'abord* une religion. Et il n'est pas du tout exclu qu'il continue d'être la grande religion alternative à la religion démocratique ruinée. Je redoute moins en ce sens la menace des chars ou des soldats de l'Armée Rouge que celle de cette alternative fondamentale.

— La désinformation ne joue-t-elle pas un rôle considérable dans ce mécanisme ?

— Je ne crois pas beaucoup à la désinformation. Je veux dire par là qu'il y a toujours, derrière ces histoires de « désinformation », l'idée que les gens manqueraient d'information... Qu'une partie de la vérité leur serait mystérieusement celée... Qu'il reviendrait aux clercs, aux hommes politiques de leur dévoiler la vérité... Or ce n'est pas ça du tout ! Tout le monde la connaît, la vérité ! Tout est là ! Toutes les informations sont disponibles ! Toute la bibliothèque, toute l'archive occidentale témoignent de la réalité concentrationnaire par exemple ! Loin de manquer de témoignages sur le stalinisme, nous croulons littéralement sous les textes ! Sous les documents ! Sous les dénonciations ! Et les « pacifistes » d'aujourd'hui, qui ne sont pas plus sots que vous ou moi, savent aussi bien que nous le jeu qu'ils jouent, la place qu'ils tiennent dans le dispositif soviétique, la manière dont ils conspirent aux œuvres totalitaires ! Alors ? Alors, si tous ces gens ne veulent pas entendre, s'ils persistent dans l'égarement, s'ils continuent donc de courir à l'abîme, c'est pour des raisons qui, hélas ! n'ont rien à voir avec de l'ignorance. Vous pourrez leur expliquer tout ce que vous voudrez, lutter tant que vous pourrez contre les miasmes pervers de la désinformation, ça ne changera jamais rien au fond de leur détermination. Et si cela n'y change rien, c'est parce que leur choix, leur position, j'allais presque dire leur pari tiennent, vous dis-je, à un fond religieux ou, ce qui revient au même, passionnel. Le pacifisme, pour continuer sur cet exemple, n'est pas une « erreur » qu'il nous appartiendrait de dissiper comme de bons petits soldats des Lumières éternelles de l'Esprit ; mais c'est un délire, une fureur, un déchaînement de passion totalement irrationnel — et que nous ne sommes pas près, donc, de réduire à l'aide des outils classiques de la rationalité...

— Si la vérité est connue, comment expliquez-vous concrètement la passivité des Européens de l'Ouest ?

— Comment expliquer que les hommes choisissent la barbarie ? Qu'ils militent dans le sens du malheur ? Qu'ils luttent pour leur servitude en croyant lutter pour leur liberté ? Ces questions, j'en ai peur, sont vieilles comme le monde... Vieilles comme la folie des hommes... Vieilles aussi comme la philosophie politique qui, depuis La Boétie au moins, en a souvent fait son objet de réflexion privilégié... Et ce qui est sûr, en tout cas, c'est que ce n'est, derechef, ni la première ni probablement la dernière fois que l'on verra des communautés d'hommes et de femmes marcher en conscience, les yeux ouverts, vers le gouffre... Alors là ? Cette fois-ci ? Eh bien, ce dont je suis également sûr c'est qu'il y a, derrière l'étrange attitude de nos contemporains vis-à-vis du fait totalitaire, un désir. Un besoin. Une espèce d'attitude viscérale en quelque sorte. Et comme une réaction sourde, mais parfaitement réglée, à la crise dont nous avons parlé. Ma thèse est, globalement — et c'est le sens de ce que je vous disais à l'instant sur le côté « alternative religieuse » du fascisme et du communisme — que chaque fois que les hommes ont, à notre siècle, consenti à la servitude, il y a eu la part de la violence, certes. De la contrainte. De la force des polices ou de la terreur des armées. Mais que l'essentiel a quand même été ce sentiment confus, jamais formulé en tant que tel mais, j'en suis sûr, omniprésent, que le totalitarisme est un remède avant que d'être une maladie ; une solution et non pas une catastrophe ; et une solution, nommément, à la menace, réelle ou supposée, de la désagrégation du corps social.

Pourquoi les Européens sont-ils « passifs », me demandez-vous ? Eh bien, ma réponse, c'est qu'ils ne sont pas si passifs que ça ! Qu'ils sont même tout le contraire ! Que c'est une activité incroyable, d'une rare intensité qu'ils déploient sous leur apparente apathie ! Que jamais peut-être, depuis l'époque hitlérienne au moins, ils ne s'étaient aussi fiévreusement — il y a des fièvres discrètes, peu visibles à l'œil nu... — occupés à fantasmer de nouvelles manières d'être ensemble, de nouvelles façons de se figurer leur propre être, de nouveaux modes d'inscription dans le cosmos et dans l'Histoire ! Et que ces nouvelles manières d'être ensemble, ces nouveaux modes d'inscription se trouvent avoir la forme du lien social communiste — exactement comme jadis ils se trouvaient avoir la forme du lien social fasciste ou national-socialiste... !

Regardez une dernière fois ce qui se passe du côté des pacifistes. On parle toujours de leur attitude à propos des missiles. Mais il n'y a pas que ça ! Il y a aussi tout ce qu'ils disent sur la « Nation » ! Sur les « Racines » ! Sur la « Jeunesse » ! Sur les prestiges du « corps propre » ! Sur leur rêve d'une communauté pleine, idéale, organique ! Bref, tout un fatras idéologique qui va bien au-delà de la question « Pershing ou pas Pershing ? » et qui, à propos plus exactement de cette question, dans son fil, à sa suite, pose le vrai problème qui obsède, qui obsédera de plus en plus nos contemporains : comment, par quel idéal communautaire nouveau, par quels signifiants identitaires renouvelés, suppléer au défaut des idéaux libéraux auxquels on a retiré sa créance... ? C'est ça la question allemande aujourd'hui. C'est comme ça qu'elle nous sollicite.

Et c'est par là qu'elle nous menace peut-être à notre tour. Le vrai risque étant de voir des masses d'hommes et de femmes se rallier un jour à la solution d'un totalitarisme mou, *soft*, sans Armée Rouge ni camps de concentration — tout simplement parce que c'est facile, commode, rassurant, reposant, merveilleusement « économique », au sens analytique du terme, pour les pauvres têtes déboussolées par la grande lézarde qu'a faite la crise dans les cervelles. Relisez là aussi Dostoïevski... Et Zinoviev... Et Orwell... Et tous les sombres mais lucides prophètes de cette grande saison du sommeil où les Occidentaux pourraient entrer et où leur serait épargnée, comme dit l'autre, la « douleur de penser »...

— *Pouvez-vous préciser davantage le scénario ?*

— On entre carrément là dans le domaine de la politique-fiction — et je répugne un peu, je vous l'avoue, à le faire... Mais enfin on peut tout à fait imaginer une accélération soudaine de ces processus de décomposition ; une explosion de tous les référents symboliques qui faisaient que l'« être ensemble » démocratique avait un sens ; une mise à nu du fond cruel, sauvage qui, en chacun de nous, engendre le bourreau ; une espèce de déchaînement de barbarie où les spécialistes patentés du « déclin » des empires verraient tout de suite les prémices d'un nouveau sac de Rome ; et puis tout un discours venant par là-dessus nous dire : « voilà, bonnes gens, nous y sommes... Le dernier jour est arrivé... L'apocalypse est à vos portes... Et il ne reste plus, pour la conjurer, que ce bon vieux socialisme si décrié, ses recettes cent fois éprouvées, sa chère police des cervelles, sa terreur méthodique sur les corps... » En bon français, ça s'appellerait un chantage. Et il ne ferait rien, ce chantage, que reprendre, au fond, la vieille antienne, rodée pendant les années 50 : « socialisme ou barbarie » ; ou bien, si vous voulez une comparaison plus suggestive : « acceptez *1984*, on vous évitera *Orange mécanique* »... Voilà. C'est de la politique-fiction, je le répète. Et je ne prends pas mon scénario trop au sérieux. Le malheur, pourtant, c'est qu'il y a sûrement des gens, en France ou ailleurs, pour le prendre, eux, tout à fait au sérieux. Et qu'il y a des forces politiques, dont nous savons qu'elles sont là déjà, dans l'ombre, en coulisse, toutes occupées à faire en sorte que ce type d'alternative apparaisse un jour mieux que raisonnable — inévitable. Ce jour-là, cela va sans dire, serait celui de la plus grande tragédie. La crise serait consommée, dont nous ne vivons encore que les prodromes.

— *Tant qu'elles existent encore, quelles tâches prioritaires les démocraties occidentales devraient-elles s'assigner ?*

— Résister, bien sûr. Je veux dire résister à l'ensemble des processus que j'ai essayé d'articuler. Et faire tout ce qui est en leur pouvoir, surtout, pour déjouer les sombres calculs de nos nouveaux maîtres chanteurs. S'il fallait résumer les choses en une phrase, je dirais : œuvrer de toutes nos forces pour que le jour n'arrive jamais où nous serions confrontés au choix atroce, tragique, d'accueillir la barbarie ou de consentir à la servitude...

— *Pratiquement ?*

— Pratiquement, il faudrait reprendre un à un les trois ou quatre symptômes de déclin que j'ai brièvement pointés. L'Occident est en crise dans l'ordre spirituel, métaphysique, culturel, psychologique ? Eh bien, c'est à ces quatre niveaux qu'il faudrait pouvoir répondre... Riposter... Passer à l'offensive... Et montrer surtout que le temps de la résignation, de la défaite acceptée, des réponses mornes, molles, mal assurées de leur droit est passé... Bon. Je laisserai de côté pour aujourd'hui le problème, réellement difficile et que nous ne réglerons pas en une heure ou deux de conversation, des conditions de cette riposte aux niveaux spirituel, métaphysique. Et je me contenterai, sur ce point, de vous dire que toute la question serait de faire tout bonnement en sorte que les valeurs occidentales redeviennent, mettons, *désirables*. Mais on voit bien, par contre, comment les choses pourraient se dérouler dans l'ordre que je disais « culturel ». On voit bien la tâche immense qui incomberait aux intellectuels s'ils voulaient bien se décider à rompre enfin leur grand silence démocratique. Il n'est pas très difficile de deviner que l'urgence absolue serait qu'il s'en trouve enfin quelques-uns pour consentir à penser que le Droit, la Loi, la Liberté, ne sont pas forcément des vieilles choses sans intérêt, indignes d'accéder au rang d'objets théoriques de plein droit. Et il est clair enfin que, ce jour-là, un pas essentiel aura été fait dans la voie de la résistance car nous aurons déjà réussi à rendre un peu de son lustre à un idéal démocratique qui fut grand — mais que nous avons, depuis un siècle ou deux, dramatiquement laissé en déshérence... Quant à l'aspect « psychologique » des choses enfin, qui était le premier de nos symptômes critiques, le problème est, s'il se peut, plus clair encore : le mal crevant les yeux, les ripostes devraient, elles aussi, s'imposer...

— *Pouvons-nous en dire néanmoins quelques mots ?*

— Oui, bien sûr. Ces mots, ce seraient ceux de fermeté... De détermination... De résolution... Et puis, peut-être aussi, ceux de vigilance... De clairvoyance... D'insomnie permanente de l'esprit... De mise en état d'alerte de tous nos ressorts intimes, éthiques et intellectuels... Pour dire les choses de manière plus brutale, il me semble que le problème c'est à la fois, dans le même mouvement — et le paradoxe n'est qu'apparent — d'en finir avec la terreur et de retrouver le sens, le goût de la peur. En finir avec la terreur, cela voudrait dire refuser le chantage dont nous parlions à l'instant ; rompre les sortilèges de cette intimidation permanente que font peser les Soviétiques ; cesser de trembler au moindre froncement de sourcils d'Andropov ou de Castro. Mais retrouver le « goût de la peur », cela veut dire symétriquement regarder le mal en face ; le voir dans toute son horreur ; faire le compte, le décompte méthodique et exact des périls qui nous menacent ; rompre, en un mot, avec cette sempiternelle politique de l'autruche dont l'Histoire nous enseigne qu'elle s'achève toujours en débandade.

— *Pensez-vous qu'il y ait une surdité, une cécité au phénomène totalitaire auxquelles il faudrait remédier ?*

— Non, pas vraiment. Je ne crois pas que le problème soit vraiment là. Je ne crois pas, tout compte fait, qu'il se pose réellement en termes de « surdité » et de « cécité ». Car, je vous le répète, on entend tout... On voit tout... Les analyses justes elles-mêmes sont de plus en plus nombreuses... Le courant antitotalitaire, chez les intellectuels par exemple, s'est considérablement développé depuis dix ans... Et ce qui frappe c'est donc, plutôt que l'ignorance ou la surdité, cette étrange résignation, cette incroyable acceptation de l'ordre du monde comme il va... Prenez un exemple... L'idée même du partage de l'Europe. C'est une idée horrible... Monstrueuse... Et nous ne manquons ni d'hommes politiques, ni d'intellectuels, ni de savants pour, quand ils se donnent la peine d'y penser, le regretter... Or le problème c'est qu'on accepte... Que dis-je ? on trouve ça normal... Inévitable... Presque naturel... Il faut un véritable effort de l'esprit pour se rendre compte que Varsovie ou Bucarest appartiennent à la même aire de civilisation que Madrid ou Rome... Il faut presque une contention de l'âme pour se souvenir que les peuples qui y vivent, sous la botte et dans la misère, sont des peuples européens qui, jusqu'à une date finalement très récente, partageaient la même Histoire que nous... Et quand des hommes d'État français — Giscard de ce point de vue aussi bien que Cheysson — évoquent la situation par exemple du peuple polonais, c'est spontanément, naturellement, quasiment sans y penser et sans avoir l'impression, surtout, de proférer une monstrueuse énormité qu'ils disent qu'il n'y a rien à faire... Rien à tenter... Car Yalta, n'est-ce pas... Et les lenteurs de l'Histoire... Et la fatalité du malheur... etc. Alors résister au totalitarisme dans nos têtes, ce serait déjà récuser ce type de démarche ; refuser notre propre torpeur ; retrouver un peu de notre indignation — je devrais presque dire de notre innocence ; non point, je le répète, acquérir une science qui nous ferait défaut mais retrouver les chemins du scandale de la vérité.

— *Qu'aurait pu faire la France dans le cas précis de la Pologne ?*

— Je n'en sais rien. Je ne suis pas un politique. Je ne suis qu'un homme de discours, un spécialiste des discours. Et ce que je vois, c'est qu'il y a des discours qui ont été tenus et qui ont été, sur le moment, presque aussi cruels que des bombes. Le fameux « bien entendu, nous ne ferons rien » du ministre des Relations extérieures de l'époque en était un. De même que la non moins fameuse phrase du chef du gouvernement français à propos du contrat sur le gazoduc soviétique. De même que tant et tant de phrases proférées ici ou là, en France comme à l'étranger, et qui revenaient toutes à dire, en gros, qu'en vertu de je ne sais quelle obscure, insondable fatalité les Polonais étaient damnés, voués à leur malheur... Savez-vous ce que dit la Bible ? Qu'il y a une chose pire que de faire le mal. Et que cette chose pire c'est de *dire*, pour ce qui est « mal », « bien ». Je crois que c'est profondément vrai. Et que ça l'a été plus que jamais au moment de cette histoire polonaise. Car on a bien vu, alors, l'effroyable mécanique par laquelle, en refusant de nommer le mal, de le dénoncer, de le clouer au pilori, fût-ce par de simples « paroles verbales », on ne s'est pas contenté de « ne rien faire » — mais on a agi au contraire, on a fait quelque chose, et ce qu'on a fait ça a été de légitimer le crime et, en le légitimant, de le multiplier. Il y a eu des exceptions, c'est vrai. A commencer, en France même, par l'attitude qu'a prise assez tôt le président de la République. Mais il est clair que, pour l'essentiel, les choses se sont passées comme je le dis. Et que les Occidentaux se sont rendus globalement coupables non seulement de non-assistance à peuple en danger, mais encore de sanctification — et donc, encore une fois, de multiplication — d'un crime commis en commun.

— *Aurait-on dû frapper la Pologne de sanctions économiques ?*

— Là non plus je ne sais pas. Car je suis encore moins économiste que politique. Mais ce que je peux vous dire, quand même, c'est que je finis par en avoir assez de tous ces économistes justement, de ces experts, qui passent leur temps à nous expliquer que les sanctions sont inutiles, dérisoires, inefficaces, impossibles à vraiment mettre en œuvre, alors que, sauf erreur, on n'a tout bonnement... jamais essayé ! Alors essayons donc ! Essayons une bonne fois ! Mais faisons-le loyalement... Sans arrière-pensée... Avec cette fermeté dans le jugement, puis dans la détermination, qui nous a fait jusqu'ici si cruellement défaut... Et alors, et alors seulement, nous réfléchirons à ce que valent, comme moyen général de pression ou de contre-offensive, ces fameuses sanctions économiques...

— *Quelles limites la morale impose-t-elle à cette contre-offensive occidentale ?*

— Écoutez, la question que j'ai envie, moi, de me poser, c'est plutôt celle des limites que la morale impose à la *non-offensive* occidentale. Je ne dis pas, bien sûr, qu'il faille envahir La Grenade tous les matins. Ni bombarder des positions syriennes tous les soirs. Ni envoyer des « paras » libérer Sakharov ou Yossef Begun. Mais je dis que le problème moral, si problème moral il y a, c'est quand même que Begun parte en camp — et que nous ne fassions rien. Que Sakharov soit en exil — et que nous soyons impuissants. Que nous vivions sur la même planète qu'un peuple cambodgien à moitié décimé par la terreur et que nous continuions de dormir tranquillement la nuit. Que Fidel Castro tienne encore dans ses geôles des centaines d'autres Valladarès — et que nous ayons des ministres qui, pour des raisons politiques dont je ne veux pas discuter le bien-fondé, persistent à le tenir pour un interlocuteur responsable. Bref, que la planète soit encore, quarante ans après Auschwitz, couverte de camps de concentration, et que nous ayons réussi — la lâcheté, le temps, la réal-politique aidant — à nous en accommoder si bien... Vous me parlez de morale, n'est-ce pas ? Eh bien, *moralement* donc, je vous réponds qu'il y a aujourd'hui, à l'âge des camps de concentration justement, un véritable devoir d'*ingérence* dans les affaires intérieures des nations, des États, des peuples dits « souverains ».

— *Vous vous êtes particulièrement intéressé au sort de l'Afghanistan, vous rendant même d'ailleurs de façon assez spectaculaire dans ce pays. Pour quelles raisons les Occidentaux ne soutiennent-ils pas davantage les Afghans ?*

— Je crois que tout ce que nous avons dit fonctionne de manière assez exemplaire dans ce cas de l'Afghanistan. Et notamment l'idée atroce que, par une espèce d'ordre naturel des choses, de division quasi inévitable du monde, l'Afghanistan *appartient* à la sphère d'influence soviétique. C'est ça, oui. L'idée d'un peuple afghan libre est à peu près inimaginable pour les consciences occidentales. Et tout se passe, encore une fois, comme si nous lui imposions de vivre son histoire comme un destin... J'ajoute que dans le cas précis de l'Afghanistan des raisons spécifiques et, si j'ose dire, locales ont pu jouer. Un racisme diffus par exemple. Une assimilation vague, confuse — et, faut-il le préciser ? absurde — à l'islam iranien... Le fait, peut-être, enfin, que l'entendement progressiste n'ait jamais manifesté trop de goût pour les paysanneries traditionnelles, religieuses, « archaïques » — on est si loin, n'est-ce pas, de ce prolétariat solaire, radieux, conquérant auquel nous n'avons, il me semble, jamais complètement cessé de rêver !

— *Une dernière question enfin : étant donné ce contexte d'apathie occidentale, la démocratie vous semble-t-elle au bout du compte condamnée ?*

— Je vous l'ai dit en commençant : je refuse l'idée que la démocratie puisse être, en vertu de je ne sais quel décret métaphysique ou providentiel, condamnée. Et tout ce que j'ai essayé de vous dire au cours de cette conversation prouve, il me semble, que je crois en, que je *mise sur* la ressource d'une résistance — si nous savons, du moins, en fomenter à temps le programme. Cela étant dit, il est clair qu'aucun régime, aucun système, aucune civilisation humaine n'ont jamais été éternels. Et que c'est une erreur éternelle des hommes en revanche, que d'éterniser leur état, de tenir pour acquis ce qui n'est, à chaque fois, qu'un moment rare, privilégié, miraculeux peut-être, mais un moment tout de même de la conscience universelle. Oui, en ce sens, l'Europe finira un jour. Oui, toutes ces valeurs auxquelles nous croyons, dans l'évidence desquelles nous vivons, apparaîtront un jour dans leur contingence, dans leur précarité. Oui, sans doute, il y aura, si vous voulez, et même si l'idée est presque impossible à penser, un « dernier jour » de l'Occident. Mais nous n'y sommes pas, grâce au ciel. Et le point où nous sommes c'est, pour l'heure, je vous le répète, celui d'une urgente, d'une irrémissible *résistance.* »

*(Janvier 1984, propos recueillis
par André Soussan et Carole Pillon)*

FIN DE PARTIE

Je hais le terrorisme, bien sûr. Je hais ses emblèmes, ses figures, ses mythes, ses légendes. Rien ne m'est plus étranger que ses prétendus idéaux hantés par la rédemption ou que ses convictions sinistres, trempées dans le sang des autres. Et rien ne me navre plus, faut-il le préciser ? que l'irresponsable complaisance de ceux qui, d'âge en âge, et depuis que le phénomène existe, s'emploient à lui conférer la légitimité sans laquelle, on le sait, il ne fonctionne ni ne triomphe. J'ajoute, afin que les choses soient claires, que je ne suis pas certain que Negri lui-même me soit sympathique ; qu'il n'y a pas un thème, une analyse, un parti pris qui, dans son livre[1], nous soient véritablement communs ; et qu'il fait à l'évidence partie de cette catégorie de penseurs où j'ai toujours vu, à juste raison, mes adversaires idéologiques les plus irréductibles. Ces précisions — ou précautions — pour dire que cette « préface » n'allait, pour moi, pas de soi ; et que je comprendrais fort bien que l'on s'étonnât de me voir présenter à des lecteurs français le texte d'un philosophe dont je ne partage aucun des points de vue et qui, par-dessus le marché, passe à tort ou à

1. Toni Negri, *L'Italie rouge et noire*, Hachette, 1985.

raison dans son pays pour l'inspirateur d'un brigadisme que l'on voyait, hier encore, faire de la bombe et du gros calibre ses arguments ultimes. Je m'y décide néanmoins. J'en prends le risque et le parti. Et je voudrais, d'abord, tenter de dire pourquoi.

La première raison tient à l'état même du dossier tel que, dans ce livre et ailleurs, je l'ai peu à peu découvert. Toni Negri, en effet, n'a jamais cessé, sur l'essentiel, de protester de son innocence. Il a publié texte sur texte pour désavouer sans équivoque le principe même du terrorisme. Il s'est, dans sa prison, et avec les risques physiques que cela pouvait impliquer, « dissocié » des brigadistes qu'on le contraignait à côtoyer. Et la justice, pendant ce temps, n'a trouvé à lui opposer que des indices fragiles, des témoignages fantomatiques et des chefs d'inculpation qui changeaient eux-mêmes deux fois par an, à mesure que s'avérait leur singulière inconsistance. J'ignore le fin mot de l'affaire, évidemment. Et je ne me sens ni le goût ni le droit de me substituer, en l'occurrence, aux juges. Je dis qu'il y a dans cette incertitude, cependant, quelque chose qui, déjà, me semble choquant ; et que lorsqu'un intellectuel, quel qu'il soit, quelque méfiance qu'il vous inspire, se trouve exilé de son pays pour des crimes qu'il nie avoir commis, lorsqu'il a passé quatre ans de sa vie dans une geôle sur la foi d'accusateurs dont il ne connaît ni le nom ni le visage, lorsqu'il a — et qu'on a, parfois, avec lui — le sentiment d'une culpabilité préétablie que la machine judiciaire s'emploierait de toutes ses forces à étayer et lorsqu'il publie un livre, enfin, où il tente de s'en expliquer, je dis que c'est un devoir, non seulement de le laisser parler mais encore — et c'est ce que je fais — de l'aider à se faire entendre.

Je dis d'autre part qu'il y a dans cette affaire, dans le climat qui règne autour de ce procès et dans la manière que l'on a, notamment, de poser à son propos la vieille question de la responsabilité du clerc, quelque chose qui, sur le principe toujours, ne peut pas ne pas me troubler. Qu'un intellectuel soit en effet, au même titre que quiconque, comptable de ses actes, j'en suis bien entendu convaincu. Qu'il le soit d'une certaine manière, parce qu'intellectuel, plus que n'importe qui d'autre, je veux bien à la rigueur l'admettre. Et je serais le dernier à nier ou minimiser, par exemple, la responsabilité personnelle — pour les crimes de délation ou de collaboration dont ils furent personnellement coupables — d'un Brasillach, d'un Rebatet ou d'un Pierre Drieu La Rochelle. De là à dire, en revanche, comme on a tendance à le faire à Rome, qu'un clerc serait par ses écrits, par les idées qu'il a lancées, responsable de crimes commis par d'autres et qu'il a pu inspirer, de là à dire à Negri : « soit, vous n'avez sans doute pas commis ce crime-ci, ni ce crime-là, mais vous avez commis des textes qui les ont intellectuellement influencés », il y a un pas que je me garderai bien, en ce qui me concerne, de franchir et qui, s'il devait l'être, là-bas d'abord puis ici, nous exposerait, j'en ai peur, à de fâcheux mécomptes.

Car enfin, et d'un point de vue très général, qu'est-ce que ce serait, au juste, que cette « influence » ? Comment la définirait-on ? Comment la mesurerait-on ? Où finit-elle, où commence-t-elle, à partir de quand, de quoi, de quel niveau ou de quel seuil, le texte d'un écrivain devient-il pénalement « influent » ? Qui influence Villain, par exemple, quand il exécute Jaurès ? Qui, les meurtriers de Pierre Goldman dans le climat chargé de la France d'il y a six ans ? Et le fait que Léon Blum, à l'inverse, n'ait pas été assassiné, innocente-t-il pour autant Maurras ou Léon Daudet d'une pensée que, par ailleurs, mais dans l'ordre strict de la pensée, on pouvait raisonnablement tenir pour condamnable ? Ces questions — et d'autres, qu'il faudrait, sur le même ton, multiplier à l'infini — sont des questions difficiles. Ce sont des questions insolubles. Ce sont des questions qui, si elles ont un sens en termes de morale ou de conscience, n'en ont rigoureusement aucun à la barre des tribunaux. Et ma vraie crainte, en fait, c'est qu'à les poser tout de même, à confondre ainsi les genres, à manipuler sans précaution des chaînes de causalité aussi fragiles et ténues, on ne passe subrepticement, sans vraiment y prendre garde mais avec toutes les conséquences, à la fois absurdes et ruineuses pour l'esprit démocratique, que cette persévérance ne pourrait pas manquer d'avoir, d'une causalité simple et directe à une causalité plus diabolique.

Dans le cas précis, de deux choses l'une. Ou bien on admet cette analyse — et Negri est seul, alors, en face de sa conscience et de son éthique de clerc. Ou bien on ne l'admet pas, on persiste à tout confondre, on continue de le tenir pour responsable par ses écrits, et par ses écrits seulement, de tout l'odieux carnage qui a endeuillé l'Italie pendant dix ans, et alors il faut que le soient aussi tous les intellectuels de son espèce ; tous ceux qui ont, comme lui, fait l'éloge abstrait de la lutte, de la guerre, de la haine prolétarienne ; tous les marxistes, les léninistes, les gauchistes et autres « mauvais maîtres » qui ont, parfois autant que lui, promis l'Italie au désastre, l'Europe à l'incendie. Si Negri était coupable, il faudrait que le soient les politiques qui ont laissé faire, les policiers qui ont couvert, les journalistes respectables qui ont fait leurs choux gras de la violence. Il faudrait que le soit la moitié de la gauche, que dis-je ? de l'Italie. Et comme ce n'est pas le cas, et comme ce n'est pas possible, et comme personne ne paraît décidé à élargir ainsi jusqu'à l'absurde le cercle de l'« influence », il faut bien admettre que, dans cette affaire, un homme, et un seul, se voit chargé de tout le poids du crime commis en commun ; et que l'on se retrouve là, autrement dit, dans l'une des configurations classiquement désignées comme celles du « bouc émissaire » face à ses mauvais juges.

Alors je sais, bien sûr, qu'il se trouvera ici et là nombre de belles âmes pour, sinon s'en féliciter, du moins hausser les épaules et refuser de verser une larme sur le sort d'un homme qui, coupable ou pas, n'est de toute façon ni un saint ni un démocrate et ne s'est pas privé dans le passé — et même encore ici, dans ce livre — de vouer aux gémonies les principes d'un État de droit dont il revendique en même temps la protection. Soit. Ce que je crois, néanmoins, c'est qu'outre ce qu'elle peut avoir, sur le principe toujours, d'indigne et de choquant, cette logique du bouc émissaire a généralement cet autre effet, concret, ruineux pour tout le monde, d'occulter les vraies questions vraiment gênantes qui se posent à une communauté et auxquelles on n'a jamais vu qu'elle sache, cette communauté, supporter longtemps de ne pas répondre. Celles-ci, au premier chef, que je crois fondamentales pour notre destin à tous et dont ce livre a le mérite de poser les termes dans leur forme la plus rude : qui est vraiment Toni Negri ? que veut-il ? d'où vient-il ? que s'est-il passé dans sa tête ? que s'est-il passé dans celle de ses amis ? quel entrecroisement de circonstances et de destins a rendu possibles des hommes de son espèce ? quelle est cette fièvre enfin, quelle est cette frénésie, quelle est cette folie peut-être qui se sont emparées de l'Europe des deux dernières décennies et ont précipité, sous nos yeux, certaines de ses convulsions ?

Apparemment, d'abord, l'histoire de ces intellectuels dont Negri est le symbole est une histoire classique. C'est une histoire banale. C'est l'histoire, tragique mais typique, de ces mandarins aux mains trop blanches que l'on a vus tout au long du siècle, et avec les résultats désastreux que l'on sait, expier on ne sait quels carences ou péchés imaginaires en se mettant à l'école de la Vie, du Peuple ou de la Révolte. Et en lisant Negri, en l'entendant parler de lui, de son itinéraire, de ses projets, en le voyant vivre à travers ces pages, rêver d'un communisme parfait, remettre inlassablement sur le métier, jusqu'en prison ou en exil, son fantasme d'un vrai parti, vraiment révolutionnaire, capable de supplanter l'abominable P.C.I., en le voyant se prendre pour Gramsci dans sa cellule, pour Lénine dans son train de Finlande, en écoutant comment il parle et comment, au beau milieu d'une méditation sur Lucrèce, Leopardi, la beauté d'un ciel toscan ou la douceur d'un sourire de femme, lui revient tout à coup un horrible bout de langue de bois, de la plus stricte orthodoxie marxiste, on songe irrésistiblement à ce fameux « album de famille » tout jauni du stalinisme pur et dur dont Rossana Rosanda a dit un jour qu'il continuait de fournir leur décor à tous les pieux délires de l'extrémisme contemporain.

A y regarder d'un peu plus près, cependant, il y a une première différence qui saute aux yeux et qui tient à la rigueur, à la vigueur, j'allais presque dire à la radicalité d'un désir de révolution qui, averti comme jamais, semble-t-il, des échecs, des impasses ou des tragédies induits par le modèle traditionnel, affirme de la façon la plus claire que son problème n'est plus de prendre ou de renverser le pouvoir ; que ce n'est plus de conquérir, d'occuper ou même de briser l'État ; que ce n'est plus, que ça ne peut plus être, sous quelque visage qu'elle se présente, de faire de la « politique » au sens du vieil album. Il y aurait là, pense en substance Negri, il y aurait chaque fois là, dans chacun de ces soucis et chacune de ces tentations, un risque pour ce désir de s'égarer, de rencontrer sa propre perversion, de se laisser rattraper, prendre à revers par le vieux monde. Et tout se passe comme si, instruit donc de ces risques, de ce péril en sa demeure, des tours et des ruses diverses par quoi le « pouvoir » veille, s'infiltre dans les rangs adverses et, au bout du compte, l'emporte, notre doctrinaire s'imposait désormais d'aller à la racine des choses, en leur cœur, aux points les plus secrets où se noue la soumission des hommes — et de refondre, en d'autres termes, rien de moins que leur condition.

Il y a une autre différence alors qui se déduit de la première et qui, lisible elle aussi dans le filigrane du livre autant que, j'y insiste, dans celui de la génération à laquelle il appartient, tient au caractère hallucinatoire d'une révolution qui, dès lors qu'elle a cette visée, cette ambition, dès lors qu'elle a cette volonté, comme on disait à Paris du temps de l'aventure maoïste et de *L'Ange* qui l'exprima, de « casser en deux l'histoire du monde » et de changer l'homme, donc, « en ce qu'il a de plus profond », ne peut pas ne pas le quitter, ce monde ; révoquer son ordre et sa logique : en postuler un autre, imaginaire, où, comme sur une planète lointaine que n'affecteraient pas les lois de la pesanteur, n'aurait enfin plus cours la règle fatale du malheur ; et là donc, sur cette planète imaginaire, à l'abri de ses lois nouvelles et à l'écart de ce qu'un marxiste appelait tout de même encore le réel, le concret ou la matière, dresser tout un chapiteau de songes, glorieux et monstrueux, où l'on découvre une Italie par exemple réoccupée par son fascisme, un État de droit plus rigoureux que le pire des États nazis ou encore un « Homme Nouveau », complètement inventé et abstrait, dont on assigne le modèle aux hommes de chair et de sang.

Et puis il y en a une troisième enfin. Je veux dire une troisième différence d'avec l'idée de révolution telle que l'avait transmise l'album de famille. Et elle tourne, cette troisième différence, autour du caractère étrangement froid en même temps, détaché, presque amer, d'une idée que tout, si l'on en croit ce qui précède, devrait incliner au contraire à la fièvre et à la ferveur. Le tempérament de l'homme joue, probablement... Sa difficile position d'exilé... Son « échec historique », comme il dit, dont il n'a pas lieu de pavoiser... Mais il y a aussi, je pense, le sentiment obscur, jamais explicité comme tel, mais présent tout au long du livre, d'une sorte de fin de partie, de jeu de la dernière chance et du recours ultime où le désir d'insurrection, porté à l'extrême de sa tension et de sa pureté, jouerait en quelque sorte son va-tout avant de triompher ou de renoncer à jamais. Et le résultat, en tout cas, est bien là : une sorte de passion glacée, crispée, étonnamment distanciée, où l'on ne retrouve plus rien des débordements messianiques traditionnels et qui fait de Toni Negri un agitateur mélancolique exhortant pour la première fois les siens à monter à l'assaut du ciel tout en faisant, néanmoins, le deuil de leur propre salut.

Est-il besoin de préciser tout ce que cette logique a de fou ? Tout ce qu'elle a de sauvage ? Tout ce qu'elle peut avoir de morbide, pour ne pas dire de mortifère ? Faut-il ajouter ici ce que j'ai cent fois écrit : à savoir qu'il n'y a probablement pas plus redoutable machinerie totalitaire que cette volonté de pureté qui, conférant au révolutionnaire le rôle du purificateur suprême, fait de sa révolution une épouvantable affaire de propylaxie sociale et de chasse aux parasites ? C'est ainsi que parle Negri, en tout cas... C'est ainsi que, dans sa tête, s'ordonne la chaîne délirante... C'est ainsi que pour toute une époque, toute une génération, elle s'est, pourquoi le nier ? collectivement articulée... Et le fait est que si l'on ajuste tout cela, si on met tous ces éléments bout à bout, si on compose cette pulsion de mort avec la volonté de pureté, la puissance hallucinatoire et l'amertume glacée dont elle est le corrélat, on obtient le portrait-robot d'un révolutionnaire de type nouveau, spécifique à ces années, dont nous sommes un certain nombre à avoir, terrorisme ou pas, subi la fascination — et dont Toni Negri, aujourd'hui, m'apparaît en définitive comme l'un des tout derniers témoins.

Oui, je dis l'un des tout derniers témoins. Car ce qui me frappe en même temps, tandis que j'écris ces lignes, tandis que je relis et replonge donc en pensée dans ces fantasmes d'autrefois, c'est à quel point tout ça est loin maintenant... A quel point tout ça est daté... A quel point il est vieux déjà, irrémédiablement vieux, ce « révolutionnaire nouveau » dont nous étions si sûrs, jadis, qu'il était la jeunesse même, la propre image de l'espérance, la solution enfin trouvée aux insolubles problèmes de nos aînés... C'était hier ? C'était hier en effet. C'était il y a dix ans. C'était il y a quinze ans peut-être. Mais on dirait, quand on y songe, que c'est un siècle qui a passé... Un âge entier de notre culture qui s'est englouti mystérieusement... On dirait que quelque chose s'est passé, nul ne sait au juste quoi ni quand — qui a périmé tous ces discours, disqualifié tous ces débats, qui a renvoyé aux oubliettes non pas cette idée-ci ou cette idée-là de révolution, mais l'idée que la révolution même, sous quelque forme qu'elle se présente, puisse encore être désirée... On dirait que quelque chose s'est passé qui, des mots de ces années, de l'alphabet de notre jeunesse, a fait une langue morte, irrémédiablement obtuse et indéchiffrable, par exemple, aux jeunes générations.

Toni Negri le sait, je crois. Il le sait mieux que personne. Et même s'il ne le dit pas, même s'il s'obstine à le déneguer, même s'il fait le fier encore, le matamore, et qu'il continue d'afficher, comme par habitude, son indéfectible « espérance », on sent bien à son ton, au timbre de sa voix, à son je-ne-sais-quoi de cassé et de légèrement éraillé quand il raconte son errance à travers ces villes vides, glaciales, où il ne reconnaît plus rien des paysages d'il y a dix ans et où ses vieux amis eux-mêmes semblent avoir été happés par le nouvel ordre des choses, on sent bien, oui, que le cœur n'y est plus ; que le monde s'est désenchanté ; que le temps est révolu, où il traînait après lui son « prolétariat de bacheliers » ; on sent bien — *il* sent bien — que la roue de l'histoire a tourné et qu'il n'est plus désormais qu'une sorte de spécimen, de survivant ou de revenant qui continuerait, seul contre tous, et dans un renfermement mental qui confine parfois au pathétique, à tenir le cap ancien.

S'il y croit vraiment, demandera-t-on ? S'il y croit en son âme et conscience ? Et s'il n'est pas saisi lui aussi, par-delà ses rodomontades, par le désenchantement ? Il y a des moments où on se le demande, c'est vrai. Il y a des moments où lui-même se le demande, surtout, et où on le voit, plus las et plus sombre encore, rêvant soudain à voix haute de céder à son tour, de rendre les armes de l'esprit, d'en finir une bonne fois avec les années de plomb et puis, tout doucement, sur ce terrain nouveau, après avoir débarrassé, comme il dit, les chambres de sa mémoire, de prendre le temps de vivre, de rire, de jouir d'un visage aimé, d'une page de Balthasar Gracián ou du spectacle de deux enfants jouant aux petites voitures sur le bateau qui, clandestinement, le mène vers la France. Ces moments, cela dit, sont rares. Quand ils surviennent, ils ne durent guère. Et quand ils durent un peu, il n'y a pas d'exemple où l'on ne voie l'auteur se cabrer, se raidir — comme si, avec un entêtement où l'on pourra reconnaître, au choix, l'indice d'un caractère ou celui d'une myopie, il mettait son point d'honneur à refuser les formes d'abjuration choisies autour de lui par tous ses contemporains et à demeurer donc, obstinément, le dernier des révolutionnaires.

Le personnage, dans ces moments, devient presque effrayant. On le devine possédé, pour le coup, subjugué par un délire dont il ne serait plus le maître. C'est comme un charme, un sortilège épouvantable qui le tiendrait assujetti. Et dans la page déjà citée où il rêvait de remettre en ordre les chambres de sa mémoire, il va jusqu'à s'exclamer que tous ces désordres, toutes ces pressions, toutes ces résolutions sont en train de le rendre proprement « fou ». En clair, Toni Negri est le dernier, non seulement des militants ou des croyants, mais véritablement des damnés de la révolution. Et s'il m'intéresse tant, c'est qu'il prend place ainsi aux côtés de ces êtres noirs, marqués et comme élus à rebours, dont j'ai toujours pensé — et écrit à la première page d'un roman — que leur affinité avec le Mal en faisait des figures limites et paradoxalement exemplaires. A ceux qui n'auraient pas encore compris, je veux bien faire cet aveu, alors, qui pourrait être le fin mot, sinon de cette préface, du moins des raisons les plus intimes qui m'ont incité à la risquer : quand j'ai écrit le roman en question, quand j'ai voulu bâtir le profil de son héros, quand j'ai voulu incarner dans un même être l'extrême de la révolte et l'extrême de la barbarie, c'est à Toni Negri entre autres que, sans l'avoir encore lu puisque son livre n'existait pas, j'ai spontanément pensé.

Aujourd'hui le livre existe. Je l'ai lu. J'en parle. J'ai même rencontré son auteur, un matin, dans un café de Saint-Germain-des-Prés où j'ai eu peine à ne pas me remettre dans la peau du « nouveau philosophe » traquant et retrouvant Benjamin C. dans un restaurant de Jérusalem. Et c'est vrai que face à cet homme seul, pourchassé lui aussi par la police de son pays, face à ce lecteur de Machiavel ou de Spinoza coincé dans son marxisme, face à ce professeur maudit, à cet intellectuel honni, face à ce visage, à ce rire, à cette mèche indocile qui conserve un peu de leur juvénilité à des traits prématurément vieillis, j'ai éprouvé — j'éprouve encore — cet étrange sentiment de déjà vu, de familiarité sans cause et pourtant foudroyante qu'ont, je suppose, tous les écrivains du monde quand le hasard, tout à coup, les jette en présence de ce que Dostoïevski appelait leur « prototype ». La réalité, soudain, s'échappait de la fiction. Et dans ce désordre extrême où le vrai et le faux, le réel et l'imaginaire se bousculaient et se brouillaient, c'est toute l'histoire qui, à mes yeux, prenait les couleurs du roman.

Voilà. J'ignore, cela va sans dire, si Toni Negri se retrouvera dans ce portrait. J'ignore si le retrouvera le dernier carré des amis qui, à en croire la rumeur, continuerait de l'entourer. Et j'ignore ce qu'en diront les autres, tous les autres, prévenus contre un coupable qu'ils ont condamné avant ses juges et qu'ils s'étonneront peut-être de me voir considérer sur un mode aussi « littéraire ». Pour moi, les choses sont pourtant claires. Mon intérêt pour le symptôme n'a d'égal, je le répète une dernière fois, que mon hostilité — ou mon indifférence — à l'idéologue. Et si je me suis laissé aller à traiter en « personnage de roman » un homme sur qui pèsent, jusqu'à nouvel ordre, de terribles présomptions, c'est qu'avec les personnages de roman tels que je les aime il partage le redoutable privilège d'avoir, qu'il le sache ou non, porté jusqu'à leur comble quelques-unes des tendances les plus sourdes, les plus sombres de son temps. Ni comédien ni martyr, ni tout à fait infâme ni forcément sublime, Toni Negri, au fond, est un enfant du siècle. Un effet de son époque. Un des hoquets, des ratés, des lapsus les plus spectaculaires et les plus éloquents de cette génération aux destinées imprévisibles et qui commence peut-être enfin de rendre ses premiers comptes. A ce titre, oui, et en attendant que les juges tranchent et donnent de sa culpabilité des preuves moins insaisissables que celles qui, pour l'heure, le tiennent en exil, il convenait — il convient — de regarder en face cet homme qui, à son tour, nous considère avec l'inquiétante étrangeté des miroirs.

(Octobre 1985)

II

POSITIONS

DISCOURS AU MÉMORIAL[1]

Voici donc trente-cinq ans que le monde découvrait avec stupeur le plus effroyable massacre de l'histoire de l'humanité. Une génération est passée depuis les camps de concentration et ces immenses monceaux de cadavres dont certains d'entre vous, qui êtes ici aujourd'hui, réchappaient comme par miracle. Cette génération, c'est vingt millions de jeunes femmes et de jeunes hommes de France, pour qui cet indicible calvaire n'est plus qu'un épisode d'histoire — et Auschwitz, Maïdanek, Treblinka, Buchenwald, d'épouvantables lieux-dits d'une oublieuse géographie. Il se trouve que j'appartiens justement à cette foule de Français-là. Je suis de ceux qui ont aujourd'hui l'âge des morts et qui, de ces morts, ne savent plus, bien souvent, ni le nom ni le visage. Si je suis là, alors, si j'ai accepté l'insigne honneur que l'on m'a fait en m'invitant, si j'ai surmonté, pour cela, l'émotion et presque le malaise qui m'étreignent à l'idée de prendre la parole ici, en ce lieu, après tant et tant d'autres,

[1]. Allocution prononcée la veille de Kippour, rue Geoffroy-l'Asnier, au Mémorial du Martyr juif inconnu.

plus illustres, et frappés dans leur chair, qui m'y ont précédé et dont je voudrais au moins me montrer digne à mon tour, — c'est que je voudrais leur dire, vous dire, dire peut-être à tous ceux qui nous écoutent de loin, que la flamme du souvenir ne s'éteindra pas après vous ; que d'autres seront là, qui la reprendront à leur suite ; et qu'il y a là un devoir que j'assume, pour ma part, d'autant plus volontiers que l'heure me paraît grave et toute bruissante de sinistres présages.

Car enfin quel vacarme, quelle singulière rumeur qui gronde et s'enfle autour de nous ! C'est toutes ces prétendues et abjectes querelles où l'on réécrit l'histoire de ces millions de Juifs qui seraient montés tout seuls, comme bêtes à l'abattoir, vers la fosse. C'est les vieux nervis de la plume, rescapés eux aussi, mais du pétainisme et de la honte, qui relèvent allégrement la tête et voudraient acquitter le crime de cet État français qui, jadis, de son chef, livra d'autres Français au bourreau qui attendait, et n'en demandait d'ailleurs point tant. C'est la droite de toujours, nouvelle comme à l'habitude, mais nantie désormais d'inavouables complicités, qui, sur fond de scientisme, de paganisme et de racisme, nous redit la vieille haine du judaïsme, de son message, de son martyre, et de sa résistance. Comble d'infamie, voici les truqueurs, les trafiquants, qui vont jusqu'à jeter le doute et l'affreuse suspicion sur la réalité même des camps, le nombre des suppliciés et la disposition des douches au plafond des chambres à gaz. Il y a dans tout cela, j'imagine, pour ceux qui savent, et dont les corps se rappellent, la plus cinglante des injures à la mémoire des morts. Il y a là, pour les autres, pour ceux qui, comme moi, n'ont pas vécu mais vous ont entendu, un crime selon l'Esprit qui n'a proprement pas de nom. En sorte que commémorer c'est peut-être rappeler d'abord cette évidence toute simple, si simple que l'on s'étonne d'avoir à la redire, si évidente qu'elle devrait se dire presque sans mots et, en tout cas, sans l'ombre d'un débat : dans la longue chronique de souffrances qui est le lot du peuple juif depuis des millénaires, dans l'histoire générale du malheur qui est celui de l'humanité depuis bien plus longtemps encore, — l'Europe moderne, savante, civilisée, a atteint avec la Shoa un absolu sommet d'horreur, sans exemple ni précédent, et par conséquent inoubliable.

Car comment les oublier, ces abîmes de barbarie ? Comment donc faire son deuil d'une telle extermination qui, au-delà même des corps, atrocement mutilés, visait jusqu'à la trace, la cicatrice juive en terre des hommes ? Ce n'est pas, bien entendu, qu'une obscure fascination nous lierait à un passé qui, de fait, est révolu. Ni qu'une rancune, une maligne volonté de vengeance nous dicterait la haine. Mais il est des forfaits si parfaitement effroyables qu'ils échappent simplement, presque par définition, à la loi du temps qui passe et qui, disent-ils, effacerait les fautes. Il est des criminels si diaboliques, si monstrueusement inhumains, qu'aucune justice humaine, aucun décret du ciel, ne sauraient les absoudre. Il est des blessures si profondes, si profondément labourées, qu'elles saignent et saigneront jusqu'à la fin des temps. Auschwitz c'est cela : un site de haut calvaire dont le souvenir se conserve en des lieux, en des temps, qui diffèrent de ceux des choses. Nos martyrs juifs inconnus c'est cela : des foules toutes noires d'âmes mortes et de corps creux dont il faut bien convenir qu'elles ne s'inscrivent plus tout à fait au registre des siècles. Le Dieu de la genèse, comme vous savez, mettait à Caïn un signe après qu'il eut fauté : et ce signe devait le marquer à jamais au sceau de son infamie. Nos livres prophétiques nous content des crimes qui, même et surtout pardonnés par la divine mansuétude, continuent de crier misère de génération en génération. Ainsi nous autres Juifs, pouvons bien pardonner aux chiens qui, autrefois, nous traitaient comme chiens : quand bien même le voudrions-nous, de toute la force de notre clémence, je ne suis pas sûr que nous pourrions, je ne suis pas sûr qu'il soit vraiment au pouvoir de quiconque, de refermer cette plaie, ouverte à flanc d'éternité.

Mais alors, direz-vous, pourquoi cet empressement, autour de nous encore, à nous convaincre du contraire ? Pourquoi ce soudain manège de mots et d'arguments où l'on nous enjoint si vivement, et sur quel ton ! de prescrire l'imprescriptible ? Pourquoi sont-ils si nombreux, si étrangement unanimes surtout, les doux pédagogues d'amnésie, à nous clamer, de droite et de gauche, que la guerre est finie, les cadavres au placard et l'horreur histoire ancienne ? Eh bien, je crois qu'à cet acharnement se mêlent d'autres raisons que celles qui nous sont dites. Je crois que si nous cédions et dispersions les cendres, — en enterrant nos pères, c'est nos enfants que nous exposerions. Je suis convaincu que, si devait sonner pour les Juifs l'heure de ne plus honorer leurs cimetières, c'est que les camps ne seraient pas loin ni le mufle de la bête ; et que tous ces martyrs que nous célébrons aujourd'hui, toute cette cohorte d'inconnus que nous sommes venus pleurer, c'est comme un cortège d'ombres qui nous entoure et nous préserve. Savez-vous comment on fait pour tuer un homme deux fois ? On oublie simplement qu'une fois déjà on l'a tué. Savez-vous comment on fait, depuis deux mille ans maintenant, pour si régulièrement accabler le peuple juif ? On efface, à mesure, l'indice du meurtre de la veille pour faire la terre vierge à celui du lendemain. L'antisémite, lui, le sait bien, que c'est en brûlant les morts qu'on allume le brasier des vivants. Gare, alors, à ce que, de même que l'éclipse des pogroms d'avant-hier a peut-être rendu possibles les Auschwitz d'hier, de même le voile sur Auschwitz aujourd'hui ne puisse rouvrir pour demain les portes du délire.

Si tel est le péril, tel est aussi le défi que cette fin de siècle nous assigne et qu'il faudra bien relever. La jeune génération, née des survivants du génocide, écoutera-t-elle les sirènes qui lui prêchent démission, reniement, renoncement, et la voudraient courbée, échine ployée, nuque amollie ? Ou entendra-t-elle au contraire, par-delà le tumulte des âges, la voix à demi étouffée de ceux qui combattaient dans les caves de Varsovie, la leçon de vaillance que leur adressent de loin ces hommes de peu de nom qui prenaient encore peine, tandis qu'ils allaient au supplice, de transmettre une mémoire aux résistants des temps futurs ? Les Juifs de mon âge, assimilés comme jamais, citoyens à part entière et le plus souvent fiers de l'être, céderont-ils au chantage qui leur dit : « Juifs ou Français » et les somme de choisir entre le ghetto ou la Cité ? Ou tenteront-ils plutôt, debout auprès d'eux-mêmes, modestement mais fermement, sans arrogance mais sans humilité, l'aventure de leur nom, de leur haute et grande culture, qui est aussi celle de la France et dit le simple honneur d'être homme ? Je sais que certains s'inquiètent de tant de bruit, à propos de notre judaïsme. Je comprends bien leurs craintes, leur pudeur, à voir ainsi portés au jour, exhumés de leurs musées, nos vieux et chers grimoires. Mais je sais cependant que, comme dit le prophète encore, un reste en reviendra et une part bénie, — une jeunesse consciente d'elle-même, de son héritage et de ses tâches : puisque tout, aussi bien, nous enseigne, si loin dans le passé que l'on porte le regard, que si d'aventure revenaient les spectres odieux de jadis, nous n'aurions pas de meilleure arme pour lutter et conjurer le mal.

Oh ! bien sûr, Français de 1979, nous n'en sommes pas là encore, et l'assemblée de ce matin n'est heureusement pas une veillée d'armes. Il n'est certes pas vrai que nous vivions à l'heure d'un déferlement antisémite comparable à ce que d'autres époques, infiniment plus sombres, ont connu. Je crois même que ce serait faire injure encore à ceux qui, ici, ont réchappé d'entre les morts, que de risquer le moindre parallèle entre leur calvaire d'alors et notre inquiétude d'aujourd'hui. Mieux, il revient aux Juifs de ce pays de savoir et de clamer qu'il y a d'autres racismes, beaucoup plus meurtriers à ce jour, que nous devons aussi combattre, parce qu'ils visent l'Arabe en tant qu'il est arabe, ou le Noir en tant qu'il est noir. Tout cela donc est assuré. Nous sommes nombreux à en être avertis. Nombreux aussi à nous garder de l'engrenage fatal, où le pire se nourrit du pire et la terreur de la terreur. Et pourtant... Oui, pourtant, à peine le savons-nous, de notre savoir d'indulgence, qu'un doute obscur nous saisit. A peine le dis-je moi-même, haut et clair comme maintenant, que je crois entendre tout près le ricanement de l'histoire. C'est comme une lente dérive, où, un à un, les tabous tomberaient qui faisaient jusqu'ici rempart à la barbarie. Cela se fait doucement, à tâtons, à bas bruit, comme toutes les œuvres du Malin. Et voici qu'un beau matin nous découvrons horrifiés que nous avons passé le cap des débats d'académie. Et voici que, soudain, on dirait que les mots ont pris le poids des choses et les choses, inversement, la légèreté des mots. Alors, les Juifs se posent des questions, tandis que d'autres posent des bombes.

Faut-il redire la liste déjà longue de ces attentats récents ? Il y a les synagogues profanées, à Drancy et à Lyon, et c'est, chaque fois, pour ceux qui ne prient pas autant que pour ceux qui prient, une douleur et un sacrilège. Il y a les tombes insultées, comme la stèle de Georges Mandel, plastiquée au printemps dernier par un commando de « combattants contre l'occupation juive en France », et c'est pour tous les Français, pour les Juifs et les non-Juifs, une intolérable atteinte à la mémoire de la résistance. Il y a les tracts, les inscriptions, en Bourgogne, en Alsace, tous ces menus faits d'ignominie dont on s'alarme à peine tant ils semblent appartenir à l'ordinaire adversité qui, bon an mal an, nous serait échue, — et chaque fois, pourtant, c'est peut-être un degré de plus dans un esclavage aveugle. Il y a la violence brute, restée, elle aussi, impunie comme celle qui, il y a six mois, en plein Paris, rue de Médicis, pour la première fois depuis trente ans, frappait un foyer juif avec l'intention, au moins, d'y tuer des hommes et des femmes juifs. Et puis enfin, tout près de nous, il y a le meurtre de Pierre Goldman. La police dira peut-être, à condition qu'elle le veuille et le puisse, s'il s'agit oui ou non d'un meurtre antisémite. Toujours est-il que Pierre Goldman était juif, un de nos grands écrivains juifs d'aujourd'hui, un de ceux qui ont le plus fait pour la gloire et l'illustration de notre judaïsme, et qu'il est peut-être mort d'avoir été trop fidèle, jusqu'à l'hallucination parfois, voire jusqu'aux égarements les plus extrêmes, à quelques-uns de nos textes et de nos commandements. A sa façon c'était un Juste, dont la disparition endeuille aussi, à mon sens, notre communauté.

Reste enfin, reste surtout, en ce moment de haut péril, cet autre signe des temps, qui touche, vous le pressentez, au destin d'Israël. Car, ici encore, entendez-vous ce qui se susurre, froidement, impunément, et sur le mode de l'évidence ? Quand règne provisoirement, en cet État démocratique où nul, bien sûr, ne détient le monopole ni l'éternité du pouvoir, un homme dont la politique paraît inique ou inacceptable à certains, les voici qui, d'un bout du monde à l'autre, concluent, pour l'État juif, ce que pour aucun autre ils ne concluraient : son illégitimité globale, absolue, sans appel, et son devoir de disparaître. Quand un président égyptien, bravant certes le concert de ses alliés d'hier, se rend enfin à Jérusalem et qu'à Jérusalem on lui dit : « l'extraordinaire est que vous soyez là, mais c'est aussi que, depuis trente ans, nous vous attendions en vain », — voici les mêmes qui s'indignent et voient dans cette intransigeance qui n'appartiendrait qu'à nous, une menace pour la paix mondiale, qui menace en retour Israël. Quand, ici même, des citoyens français ajoutent à leurs innombrables et légitimes fidélités, à leurs loyautés nationales, partisanes, etc., un attachement de plus, mais indéchiffrable celui-là, et comme métaphysique, à la terre de la Bible — voici le chœur qui tonne de nouveau contre cette coupable, inacceptable « double allégeance » où se perdrait, paraît-il, notre allégeance à la France. Antisionisme, disent-ils. Mais que dit leur antisionisme, sinon le vieux, très vieux « deux poids et deux mesures » qui, toujours, nous a exclus ? Mais n'est-ce pas en son nom et sous son pavillon que passe bien souvent, à l'Ouest autant qu'à l'Est, la très ancienne contrebande de la haine froide du Juif ? Si j'évoque cela pour finir, ce n'est pas seulement parce que Israël est fille des camps et que nous sommes ici pour commémorer les camps. Ce n'est pas seulement que la déroute d'Israël, proclamée, programmée, inscrite dans des chartes et dans des arsenaux, serait un nouveau génocide, et que nous sommes ici pour conjurer le retour du génocide. C'est aussi, plus immédiatement, que la vindicte qui nous suit depuis le fond des âges et qui, sans cesse, change de langue et de visage, pourrait bien être en train de prendre cette figure-là. Et que je vois là se nouer, dans l'indifférence générale, de singulières paroles de mort qui nous appellent encore, en même temps qu'au souvenir, au plus entêté, au plus pressant, au plus obligé des refus.

Puisse donc Israël, terre promise et consacrée, survivre à tant de solitude. Puisse l'autre Israël, celui que nous poursuivons en songe, depuis nos premiers temps, et qui nous dit simplement les travaux de la liberté, continuer de porter témoignage de sa passion de Loi et de salut aux humiliés. Puissent même nos millions de morts s'élever comme un haut mur contre le règne du malheur et être comme un roc à tous les insurgés qui, partout de par le monde, disent non à l'intolérable. Car il faut bien le dire enfin : le combat que nous menons va bien au-delà des Juifs et de leur être mortifié ; notre folie de dignité est aussi celle de tout le siècle en son humanité ; ils sont de plus en plus nombreux ceux qui, sous d'autres cieux, sous d'autres noms parfois, retrouvent le Nom d'Homme que chantaient déjà nos prophètes. Kafka disait un jour que lorsqu'on frappe un Juif on jette l'humanité à terre. Il aurait pu ajouter que lorsqu'on frappe un homme, c'est toujours le Juif, en lui, qu'on porte en terre.

(Octobre 1979)

UN HIVER A BUENOS AIRES

San Justo, c'est un faubourg à l'ouest de Buenos Aires, lépreux et désolé, tout ruiné de terrains vagues, de dépôts de ferraille et d'ordures. Ici et là, des *complejos*, improbables bâtisses, mi-H.L.M. mi-bidonvilles, plantés comme au hasard entre deux tas de cailloux. Depuis longtemps déjà, cinq cents à six cents squatters s'y organisent tant bien que mal, familles d'ouvriers pauvres et de chômeurs, survivant avec l'équivalent de cent à deux cents francs par mois, mais résistant héroïquement aux intrusions de la police. C'est en mars dernier que, pour la première fois, les choses se sont gâtées et que le fascisme est entré au *campamiento*. Les journalistes, jusqu'ici, ne semblent pas s'y être intéressés.

C'est Anna M. qui me parle. Elle a trente ans à peine, une ribambelle d'enfants, et le visage déjà fané. Elle nous reçoit dans la petite pièce où s'entasse toute la famille depuis la disparition du père. « *Un jour ils sont venus. Pas la police ; mais des hommes en civil le visage recouvert d'une cagoule, qui enfonçaient les portes ou faisaient sauter les serrures à la dynamite. Chaque fois, ils obligeaient les femmes à se déshabiller, parfois ils les violaient, pas toutes, seulement les jeunes, mais toujours devant l'homme et les enfants. Ensuite, ils frappaient tout le monde, sauvagement, comme s'ils voulaient nous tuer, même les petits quand ils pleuraient et qu'ils ne pouvaient pas lever plus haut les mains en l'air. Et puis, quand ils finissaient, ils emmenaient l'homme, un à chaque fois, vingt-deux en tout, et ça recommençait tous les jours. Sans doute que ça leur plaisait de revenir et de nous faire peur chaque fois. Mais, pour nous, c'était terrible, on finissait par les attendre, comme les amis ou la famille le dimanche. Et on se demandait si c'était fini cette fois ou si ce serait un autre le lendemain... On n'aime pas beaucoup la police au* complejo *mais une fois quand même une femme y est allée, pour prendre des nouvelles, et elle n'est jamais revenue. Alors, maintenant, on attend, simplement. On attend qu'elle revienne. Et si vous dites cela, peut-être que ça nous aidera.* »

Ces hommes, ces femmes, où sont-ils aujourd'hui ? Ouvriers, simples gens, peuple de l'ombre désormais, embarqués par une milice privée, ils sont allés grossir la grande armée de fantômes qui hante les nuits des beaux quartiers de Buenos Aires. Arrachés à leur demeure, à leur famille, à leur tribu, ils n'existent à la lettre plus, sinon peut-être sous matricule, au fond d'une geôle infecte de Sierra Chica ou de Rawson.

C'est à peu près ce que l'on m'a dit quand, muni de quelques noms, je me suis rendu, avec deux avocats, au commissariat du district, et que l'officier de police qui nous a reçus nous a répondu d'un air navré qu'il s'agissait d'une bande de terroristes passés à la clandestinité. C'est aussi ce que m'a dit le directeur d'un quotidien gouvernemental à qui j'apportais la même liste et qui me répondit, hilare cette fois, la mine gaillarde et entendue, que pour lui l'affaire ne faisait aucun doute : de sacrés coureurs de jupons, ces types du *complejo 17* — ils sont tout simplement partis reprendre sous d'autres cieux leur vie de garçon...

Roberto Giudice, cinquante ans, commerçant de son état, habite rue Paraguay. Il a demandé à me voir et, malgré mes mises en garde, m'a prié de le nommer. Il est là, tassé dans un fauteuil, et j'ai l'étrange impression que, pendant qu'il me parle, il ne voit ni n'entend. Une voix sourde, monocorde. C'est son histoire qu'il est venu me raconter. Une histoire atroce, à peine croyable, le récit d'un mort-vivant...

Tout commence l'année dernière quand un groupe d'hommes fait irruption une nuit d'hiver dans la maison de la rue Paraguay. Tout le monde dans la pièce centrale : Giudice et sa femme, les trois petits de huit, neuf et onze ans, et la fille aînée, vingt-deux ans. C'est elle que les inconnus sont venus chercher. Le lendemain, quand Giudice se présente à la police, c'est à peine si l'on consent à enregistrer son recours en *habeas corpus*. « *Votre fille*, lui dit-on, *a sans doute été enlevée par un groupe incontrôlé. On finira bien par la retrouver ; mais à condition que vous vous taisiez et preniez votre mal en patience.* »

Des mois et des mois se passent dans le climat qu'on imagine. De temps à autre, un policier vient encaisser cinq mille ou dix mille pesos en échange de maigres « informations ». Et puis un jour, à bout de nerfs, las de croire et d'espérer, Giudice craque et, sans avertir quiconque, décide de prendre contact avec la Commission œcuménique des Droits de l'Homme. Réaction : il est enlevé une semaine plus tard, mené les yeux bandés dans une maison déserte de la banlieue de la capitale. Il retrouve là sa fille, méconnaissable, efflanquée, à demi édentée, le corps couvert de plaies — entailles au cou, aux seins, au ventre, où les tortionnaires ont appliqué les électrodes de la gégène. Et là commence le cauchemar sous ses yeux, ses yeux de père ivre de douleur et de désespoir : un rat introduit par le vagin dans le ventre de la jeune fille. Elle en meurt. Peut-on dire de Giudice, libéré peu après, qu'il est aujourd'hui vivant ?

Des tragédies comme celle-là, on m'assure qu'il y en a eu des milliers dans les deux dernières années. Il n'y a pas un Argentin, me dit cet architecte de Rosario, qui, de près ou de loin, n'ait été une fois au moins touché et concerné. Et, pourtant, il est rare qu'on vous en parle spontanément. Il est difficile d'évoquer le sujet sans voir instantanément se fermer les visages les plus avenants. Non, on ne sait pas. On ne veut pas en parler. Volonté d'oublier. Passion de l'ignorance. C'est cela qui frappe le plus chez les hommes et les femmes que je rencontre. Tous, jeunes ou vieux, intellectuels ou simples gens, contestataires ou vidélistes. Bien malin, du reste, qui peut faire parler aujourd'hui un « progressiste » : la plupart se terrent, remâchant dans le silence leur part de honte et de dégoût. Bien malin qui parvient à parler politique avec un chauffeur de taxi, informé pourtant mais brusquement glacial, dès que la « chose » vient sur le tapis.

Ce n'est pas l'Allemagne d'avant la guerre, où certains ignoraient parfois l'ampleur des atrocités nazies. Là, c'est autre chose, un sentiment plus complexe, une sourde volonté de refouler l'horreur, de vivre dedans sans y songer, de vivre comme si elle n'était que cauchemar et ne vous concernait pas. D'où ce climat d'allégresse un peu forcée, cette impression de vie facile et factice à quoi les touristes de passage sont si sensibles. C'est vrai que les rues de Buenos Aires sont pleines jusqu'à l'aube, que les cafés et les restaurants restent ouverts toute la nuit. Mais on devine sans peine derrière la clameur, dans les soutes obscures de cette dictature sous cellophane, un prodigieux, un douloureux refus de la réalité.

Les gens ont peur à Buenos Aires. Peur d'eux-mêmes, peur des autres, peur d'aujourd'hui et de demain. Une peur indéfinissable, comme un cancer qui les ronge, qui taraude les corps et les visages. Peur de parler, par exemple : je dînais un soir avec un médecin célèbre, proche d'un des dirigeants de la junte, probablement intouchable et de surcroît vidéliste ; je lui contais ma visite à San Justo, lui demandant conseil, peut-être même une intervention, quand, brusquement, au beau milieu du dîner, il prétexta une urgence et me quitta sans crier gare, visage défait, masque plombé — un pauvre homme qui, tout d'un coup, avait eu peur de trop parler ! Peur des mots, tout simplement : ainsi ce professeur de philosophie, péroniste d'origine, qui m'avoue se surprendre parfois à dire Aristote à la place de Marx, Shakespeare à la place de Lénine. Peur de penser, comme si là aussi saillait cet « esprit subversif » que s'acharnent à traquer les généraux de Videla.

Mieux encore : j'ai rencontré un jeune industriel, plutôt de gauche, qui m'a fait la plus étrange, la plus incroyable requête : que j'accepte de recueillir une fausse interview de lui où il ferait l'éloge du régime militaire — pas pour publication, bien sûr, mais à tout hasard, comme ça, on ne sait jamais, si par malheur il arrivait quelque chose. Je vois aussi un homme politique, proche de l'amiral Massera, trônant et pérorant dans un restaurant à la mode où il semble régner en maître, se décomposer brusquement parce que le serveur vient lui dire que là, derrière lui, est assis un policier en civil. Quand un peuple en arrive à ce point, quand la survie d'un homme devient affaire de talisman, quand la superbe d'un autre ne tient plus qu'à la superstition, c'est que le fascisme a déjà triomphé.

Il faut dire que le flic à Buenos Aires, c'est tout le monde et personne. Il est dans la rue et dans les têtes. C'est la jolie serveuse, si délicieusement prévenante, et dont on se méfie pourtant, baissant la voix lorsqu'elle s'approche. C'est le voisin, de l'autre côté du mur, qui peut-être vous écoute et tout à l'heure sauvera sa peau en vous livrant aux tortionnaires. C'est cette foule d'hommes et de femmes qui ont troqué leurs armes et leurs galons contre des uniformes de civils, pour mille, deux mille pesos — une misère à leur misère, une aumône à leur humiliation. Le flic, c'est aussi ce passager anonyme, délateur d'un jour qui, dans l'avion qui m'amène de Paris à Buenos Aires l'autre samedi, prétend m'avoir vu faire disparaître des documents compromettants et s'empresse de le faire savoir dès l'atterrissage. Des détails ? Oui, des détails sans importance mais qui, ensemble, tissent la trame d'un État policier.

A l'aéroport, pour m'accueillir, il y avait donc cinq policiers qui m'interrogèrent pendant plusieurs heures. Corrects, très corrects, ces policiers. Des maniaques de la fouille, simplement, dans la grande salle glacée du commissariat d'Ezeiza où, le froid et le temps aidant, je faillis perdre patience. Des maniaques du soupçon aussi : « *Ah ! Vous vous appelez Lévy ? Nationalité ? Française, vous dites. Mais Lévy, c'est un nom juif...* » Il y a des signes qui ne trompent pas. Celui-ci par exemple : à Buenos Aires, *Le Nouvel Observateur*, les rapports d'Amnesty International et *L'Archipel du Goulag* de Soljenitsyne, sont des documents « subversifs et compromettants ». Ou cet autre qui me sera révélé plus tard par un membre de l'ambassade de France : les services de la S.I.D.E. (services secrets argentins) me suivaient probablement depuis Paris, attentifs à mes déplacements, à mes fréquentations et à mes contacts... Peu importe, d'ailleurs, les péripéties de cette affaire. De la routine sans doute. Mais, je le répète, terriblement significative.

D'une manière générale, la terreur en Argentine n'a pas l'évidence massive et indécente qu'on lui prête volontiers de loin. C'est un système infiniment plus diffus, capillaire et cloisonné. Mon interlocuteur V. semble en connaître un bout. Il prétend même s'être fait la main, au début de sa carrière, dans les bâtiments de la célèbre École de mécanique de la Marine. « *Ici, les prisonniers sont parqués par petites unités, très mobiles. On ne les torture jamais longtemps dans le même lieu. Même chose pour les tortionnaires : on ne les laisse pas torturer longtemps non plus les mêmes prisonniers. Ça tourne, ça tourne sans arrêt. Car parfois, nous autres aussi, on en a assez. Alors, ils ne nous laissent pas la possibilité de nous connaître trop bien, de nous réunir, d'en parler.* » Ici, donc, pas de camps de concentration à la Pinochet. Pas de stades bondés mais des petits pavillons, des caves ou des appartements, soixante en tout pour Buenos Aires, dispersés dans les faubourgs. Des centres de torture flottants, comme le « Bahia Aguirre ». Bref, une sorte d'archipel dont la géographie devient de plus en plus sophistiquée.

Ainsi, il n'est pas rare que, pour brouiller les pistes, des petits groupes de prisonniers soient, sans raison apparente, transférés d'un centre à l'autre. Parfois même on en « libère » deux ou trois qui, à la porte de leur prison, sont cueillis par une nouvelle équipe, qui les convoie aussitôt vers un nouveau centre. L'administration pénitentiaire d'origine peut donc prouver, registres à l'appui, que les disparus ont quitté sains et saufs ses locaux. Même si, à cet instant, ils croupissent dans une cave clandestine où on les torture toujours.

C'est ce qui est probablement arrivé aux deux religieuses françaises : sœur Léonie et sœur Alice ont été, lors de leur arrestation, convoyées dans un centre de détention dépendant du premier corps d'armée du général Suarez Mason. Huit jours plus tard, on les transfère à l'École de mécanique de la Marine (amiral Massera). De là, on ne tarde pas à les expédier vers une dernière destination, cette fois inconnue. Selon V. toujours, ce véritable trafic de détenus renverrait au jeu des rivalités qui secoue actuellement les instances dirigeantes de la junte. Ces tendances se céderaient des prisonniers comme on se remet des gages. Comme on échange des signes — de guerre ou d'amitié.

Tout cela ressemble donc à une dictature « soft », subtile, et qui excelle dans l'art du maquillage. Pas étonnant que la junte se soit offert le luxe d'organiser un Mundial et de tolérer la présence de plusieurs milliers de journalistes puisque ici on sait surtout rendre l'horreur discrète et de plus en plus invisible.

Jusqu'à ce jour, l'Amérique latine avait le triste privilège des terreurs d'État particulièrement voyantes. Désormais, avec Videla, le continent se modernise et instaure une technologie policière qui opère dans l'ombre, en silence. C'est peut-être cela qui, innovant par rapport à la longue tradition des fascismes tropicaux, fait toute l'originalité du « modèle argentin ».

(Juin 1978)

DANS LES MAQUIS AFGHANS[1]

Premier jour

« On demande souvent en France : qu'est-ce qu'attendent les Afghans pour unifier leur résistance ?

— *Dites aux Français qu'ils peuvent attendre : les Afghans ne s'uniront pas.*

— Parce qu'il est trop tôt ?

— *Parce que ça n'aurait pas de sens.*

— Mais vos clans, vos tribus, vos innombrables divisions... ?

— *C'est notre force. Notre âme. Les seules choses, en ce monde, pour lesquelles nous soyons prêts à mourir.*

— Davantage que pour la nation afghane ?

— *Il n'y a pas de nation afghane. A part Babrak Karmal, personne, ici, n'est prêt à mourir pour défendre la nation afghane.*

---

1. Voyage clandestin fait en compagnie de Marek Halter et Renzo Rossellini à l'été 1981. Il s'agissait de remettre aux résistants les trois premiers postes émetteurs de radio achetés grâce aux fonds recueillis, en Europe, par le « Comité Droits de l'Homme ».

— Si, les chefs de parti, vous les avez entendus comme nous...

— *Ces partis ne sont rien. Ils ne représentent rien. J'espère que vous l'avez bien compris : ce sont des organisations d'exilés, de profiteurs, de parasites, par rapport aux vrais moudjahiddin, demeurés à l'intérieur...* »

L'homme qui s'exprime ainsi n'a rien, je le précise, d'un vague chef de bande, obtus et fanatique. Avec son visage glabre, ses joues émaciées, sa chevelure sombre et inhabituellement longue, il ferait plutôt penser à un sosie afghan de notre Antonin Artaud. Issu d'une famille de *literati* traditionnels, rompu lui-même aux études persanes autant qu'aux disciplines de la culture occidentale, il fut l'un des journalistes les plus écoutés de la presse de Kaboul. Pour l'heure, vingt mois après l'invasion, il fait partie de ces jeunes commandants de vallée qui, lorsqu'ils ne sont pas sur le terrain, à lutter parmi les leurs, viennent errer à Peshawar, rage à l'âme et bourse vide, pour y chercher les armes dont leurs hommes ont besoin.

Son nom ? Peu importe son nom. Pour la commodité du récit, on l'appellera Amin. Il suffira de noter qu'il est l'une des très rares personnes à savoir qu'il y a quelques heures à peine nous débarquions au Pakistan, Marek Halter, Renzo Rossellini et moi-même, avec, dans nos bagages, trois émetteurs de radio destinés à la résistance. Et que s'il se retrouve là, avec nous, au siège d'un parti qu'il méprise de tout son cœur, tolérant l'insolence avec laquelle la sentinelle de faction vient d'essayer de le fouiller, se frayant — et nous frayant — un difficile passage à travers la foule des guerriers en haillons qui se pressent autour des grilles, c'est que nous lui avons dit, à notre descente d'avion, avec tout notre aplomb d'intellectuels parisiens : « Nous avons promis aux hommes et aux femmes de France qui ont contribué, par leurs dons, à l'achat de ces trois appareils de les remettre, en mains propres, à une organisation représentative de l'ensemble de la résistance afghane... »

Deuxième jour

Mais où diable est-elle donc, cette « organisation représentative » dont nous avons de nouveau, toute la journée, d'un état-major de parti à l'autre, guetté l'apparition ?

Ce n'est probablement pas le Mouvement islamique révolutionnaire de Mohamed Nabi Mohamedi, en pleine effervescence quand nous y arrivons, et où la grande affaire de l'heure semble être de démasquer les « agents » du Hezbi Islami (le Parti de l'Islam) qui ont pu s'infiltrer, hier soir, avec le groupe de combattants rentrés de la province de Kunduz.

Ce n'est pas le Hezbi Islami non plus, bien sûr, organisation hyper-religieuse et notoirement fanatique où un jeune « cadre révolutionnaire », indisposé par l'une de nos questions, s'est dressé, le doigt accusateur, mimant sans le savoir la photo de l'ayatollah pendue au-dessus de sa tête, pour nous lancer, menaçant : « *Israël n'est pas un pays, nous ne voulons pas l'aide d'Israël, ces hommes sont des agents sionistes.* »

Ç'aurait pu être, à la rigueur, le libéral et démocratique Front de libération nationale de S. Mudjadedi où nous nous rendons ensuite, si nous n'avions découvert, quand notre hôte a voulu nous montrer une carte du pays, que les frontières de l'Afghanistan s'arrêtaient, dans son esprit, à celles des tribus pachtounes, ignorant superbement toute sa moitié nord.

Et quant au Front national, enfin, du sympathique Sayed Ahmed Gailani, où nous arrivons en dernier lieu, accompagnés d'Amin toujours, à l'heure où le maître de céans, authentique « *descendant du Prophète* », dirige sur sa pelouse l'ultime prière de la journée, nous y avons été surtout témoins de cette scène extraordinaire : le saint homme se tournant soudain vers le commandant, lui proposant sans détour de lui confier les cent Kalachnikov qu'il recevra bientôt d'un « *émirat lointain* », et ajoutant, à mi-voix, quand il voit l'autre se cabrer : « *Je sais que tu n'es pas des nôtres. Mais je sais aussi que tu es un bon musulman. Je ne te demande en échange qu'un serment sur le Coran. Et d'aller partout dans les montagnes annoncer à tes guerriers qu'ils se battent au compte de Sayed Ahmed Gailani, descendant du Prophète.* »

La scène, c'est sûr, ne manque pas de caractère. Elle en dit long, sans doute, sur les étranges rapports de ces partis en exil avec les résistants, autonomes et héroïques, restés dans les maquis. Mais le fait est que, pour l'instant, elle ne plaide guère, elle non plus, pour l'« unité », le « sérieux », la « cohérence » idéologique qu'espérait notre candeur. Et que, rentrés bredouilles — voire quelque peu découragés — de cette brève plongée dans les courants du « Londres » de l'Afghanistan libre, nous commençons à nous demander si nous n'aurions pas dû, hier déjà, prêter un peu mieux l'oreille aux leçons du commandant Amin.

Troisième jour

« *Attention ! Tu as la ville de Mazar-i Sharif en face de toi, Sheberghan à ta droite, et, si tu t'y prends bien, la frontière russe à 50 kilomètres dans le dos. Tu n'oublies pas de monter le plus haut possible. Tu penses à ta profondeur de champ. Tu évites, si tu peux, les lignes verticales. On t'attend sur 95 kilohertz. Tu calcules à partir de ça ta longueur d'antenne. Et tu as, je te le rappelle, quinze minutes pour émettre.* »

Non, ce n'est pas l'émission numéro un de Radio-Kaboul libre. Nous n'avons pas eu le temps, dans la nuit, de transporter tout notre équipement jusqu'à Mazar-i Sharif, à la frontière soviétique. La scène se passe en zone tribale simplement, ce no man's land entre le Pakistan et l'Afghanistan, interdit aux étrangers mais aussi aux policiers. Et c'est là, dans ce décor de rocaille et de pitons pelés, à l'abri des regards et des oreilles indiscrets, que Renzo Rossellini a choisi de mettre en scène, avec les huit techniciens afghans, la première simulation, en grandeur réelle, d'une émission...

Mais c'est là aussi, du coup, que nous faisons connaissance, Marek et moi, avec ces fameux techniciens justement, qu'on nous cachait depuis deux jours. Avec Akbar, le « chef », ingénieur électronicien formé aux États-Unis. Avec Attak, son adjoint, simple électricien mais qui ne cesse de répéter, sentencieusement, que « *des appareils comme celui-ci valent mille Kalachnikov* ». Avec Sadek, l'ex-speaker de la radio officielle de Kaboul, qui, tout à l'heure, à flanc de ravin, nous a fort civilement demandé si nous étions amis de « Monsieur Léon Zitrone ». Avec Tamin, Ali, Aziz, Kader, Abdullah enfin, qui n'avaient jamais vu un émetteur de leur vie et pour qui, aujourd'hui, après les huit jours d'entraînement intensif qui ont précédé notre venue, la modulation de fréquence n'a plus le moindre secret.

Nous n'avons ni les uns ni les autres, je crois, le fétichisme de la technique. Mais c'est pourtant bien ici, sur ces rochers arides, face à ces huit hommes dont nous apprenons, chemin faisant, qu'ils appartiennent tous — ô miracle ! — à des tribus, à des régions, à des partis différents, que nous avons compris : primo, que l'air de Peshawar ne nous valait décidément rien ; secundo, que l'unité de la résistance, si elle se fait un jour, ne se fera que sur le terrain ; tertio, que le seul moyen de remettre aux Afghans ce qui revient aux Afghans, c'est peut-être, après tout, de se rendre en Afghanistan.

Quatrième jour

On trouve vraiment tout à Dara, ce village unique au monde, où des artisans vendent, fabriquent et contrefont toutes les armes de la planète, possibles et imaginables.

Un vénérable négociant, par exemple, qui est venu à pied depuis Kaboul pour fourguer le fusil mitrailleur que lui a cédé, dit-il, un militaire russe en permission.

Un moudjahid plus jeune, au superbe turban multicolore, qui est descendu, lui, de la montagne pour venir regarnir les encoches vides de la cartouchière de cuir qui lui barre la poitrine.

Un éphèbe aux yeux faits et à la fine barbiche rouge, passée au henné, qui est venu protester « chez Abdallah Makbar et fils » : sur le fusil chinois qu'on lui a parfaitement copié, on a oublié de faire figurer, outre son nom, les idéogrammes d'origine.

Et puis, au milieu de tout cela, dans un vacarme de Far West et une ambiance de Bon Marché, trois intellectuels, quelque peu déphasés, qui disputent bruyamment de la question de savoir s'il est « éthique » ou non de financer l'achat des armes qui, demain, à l'aube, devront équiper les trois techniciens qui ont accepté de les conduire...

Cinquième jour

Apparition d'Amin ce matin, qui, un rien trop théâtral, est venu nous présenter Abdul, tireur d'élite de ses amis, qu'il charge, nous dit-il, de notre protection.

Abdul, ledit tireur, qui, fasciné par les lunettes de myope de l'un de nous, finit par les chausser et par s'écrier, transfiguré : « *Par Allah le Miséricordieux, je vois !* »

Nous, de nouveau, à la limite du ridicule, avec nos vastes chasubles, nos pantalons bouffants et nos turbans en crête de coq censés nous faire ressembler à des « notables pachtouns assoupis sur fond de Toyota ».

La Toyota justement, fonçant à vive allure sur la route du Nord, et les fameux, les terribles, les redoutables postes de police où de bons flics pakistanais, point si dupes qu'ils en ont l'air, nous ont regardés passer.

La traversée de Badjawar enfin, la dernière agence tribale avant la loi de la jungle, que l'on nous avait dit infestée par le Hezbi local et où nous avons pu faire nos derniers achats, dans le bazar, sans rien rencontrer que des regards amis.

Grand départ ou grande illusion alors ? Ce qui est sûr, c'est qu'un passage en Afghanistan, ça a *aussi* ce côté farce. Et que, pour ma part en tout cas, ce n'est que maintenant, le soir enfin venu, repu de *polao* et de viande de mouton, installé dans la

« maison d'hôtes » de la grande ferme de pierre où nous avons trouvé refuge, que je commence à réaliser que, dans quelques heures seulement, nous franchirons clandestinement la frontière d'un pays en guerre avec, pour compter comme l'électricien Attak, nos « *trois mille Kalachnikov* ».

Sixième jour

Cette fois, les choses se compliquent. Nous avons grimpé, quatre heures durant, par d'abrupts chemins de chèvre qui nous ont menés, fourbus, jusqu'à la crête frontalière. Dégringolé l'autre versant par des pistes un peu plus larges, semées de conifères de plus en plus nombreux à mesure que nous approchions de la vallée en contrebas. Franchi la Khunar alors, sur un radeau de bois posé sur des outres de peaux de chèvre et halé par un filin tendu entre les deux berges. Emprunté, enfin, la « grand-route » de Djalalabad, cette piste bosselée de pierres par où nous sommes venus ici, aux abords de la petite vallée de la Pech, à la végétation tout d'un coup verdoyante. Et pourtant, dis-je, les choses se compliquent car il faut bien admettre que le pays où nous sommes et où nous déambulons depuis des heures ressemble à tout sauf à l'Afghanistan...

Je veux dire : il ressemble à tout sauf à l'Afghanistan tel qu'on nous l'avait décrit et que nous l'attendions. Ce que nous avons découvert, en effet, c'est une terre épouvantablement calme, apaisée, pacifiée. De longs paysages désolés, écrasés de silence, et où les hommes eux-mêmes semblent minéralisés. Moins de cratères de bombes, par exemple, ou de débris de roquettes que de champs à l'abandon ou de vastes demeures désertes, aux portes claquant au vent. Au lieu, surtout, de cette incessante, tumultueuse et presque fiévreuse navette d'hommes que découvraient, l'hiver dernier encore, les journalistes passés par là, un flux rare, exsangue, de maquisards pressés ou de contrebandiers bougons qui saluent, sans s'attarder, d'un bref « *Salem 'aleikoum* » marmotté entre les dents. Au point que, si nos compagnons ne nous avaient désigné, noyés dans les hauteurs, des villages contrôlés — encore ! — par le Hezbi, nous aurions pu nous croire dans un pays irréel, fantomatique, où la plus discrète, la plus propre, la plus neutre des bombes neutres aurait effacé jusqu'aux ultimes et plus ténues traces de vie.

Un signe parmi d'autres mais qui, en zone de guérilla, ne trompe guère : le fait que nous ayons pu marcher ainsi, du matin jusqu'au soir, sans trouver vraiment une seule ferme amie, un sanctuaire où reprendre souffle. Un autre, terrible, pathétique : ce vieil Arbab, croisé à l'entrée du bac, grand « maître des eaux » d'un village voisin qui nous raconte comment les « communistes » sont arrivés une nuit, ont empoisonné le maigre canal autour duquel s'organisait la vie et ont ainsi, en quelques jours, vidé le village de tous ses habitants. Un troisième encore, sur l'autre rive, un peu plus loin : Chigal, la ville morte, avec sa mosquée intacte, ses longues rues de terre envahies par l'herbe folle et ses maisons de torchis semblables à des épaves échouées dans la poussière. Et j'oubliais l'essentiel, enfin : hormis, sur la grande route, des traces de chenilles de tanks vieilles de plusieurs semaines et, à mi-distance du fleuve, la ruine d'un fortin détruit depuis longtemps, il faut bien avouer que nous n'avons pas rencontré l'ombre d'un soldat ennemi.

Faut-il croire l'un de nos guides, alors, quand il nous déclare, en guise d'explication : « *les Russes sont des froussards qui ne sortent plus de leurs casernes, de peur de tomber sur une patrouille de moudjahiddin »* ? Le second, quand il objecte : « *ils en sont bien sortis, le mois dernier encore, quand il s'est agi de reprendre les forts d'Asmar, Nari et Barikot et si on ne les voit plus, c'est qu'il n'y a plus rien, hélas, à reprendre ni dévaster* » ? Ou bien Amin, une fois de plus, lorsqu'il nous démontre lumineusement que « *l'Afghanistan n'est pas le Vietnam* », que « *l'Armée Rouge n'est pas une armée de G.I.'s* » et qu'elle a appris à « *contrôler le pays sans avoir besoin de le saccager au vu et au su de tous* » ? Ce que nous avons vu, nous, en tout cas, c'est la marque d'une stratégie nouvelle, subtile et proprement diabolique : régner sans gérer ; rester sans se montrer ; affamer, vider, désertifier un pays en faisant l'économie du grand spectacle militaire[2].

Quoi qu'il en soit, et à la guerre comme à la guerre, il faut bien admettre que, pour l'heure, la stratégie en question n'a point trop nui à nos desseins. C'est dans une relative quiétude, en effet, que nous avons pu, sur la crête, remettre les appareils à Ishak et Safi, les deux « khans » venus à notre rencontre. Sans trop d'appréhension que nous avons vu la moitié de l'escorte nous quitter, pour, avec les techniciens, conduire en un lieu plus sûr les précieux appareils. Et d'un pas presque léger, enfin, que nous sommes parvenus ici, en ce refuge, où nous avons rendez-vous, tout à l'heure, pour recevoir la première véritable émission...

---

2. Cette stratégie a été analysée par Gérard Chaliand, dans son *Rapport sur la résistance afghane*, Berger-Levrault, 1981.

Sixième nuit

Il n'est pas tout à fait minuit. Nous venons à peine de nous assoupir, étendus sur nos *charpoï* de cordes et de sangles entrelacées. Un enfant est entré, furtif et grave à la fois, avec un plateau de thé, de galettes et de boules de sucre brun. Immobile sur le seuil, il a dit : « *debout, il est temps, dehors, on vous attend.* »

Dehors, effectivement, on nous attend. Mais au lieu des deux sentinelles que nous avions quittées, des dizaines, une centaine de formes peut-être, accroupies dans la nuit. Comme une armée d'ombres de chair, drapées dans de grands châles couleur de terre, dont les plis laissent deviner parfois le canon d'un fusil. Des enfants parmi eux, et aussi quelques femmes, et, un peu à l'écart, le cercle des grands jours, celui des « barbes grises », les vénérables de la tribu. « *Mes frères*, dit simplement Amin en les montrant d'un geste large : *ils sont venus écouter, ils monteront avec nous.* »

Nous montons avec eux. Derrière eux. Ahanant après eux, sur la piste mal éclairée par la lune. Éboulant à chaque pas les pierres qu'ils parviennent, eux, miraculeusement, à éviter. Tâchant à nous fondre, à épouser la colonne noire qui s'étire tout au long de la pente. Jusqu'au faîte où, enfin, le cercle se reforme autour d'un vieux transistor et où survient bientôt la voix, magique, venue de l'autre vallée : « *Ici Radio-Kaboul libre. Première émission des Afghans libres. Des Afghans parlent à leurs frères d'Afghanistan...* »

Et puis là, soudain, l'imprudence. La folle, l'irréparable erreur. Avant que quiconque ait pu les arrêter, un, deux, trois, puis dix de nos compagnons qui lèvent leur arme au ciel et tirent une salve de joie. La troupe qui frémit alors, qui balance, qui s'ébranle et qui, finalement, dévale, sans un mot, sans une clameur, la pente de tout à l'heure. La nuit, dit-on parfois, appartient aux moudjahiddin : le malheur, c'est que, cette nuit-là, les moudjahiddin étaient à huit cents mètres d'un fortin soviétique.

La suite se passe de mots. C'est le retour, en pleine nuit, sur les pas de la veille. C'est, dans la seule nuit, l'entier trajet du jour. C'est le bac égaré, puis heureusement retrouvé, et le vague bourdon, à l'aube, d'un hélicoptère de reconnaissance. C'est la marche de la dernière fatigue, enfin, tête vide et muscles gourds, quand les formes se brouillent, que les temps se confondent et que rien ne compte plus qu'une ligne, une crête, à l'horizon.

Septième jour

« Donc, vous êtes déserteur ?
— *Non, on ne déserte plus. Les casernes sont bouclées. Les soldats, désarmés. Et quand ils vont au feu, c'est avec, dans le dos, les mitrailleuses soviétiques.*
— Pourtant, vous êtes là...
— *Oui, mais c'est autre chose. C'est parce qu'on a payé. Et qu'ils m'ont laissé m'enfuir.*
— Comment cela ? Qui a payé ?
— *Ma famille, bien sûr. A l'officier afghan de ma garnison.*
— Cela arrive souvent ?
— *Je pense. Ils nous enrôlent de force. Nous mettent un uniforme. Nous transportent par avion à l'autre bout du pays. Ensuite, ils parlent avec la famille et fixent la rançon.* »

C'est nonchalamment accoudés au capot de la Toyota que nous écoutons le début de ce singulier récit. La route de Badjawar à Peshawar vient, en effet, d'être inondée sous nos yeux, en quelques minutes à peine, par des trombes d'eau descendues des montagnes. C'est l'heure où les héros s'enrhument, où les femmes se dévoilent, où le berger cavale après sa vache qui se noie et où les réfugiés descendent des camps pour glaner un peu de bois mort charrié par le torrent. Pour nous, c'est le temps d'écouter enfin, sans réserve ni arrière-pensée, l'histoire du petit soldat de la garnison d'Asadabad.

Huitième jour

Journée calme. Sans histoires. Rossellini retourne à Dara voir si on peut nous y fabriquer, entre deux pétoires, un système de sécurité capable d'allumer à distance les émetteurs. Marek Halter est resté à Peshawar pour traduire les cassettes où Boukovsky, Maximov et quelques autres s'adresseront aux soldats soviétiques. Tous enfin, nous avons mis la dernière main au projet de « charte » que nous proposerons demain au tout nouveau comité afghan de Radio-Afghanistan libre...

Neuvième jour

Il y a ceux qui se sont encore alarmés de ces fichues cassettes russes qui, « dissidents » ou pas « dissidents », diffuseront dans le pays des voix de Soviétiques.
Il y a ceux qui, à juste titre soucieux de ménager les Pakistanais, ont proposé d'installer en zone tribale le studio d'enregistrement que nous allons laisser derrière nous.
Il y a eu l'exposé d'Amin, présentant les grandes

lignes — techniques, politiques, militaires — de la « grille de programmes » qu'il faut, selon lui, très vite mettre en chantier.

Il y a eu l'intervention d'Abdul, le tireur d'élite, remerciant le gouvernement français d'avoir, à travers nous, aidé le peuple afghan — et nous qui, un peu gênés, avons précisé que « *le gouvernement français* » n'y fut, hélas ! pas pour grand-chose.

Il y a eu notre engagement, enfin, de poursuivre le combat, d'amplifier en Europe la campagne de solidarité, de faire tout ce qui est en notre pouvoir pour que l'année prochaine, à Kaboul, des dizaines d'émetteurs nouveaux puissent relayer les voix de la liberté.

Une seule et unique question, désormais : saurons-nous, rentrés à Paris, tenir la promesse faite aux Afghans — comme nous avons su, à Peshawar, point trop mal honorer, au bout du compte, notre promesse faite aux Français ?

(Septembre 1981)

LÉNINE A KABOUL

« *Vous étiez, le mois dernier, en Afghanistan. Quelle impression rapportez-vous de la situation de la résistance ?*

— Une impression désastreuse. Presque tragique. Car je le dis sans emphase, mais sans complaisance non plus : aujourd'hui, vingt mois après l'invasion, au milieu de la formidable indifférence des démocraties occidentales, les forces de la résistance sont en train d'arriver au bout du rouleau.

— *On parle, pourtant, et de plus en plus, de livraison d'armes américaines.*

— Eh bien, c'est faux. C'est de plus en plus faux. C'est ajouter l'impudence à l'indifférence. L'irresponsabilité à la non-assistance à peuple en danger. Car tout le monde le sait dans la région : les maquis n'ont pas reçu à ce jour la moindre arme, la moindre pétoire, la moindre cartouche d'origine occidentale.

— *Qui les arme, alors ?*

— L'occasion. L'air du temps. Ou, si vous préférez, les armées de la région. Il y a l'Armée Rouge d'abord, leur fournisseur attitré de Kalachnikov, de lance-roquettes, parfois même — mais beaucoup plus rarement, hélas ! — de mitrailleuses RPG-7. L'armée régulière afghane, ce formidable vivier de déserteurs qui les alimente en armes plus légères, en mortiers, ainsi qu'en mitrailleuses RPK, PK, PKS. L'armée pakistanaise troisièmement, ou tout au moins certains de ses éléments qui ne dédaignent pas de se défaire ainsi, contre finances bien sûr, de leurs excédents de Lee Enfield 303 et de vieux fusils de la coloniale. Les marchés de contrebande pakistanais, où l'on trouve pratiquement toutes les armes du monde, depuis le lebel 1939 jusqu'à l'engin antichar américain M-740, mais à des prix rigoureusement impraticables pour le moudjahid moyen. Les ateliers de fabrication locale, ceux de Dara par exemple, où la Kalachnikov tombe à 9 000 F, la Sten à 1 500, le fusil de chasse à 2 000, mais où vous avez toutes les chances de les voir vous péter entre les doigts après quelques jours d'utilisation. Et pour ce qui est, enfin, de l'« aide étrangère », rien, je dis bien rien d'autre que quelques convois de fusils AK-47 livrés par Sadate l'an dernier ; et sans doute provenant du même Sadate, la demi-douzaine de SAM 7 qui sont arrivés au début de l'été dans le Panchir.

Voilà. C'est tout. Cette liste est, je le crains, exhaustive. Ce qui veut dire que tout le reste est chimère. Fantasmes de journalistes. Ou falsification délibérée.

— *N'êtes-vous pas un peu pessimiste ?*

— Non, j'essaie d'être précis. Et surtout réaliste. Car peu importe, à la limite, la bonne volonté de tels ou tels. Ce qu'on oublie toujours de dire, c'est que même si les armes étaient là, même si tous les États du monde se pressaient au portillon, même si les partis de la résistance croulaient sous les dollars, il resterait un obstacle de taille : assurer la traversée du territoire pakistanais.

— *La frontière, pourtant, passe pour singulièrement « poreuse ».*

— C'est une autre légende. Car Islamabad a beaucoup trop peur des représailles soviétiques. Elle vit sous la menace permanente des mouvements séparatistes financés par le Kremlin. J'ai rencontré des officiels pakistanais et ils me l'ont dit sans ambages : impossible, sans risque majeur, de fermer les yeux sur un trafic trop voyant...

— *Autrement dit, si je vous suis bien, tout le problème de l'armement de la résistance se réduit à un problème de transit...*

— Non, à un problème politique. Dont la clef est à Washington. Mais aussi, qu'on le veuille ou non, dans notre tête à tous. Pour être clair : quand donc l'opinion américaine, l'opinion publique internationale, l'intérêt bien compris de l'Occident peut-être, deviendront-ils assez pressants pour que Reagan offre à Zia une garantie crédible contre une éventuelle agression soviétique ? Cette garantie, j'ai toute raison de penser qu'elle n'existe pour le moment pas, et que, tant qu'elle n'existera pas, la résistance sera irrémédiablement asphyxiée.

— *Restons sur cette résistance : on se demande, en vous écoutant, comment, dans de telles conditions, elle peut continuer de faire simplement la guerre.*

— Je me le suis moi aussi demandé. Aujourd'hui, j'ai la réponse : les Afghans ne font pas la guerre, ils font la drôle de guerre. Ils font une guerre d'usure. Ils font une guerre molle. Émaillée d'accrochages et de menues escarmouches. Toute pleine d'embuscades et d'audacieux coups de main. Mais il faut regarder, là encore, la vérité en face : aucune opération d'envergure, aucune bataille au sens où nous l'entendons.

— *Vous avez des exemples ?*

— J'ai mieux. J'ai un bilan. Le bilan de leurs opérations les plus considérables, les plus spectaculaires pendant ces derniers mois. Eh bien, si vous regardez le mois d'août, par exemple, c'est, le 24, dans le Panchir, la destruction en vol d'un hélicoptère de combat Mi-24. Et, le 10, à Jaji, dans la province de Paktya, l'arraisonnement, sur la grand-route, de vingt-cinq mortiers et de deux canons de 122.

Si vous prenez juillet, vous avez, dans le Logar, trois véhicules blindés qui basculent dans la fosse qu'ont creusée, sous la croûte du bitume, les moudjahiddin de la région. Et, le 27, à la frontière, une attaque surprise contre les postes de Tchaperi et de Danda Patan, qui rapporte quelques caisses de munitions, une cinquantaine de fusils AK-47, quelques mitrailleuses 12,7 mm.

Si vous regardez du côté de juin, enfin, vous ne trouvez pas mieux, je crois, qu'un Mig-21 abattu, le 15, dans la petite gorge de Torabora, au cœur de la vallée de Ningrahar. Ou bien, une dizaine de jours plus tôt, aux abords de l'aéroport de Kunduz, un engagement inhabituellement long au terme duquel les résistants parviennent à détruire un char d'assaut et trois petits véhicules.

Bref, en trois mois — et même si cette liste-ci ne peut, bien entendu, prétendre à l'exhaustivité —, on relève une série d'actions de harcèlement. Une pression ininterrompue sur le corps expéditionnaire soviétique. Un climat d'insécurité savamment entretenu d'une province à l'autre. Mais, je le répète, et on ne le répétera jamais assez : dans l'état actuel de leurs forces, les Afghans ne peuvent prendre le risque de la moindre attaque frontale.

— *Est-ce seulement une question de « forces », comme vous le dites ? Ou ne manque-t-il pas aussi, surtout, le dessein et la volonté stratégiques ?*

— Attention ! C'est vrai que toutes les opérations que je viens de citer sont des opérations isolées. Il est certain qu'il n'y a nulle part de grand état-major ou de centre omniscient pour les programmer et les coordonner. Cette dispersion, cette autonomie, cette quasi-contingence d'actions aveugles les unes aux autres, c'est même l'une des choses auxquelles les moudjahiddin tiennent le plus. Mais cela ne veut pas dire pour autant qu'ils aient renoncé à tout dessein stratégique : cela veut dire simplement que, dans les conditions concrètes de cette guerre, il ne peut y avoir de stratégie que rigoureusement *locale*[1].

— *Pouvez-vous préciser ? Comment s'organisent, comment se décident concrètement les choses ?*

— L'unité militaire de base, si j'ose dire, c'est la vallée. A la tête de chaque vallée, on trouve un « commandant » qui règne sur quelques dizaines, une centaine parfois de guérilleros. Notable traditionnel, ancien instituteur, officier déserteur ou chef de village, il s'est surtout distingué par une bravoure exceptionnelle. Mais ce qui est important, c'est que,

---

1. Voir sur ce point, et sur bien d'autres, le livre de Gérard Chaliand, *Rapport sur la résistance afghane*, Berger-Levrault, 1981.

même si certains — tels Amin Wardak dans le Wardak, Anwar Khan dans le Nouristan, Mohammad Assef dans la vallée de Torabora — ont acquis une petite notoriété internationale, leur autorité sur le terrain ne dépasse jamais l'espace d'un groupe de villages.

— *Cela pose quand même de sérieux problèmes ?*

— Je vous accorde que c'est surprenant. Qu'on est un peu dérouté par cette « *guerre de libération nationale* » où l'on ne vous parle jamais de la « nation » afghane. Que nous avons, nous-mêmes, eu le plus grand mal à faire admettre à nos amis de Radio-Afghanistan libre l'intérêt politique d'émissions dirigées vers Kaboul, la capitale. Mais au fond, et tout bien pesé, je crois que les Afghans n'ont pas complètement tort lorsqu'ils expliquent pourquoi, en Afghanistan, c'est la désunion qui fait la force.

— *C'est paradoxal ?*

— Disons que c'est sur ce paradoxe que les Russes sont en train de se casser les dents. C'est de là que vient la formidable résistance par inertie de la société civile tout entière. Savez-vous que c'est dans les régions tribales du Sud que la résistance est la plus acharnée, et que ce sont les zones détribalisées du Nord qui semblent, au contraire, les plus perméables à la propagande soviétique ?

— *Ce qui est sûr, en revanche, c'est qu'on voit mal comment la résistance pourrait s'unir sur de telles bases...*

— Non, ce n'est pas si sûr non plus. Car ce qui me frappe, moi, à l'inverse, c'est que les seules ébauches d'unité réalisées à ce jour l'ont été sur ces bases précisément. Je pense à l'unification, l'an dernier, des commandements du Nouristan. A celle, un peu plus tard, des commandements de l'Hazaradjat. Cette année même, aux contacts de plus en plus étroits entre les combattants des deux provinces. Mieux, et plus récemment encore, aux liens qu'elles nouent, toutes les deux, avec les commandements de la Khunar ou de la région de Kandahar...

— *Si je vous comprends bien : une unité par la base plutôt que par le sommet.*

— C'est un peu ça. Mais c'est un peu plus que ça encore. Car ce qui fout le camp dans ce schéma, c'est aussi, et du même coup, cet éternel Parti de la résistance qui, partout ailleurs, prétend à l'hégémonie. Ce sempiternel Front de libération nationale, gros déjà d'un État et d'ambitions prophylactiques, dont se dotent généralement les guerres de guérillas. Ces structures, ces programmes, ces projets de société qui faisaient les délices de nos tiers-mondistes des années 1960, et qu'on chercherait en vain dans la guerre des paysans d'Afghanistan[2].

— *Les résistants ont-ils une idée du type de société qu'ils souhaitent voir s'installer après le départ des Soviétiques ?*

— Justement, non. La question, à leurs yeux, n'a pas le moindre sens. Si vous la posez à l'un d'entre eux, il vous regardera avec des yeux ronds. Il ne comprendra pas bien où vous voulez en venir. Il vous répondra qu'il ne connaît pas d'autre société que celle, parfaitement concrète, où il a appris à vivre. Bref, il ne lui viendra pas à l'idée de vous décrire l'un de ces mirobolants « mondes nou-

2. C'est le titre d'un article d'Olivier Roy, paru dans la revue *Révoltes logiques*, et dont je m'inspire ici.

veaux » dont se sont enchantés, bien souvent pour leur malheur, tant de révolutionnaires avant lui.

— *Ne craignez-vous pas d'idéaliser cette résistance ? Et de répéter ainsi des erreurs commises dans le passé ?*

— Au contraire. Je voudrais surtout faire comprendre que c'est la première fois, depuis bien longtemps, qu'une insurrection de ce type ne présente aucun des symptômes classiques du virus totalitaire. Que rien n'y annonce, pour le moment au moins, un ordre, une terreur, un despotisme futurs. Que dans les rares zones libérées, la première et, bien souvent, la seule innovation sociale est de desserrer l'étreinte des structures de pouvoir et d'autorité traditionnelles. Savez-vous comment les Afghans baptisent ces « zones libérées » justement ? Le mot est très beau : ils disent simplement : « *Djâ-ké hokoumat nist* », soit, littéralement, « là où il n'y a pas de gouvernement »...

— *Quel est, selon vous, mais côté soviétique cette fois, le bilan de l'intervention en Afghanistan ?*

— Ça dépend de quel point de vue. Si c'est à un bilan purement militaire que vous pensez, il est clair et net : l'Armée Rouge, à l'heure où nous parlons, a échoué en Afghanistan.

— *Malgré les faiblesses, les divisions de la résistance ?*

— Oui, malgré elles. Ou, peut-être, comme je vous le suggérais tout à l'heure, *à cause* d'elles. Une armée régulière, tout le monde le sait, est impuissante à mater une guérilla éparpillée, protéiforme, insaisissable.

— *Les Soviétiques occupent le pays...*

— Ils l'occupent sur le papier. Ils occupent les sept ou huit « districts militaires » qu'ils y ont abstraitement et arbitrairement découpés. Ils occupent les casernes, les cantonnements où sont assignés leurs 80 000 bidasses. Ils occupent, à la rigueur, et avec quelle débauche de moyens ! l'essentiel des villes, les aéroports, ou les grands axes routiers. Mais, pour le reste, néant. Une présence éparse, fantomatique. De vagues baraquements de torchis qu'on baptise « postes frontières ». Et des montagnes immenses où je puis vous assurer qu'il ne fait pas bon s'aventurer quand on a l'uniforme — ou la tête — d'un « maudit chourawi ».

— *La presse fait pourtant régulièrement état d'offensives de grande envergure.*

— Il y en a, bien sûr. Dans la Khunar, l'année dernière. Dans la région de Kandahar au printemps. Aux abords des postes d'Asmar et Barikot quelques semaines à peine avant que nous y soyons passés. Et, ces jours-ci encore, aux confins de la vallée du Panchir. Mais ces opérations, avec tout ce qu'elles supposent de déploiement de forces, d'appareillage guerrier, de grosse quincaillerie conventionnelle, sont beaucoup plus exceptionnelles que n'a tendance à le croire la presse.

— *Parce qu'elles sont inefficaces ?*

— Oui, peut-être. Mais aussi, beaucoup plus simplement, parce que les Soviétiques ne sont pas équipés en conséquence. Imaginez leurs chars d'assaut à 3 000 m d'altitude dans les cols de l'Hindu Kuch ! Leurs hélicoptères de combat Mi-24 vrombissant au-dessus des vallées tandis que les guetteurs afghans, perchés sur les crêtes, les tirent comme des lapins ! Leur infanterie même, formée à combattre auprès de ses tanks d'héliportage, sur les sommets !

— *Ils ont aussi, j'imagine, des unités spécialement formées à la lutte antiguérilla ?*

— C'est ce qu'on pourrait croire en effet. Ça semble *a priori* logique. Et pourtant, figurez-vous que non : ils ont attendu juin dernier, donc dix-huit mois de demi-victoires, de demi-revers, de drôle de guerre et de piétinement, pour se décider à acheminer à Kunduz leur première — et, à ce jour, unique — division de lutte antiguérilla.

— *Autrement dit, le corps expéditionnaire serait, d'après vous, inadapté à la situation qu'il a trouvée sur le terrain ?*

— « Inadapté » est faible. Je dirais plutôt baroque. Extravagant. Quasiment surréaliste. Savez-vous qu'il est arrivé avec des missiles sol-sol Frog et Scud ? Qu'il a cru bon de placer, face à une résistance armée de couteaux et de vieux fusils, un véritable attirail de défense antiaérienne ? Que la moitié de ses chars d'assaut sont rigoureusement inaptes à la moindre manœuvre hors des zones de garnison ? Et je ne parle pas du moral des troupes. De ces pilotes de Mig dont on murmure dans les maquis qu'ils obéissent à peine aux ordres et n'osent plus descendre trop bas dans les vallées. De ces soldats égarés, abrutis de frayeur, que l'on envoie ratisser une montagne avec un hélicoptère dans le dos. De ces permissionnaires qu'on retrouve dans les bazars en train d'échanger contre un peu de hachisch leurs boots, leurs casquettes de fourrure, un jerrican d'essence, ou même leurs Kalachnikov. Tous les témoignages que j'ai recueillis concordent : la splendide Armée Rouge, pour sa première sortie dans le monde depuis la Seconde Guerre mondiale, n'a brillé ni par son style, ni par sa discipline, ni par son intelligence stratégique.

— *Le climat que vous décrivez ne laisse pas de faire penser à celui qui régnait dans les rangs américains pendant les derniers temps de la guerre du Vietnam.*

— Oui, mais à une réserve — de taille — près : je crois que les Américains au Vietnam visaient vaille que vaille la pacification militaire du pays. Alors que tout se passe comme si les Soviétiques, eux, avaient purement et simplement décidé de faire une croix sur cette pacification. De ne pas vraiment livrer bataille. De ne pas affronter directement, et face à face, les résistants.

— *Vous êtes sérieux ?*

— Tout ce qu'il y a de plus sérieux. C'est la seule explication possible à toutes ces bizarreries, à toutes ces étrangetés. C'est la seule manière de comprendre pourquoi des gens aussi sérieux se contentent d'un corps expéditionnaire de 80 000 hommes là où il en faudrait, tous les experts le savent, au moins 500 000. Je ne vois pas sans cela, sans ce choix, sans ce parti pris de ne pas livrer bataille, pourquoi la première armée du monde accepterait au fond si facilement de se couvrir, aux yeux du monde, de ridicule.

Disons, si vous voulez, les choses autrement. Tout se passe comme si les Soviétiques avaient médité les leçons du Vietnam. Compris qu'eux non plus ne parviendraient jamais à vaincre, avec des moyens purement militaires, une grande résistance populaire. Et puis, pas fous, plutôt même assez malins, cherché — et trouvé — une solution beaucoup plus simple, beaucoup plus économique, beaucoup plus sûre, pour parvenir au même résultat.

— *Et cette solution, c'est quoi ?*

— Elle était à la portée du premier disciple venu du regretté camarade Giap. Elle découle, pour être précis, de l'adage fameux selon lequel le guérilléro est dans le maquis comme le poisson dans l'eau. Et elle dit tout simplement : au lieu de se fatiguer, comme ces crétins d'Américains, à aller à la pêche au poisson, il est tellement plus facile de vider directement l'eau du bassin et du maquis.

— *Concrètement ?*

— Concrètement, ce sont d'abord de vastes entreprises de séduction : des millions d'afghanis distribués cette année aux tribus Mohmands dans la Khunar, Chinvari dans la Nangrahar, Mangal et Jergi dans le Paktya. Ou bien, dans un ordre d'idées différent, efforts déployés pour fabriquer un nouveau parti paragouvernemental dont la presse européenne n'a quasiment pas parlé et qui s'appelle le National Fatherland Front.

Puis, quand ça ne suffit pas, le passage à l'intimidation avec survol des villages par les hélicoptères Mi-24, « chiens de guerre » destinés à terroriser les populations et à les contraindre à fuir. Ou bien distribution de tracts menaçants comme à Kandahar, avant l'été, où les populations civiles se voyaient promises à toutes les foudres soviétiques si elles se risquaient à appuyer les « *groupes de bandits et de contre-révolutionnaires* ».

Et puis encore, si ça ne suffit toujours pas, on passe carrément à l'asphyxie des villages ; on empoisonne les puits ; on coupe ou on détourne le canal autour duquel s'organise la communauté villageoise ; on va même, dans le Panchir, à l'endroit le plus étroit de la vallée, jusqu'à élever une grande muraille de béton, large de 5 m, qui l'isole du reste du monde.

Dans tous les cas, comme vous voyez, le résultat est le même. Il s'agit de créer du réfugié. De désertifier des régions entières. De couper les résistants de leurs bases. De faire inlassablement pression sur la paysannerie afghane pour qu'elle se désolidarise de la résistance. Bref, une stratégie de biais qui, en évitant soigneusement de faire directement la chasse aux maquisards, concentre tous ses efforts sur les populations civiles[3].

— *Quelles sont, alors, les chances de succès de cette stratégie ?*

— Comme ça, en tant que telle, je crois qu'elle n'aurait aucune chance de marcher. Mais le coup de génie des Soviétiques est de l'avoir couplée à une autre, plus diabolique encore, parce que apparemment plus « positive » : procéder peu à peu à l'intégration profonde, durable, structurelle de l'Afghanistan à l'espace soviétique.

C'est ainsi par exemple qu'en juin dernier le gouvernement de Kaboul — c'est-à-dire le Kremlin — créait un « ministère des tribus et des nationalités » dont le seul intitulé indiquait bien le style et l'arrière-pensée : appliquer aux tribus pachtounes, aux peuples tadjiks du Nord, aux communautés du Nouristan ou de l'Hazaradjat, les bonnes vieilles méthodes staliniennes de traitement des « nationalités non russes ».

C'est ainsi également que, pendant mon séjour

---

3. Voir à ce sujet la remarquable analyse de Jean-José Puig, interviewé par Pierre Rigoulot, dans *Les Temps modernes* de juin 1981.

dans la région, un grand journal de la capitale a publié une analyse comparée de la situation de l'Afghanistan dans les années 1980 et de celle des Républiques soviétiques d'Asie centrale dans les années 1920 avec, là aussi, une conclusion très claire : les « Arbabs » afghans d'aujourd'hui, grands « maîtres des eaux » du village, ce sont les « waterlords » ouzbeks d'hier ; les « féodaux » de la Khunar sont l'exacte réplique de ceux du Kazakhstan ; rien de plus urgent, autrement dit, que ressortir des placards les dossiers de la pacification des peuples musulmans d'U.R.S.S.

Et puis c'est ainsi, surtout, que les Soviétiques ne ménagent ni leur peine ni leur argent pour engager le pays dans la course à la modernité. Pour y achever à toute vitesse par exemple les six stations hydro-électriques de la région de Kaboul ou le barrage de Kalagay prévu sur la Kunduz. Pour mettre en exploitation ses réserves de fer d'Hajikak, ses mines de cuivre d'Ainal, ses superbes conserveries livrées par le gouvernement bulgare ou ses briqueteries flambant neuves envoyées par d'autres « pays frères ». Pour améliorer ses routes enfin, remettre en service ses usines, agrandir les aéroports de Bagran, Khwaja Rawash, Kandahar, Shindand, Kunduz, Mazar-i Sharif, Hérat, Maïmana ou Djalalabad, — autant de grands travaux dont le moins que l'on puisse dire est qu'ils n'augurent pas d'un imminent retrait.

— *Ces projets, ces chantiers, ne datent pas tous de l'invasion.*

— Bien entendu non. Mais, ce qui est intéressant, c'est qu'ils aient été maintenus. C'est que d'autres, de plus en plus nombreux, y aient été ajoutés. C'est que, dans un Afghanistan en guerre, à feu et à sang comme on dit, les Soviétiques n'aient rien de plus urgent à faire que de construire des usines, de creuser des carrières ou de faire des aéroports.

Car on est loin cette fois, vous en conviendrez, de la stratégie américaine au Vietnam. A mille lieues d'une banale entreprise de pacification militaire. A l'opposé de toutes les méthodes de lutte antiguérilla connues à ce jour. Et, ce qui apparaît là, c'est une armée infiniment plus astucieuse qui travaille dans le dur, qui fait dans la structure, qui joue sur le long terme : bref, dont le calcul pourrait, sans abus de langage, être qualifié de « dialectique ».

Je veux dire par là qu'il y a très probablement dans la tête des responsables soviétiques l'idée, même non formulée, que, pour réduire l'Afghanistan, il faut lui donner une industrie lourde. Collectiviser son agriculture. Urbaniser ses campagnes. Le doter même, à la limite, d'un prolétariat clefs en main. En clair, cela s'appelle du léninisme. Plus précisément, une démarche marxiste assez orthodoxe.

Nous discutons depuis une heure déjà de la stratégie des Soviétiques à Kaboul : je crois qu'ils n'en ont en vérité qu'une — qui est, sans jeu de mots, d'y construire le socialisme. »

*(Septembre 1981,
propos recueillis par Jean Bothorel)*

CE DOUX NOM DE SOCIALISME...

Je sais qu'ils n'étaient pas là, sur les marches du Panthéon, parmi les personnalités conviées, le 21 mai dernier, au sacre de Mitterrand. J'entends qu'ici ou là, dans les salons et les beaux quartiers, il devient de bon ton de railler cet air gourd, cette démarche un peu balourde et cet anticommunisme surtout, « *primaire* » et presque « *vulgaire* », qu'ils ont rapporté, telle une gale, de leur long séjour au Goulag. Je lis même, et de plus en plus souvent, de bien étranges articles, signés de belles âmes qui, hier encore, les adulaient et qui découvrent maintenant qu'au fond, tout bien pesé et pensé, on s'était trompé sur la marchandise, sur la valeur du message et sur la nature de l'« idéologie » qu'ils nous refilaient en douce. Et pourtant, qu'on me pardonne, je suis sans doute borné, têtu, tordu, ou en retard d'une rame au petit train de l'Histoire : mais je crois, moi, tout au contraire, que nous ne faisons que commencer de prendre la mesure de ce qu'ont à nous dire, à nous transmettre, à nous *apprendre* les dissidents d'U.R.S.S...

Prenez Vladimir Boukovsky, par exemple. On se souvient de la merveilleuse insolence avec laquelle, un jour, à la question de savoir dans quel « *camp* » — la droite ? la gauche ? — il se reconnaissait le mieux, il avait osé répondre qu'en fait de camp, il ne connaissait pour sa part, hélas, que le camp de concentration. On se souvient aussi de l'humoriste de génie qui, un peu plus tôt, au soir de son échange contre le communiste chilien Corvalan, avait publiquement regretté que l'on n'eût pas plutôt songé à échanger Brejnev contre Pinochet, et posa peut-être ainsi, devant les caméras du monde entier, l'équation clef du siècle. Il publia même un livre alors[1], qui eut un immense retentissement et qui, humble et simple chronique d'une longue résistance, lui eût à lui seul valu d'entrer dans l'autre panthéon, plus rare et moins couru, celui des révoltés, des insoumis, des grands irréguliers de l'âge des charniers. Eh bien, cet irrégulier-là, le voici qui récidive. Il vient de publier un nouveau livre, plus provocant peut-être encore. Car ce qu'il nous y assène, cette fois, ce sont deux ou trois choses, pas toujours très rassurantes, qu'il a apprises, en son exil, sur les bassesses et les lâchetés de l'univers occidental[2].

Cela commence, on s'en douterait, par la chronique un peu amère d'un lent désenchantement. En cinq années de séjour et de tribulations parmi nous, il aurait, nous assure-t-il, partout et presque toujours prêché dans le désert. Il n'aurait croisé pour l'essentiel que des sourds, des aveugles ou, pis, des indifférents, se moquant comme d'une guigne des témoins de son espèce. Face à la réalité d'une barbarie dont il venait exhiber, au vif de sa propre chair, le terrible stigmate, rien que des échines courbées, des nuques prématurément ployées, des masques déjà plombés par la peur et la langueur. En France même, en cette France de Résistance dont il avait ouï, là-bas, au fond de son hiver, la très

1. *Et le vent reprend ses tours*, Laffont, 1978.
2. *Cette lancinante douleur de la liberté*, Laffont, 1981.

radieuse légende, le même vent de démission, les mêmes forces d'abandon et déjà, au clos des âmes, ces affaissements muets qui préludent toujours aux travaux de la servitude. Bref : toutes proportions gardées, et Leonid Brejnev trônant au lieu d'Adolf Hitler, il aurait découvert avec horreur un « *monde libre* » roulant de nouveau, sans le savoir, vers la régression fasciste.

Le mot est terrible, c'est sûr. Mais la réalité, à l'en croire, ne vaut pas beaucoup mieux. Ce sont ces intellectuels par exemple qui, retrouvant spontanément les vieux slogans collabos, vont partout répétant que mieux vaut « *vivre à genoux* » que risquer de « *mourir debout* ». Ces diplomates qui, obtempérant désormais au moindre froncement de sourcils soviétique, reprennent tout naturellement la route si bien frayée des Munich d'autrefois. Ces opinions publiques même, stupides et comme privées de nerf, qui ne jurent plus que par leur divine « *détente* », idole gorgée de sang, de larmes d'Afghanistan, comme la « *paix* » des années 1930 de larmes et de chair espagnoles. Le livre était écrit, bien sûr, quand parut ce sondage révélant que deux Français sur trois sont prêts à collaborer, en cas d'invasion, avec les troupes de l'Armée Rouge. Il n'a pu tenir compte du stupéfiant retour d'U.R.S.S. d'un Willy Brandt s'extasiant, à l'ombre des SS 20, de la volonté de paix du Kremlin. Pas davantage, et à l'inverse, de l'heureux infléchissement d'une politique française qui paraît, depuis le 10 mai dernier, aller vers plus de fermeté. Mais il n'empêche : ces quelques faits et gestes n'eussent probablement rien changé à sa thèse — et à l'image qu'il donne d'un Occident encore plus proche, aujourd'hui, du fascisme rouge, qu'il ne l'était, il y a cinquante ans, du totalitarisme brun...

Pourquoi ? Parce que Boukovsky — et c'est l'essentiel — ne parle pas tout à fait la langue des hommes d'État ou des ex-chanceliers. Que toutes ces histoires de SS 20, de missiles, d'Armée Rouge, ne sont pas exactement son propos. Qu'il aurait plutôt tendance, si l'on y tient, à parier sur l'improbabilité d'un véritable coup de force en Europe occidentale. Car ce qui, en vérité, le trouble, le fascine, le terrorise, c'est bien plutôt ceci : une Europe idéologiquement désarmée avant que de l'être militairement ; une occupation des têtes qui rendra vaine, à terme, la finlandisation des terres ; un désir de servitude dont nous serons seuls comptables, le jour venu, aux yeux du monde et de l'Histoire... L'antisoviétique de droite classique en sera, autrement dit, pour ses frais. Rien à voir avec ses vieux fantasmes d'un communisme arrivant sur les chars de l'envahisseur ou sur les talons des Cosaques. Et toute l'originalité du livre est là : loin de nous être imposé par la violence ou du dehors, ce « *fascisme rouge* » qu'il annonce viendra comme toujours d'en bas, du dedans, du plus profond de nous-mêmes, telle une piste très ancienne dont nous retrouverions la pente.

Êtes-vous bien certains, nous demande-t-il par exemple, que la pression vienne « *du dehors* » quand vos chaînes de télévision choisissent, comme cela se voit partout, de censurer des émissions « *inamicales* » à l'endroit de l'U.R.S.S. ? Y a-t-il la moindre pression quand, certain 1er Mai, à Paris, un très parisien ministre décide de faire donner la garde, c'est-à-dire ses C.R.S., contre une poignée d'intellectuels dont le seul crime est de défiler sous les fenêtres de l'ambassade soviétique ? D'où vient enfin, d'où vient surtout que, déambulant, moi, l'exilé, dans les rues de vos capitales, je sois si souvent saisi de ce bizarre et indéfinissable sentiment de familiarité face à tous ces visages que je croise et qui me sont pourtant étrangers ? Eh bien, répond-il, la vérité, c'est qu'à travers vous, c'est encore et déjà nous que je revois. Sous vos masques d'hommes libres, la trace et comme l'esquisse des esclaves que nous sommes devenus. Derrière vos airs de pères tranquilles, le pressentiment du zek, du kapo, du mouchard, du commissaire ou du secrétaire de cellule que vous êtes, à votre tour, en train de devenir. En un mot : au-delà du décor en carton-pâte de vos sociétés démocratiques, un « soviétisme » diffus, rampant, sournois qui, seul, spontanément, sans la moindre intervention ni contamination extérieures, a commencé de vous miner et de hanter silencieusement votre futur.

Le lecteur français pourra tenter de se rappeler, pour éclairer le prodige de ce soviétisme sans Soviétiques, les temps, pas si lointains, où son pays sut inventer un fascisme sans fascistes, frappé aux armes de sa nation et sentant bon l'odeur, la fleur de ses terroirs. Il pourra imaginer, pour mieux fixer les idées, des ministres communistes, point nécessairement liés à Moscou, patriotes zélés et éventuellement sincères, qui s'indigneraient très haut du soupçon d'intelligence avec l'ennemi dont on ne manquerait pas de les accabler, mais qui n'en porteraient pas moins, jusqu'au sommet de l'État, une conception raciste, autoritaire, despotique, bref « *soviétique à la française* » du lien communautaire. On peut se figurer enfin — et c'est, je crois, l'hypothèse retenue par Boukovsky — des gouvernants aux abois, impuissants à retenir plus longtemps les fils de ce lien communautaire, dépourvus de tout discours capable de fonder et de consacrer leur éminence, et qui trouveraient dans ce « *soviétisme* » l'ultime et miraculeux recours à leur défaite spirituelle. Dans tous les cas, en fait, le résultat serait identique : qu'il soit le pétainisme des années 1980, un communisme aux couleurs de la France, ou l'arsenal géant des futurs princes au sourire, ce « soviétisme » ne serait rien d'autre que *l'avenir de l'Occident.*

Concrètement ? Concrètement, et selon Boukovsky bien sûr, on reconnaît une société soviétisée à ce que le marxisme, par exemple, y est devenu la langue de bois et presque le discours officiel d'une troupe de nouveaux chefs qui y puisent désormais l'essentiel de leurs semonces. A ce qu'un appareil d'État monumental, contrôlant les secteurs clefs de l'économie nationale, pourvoyeur du sens, de l'idéal et des valeurs, épargne peu à peu à ses sujets la peine d'agir et de penser. A ce que les intellectuels, de leur côté, sous l'empire d'on ne sait quelle terreur ou quels obscurs intérêts, se rallient massivement à un régime dont ils ne se lasseront plus, à la botte et au garde-à-vous, de psalmodier la sainte louange. A ce que le tissu de la mémoire collective, enfin, commence de se défaire et qu'on voit les derniers clercs venir débattre sur la place de l'opportunité de « réviser » l'histoire, par exemple, d'un génocide... On pourrait — et le texte s'y emploie — pousser beaucoup plus loin cette énumération. Mais c'est assez, me semble-t-il, pour évoquer le style d'une République dont je ne jurerais pas qu'elle soit tout à fait imaginaire. Et pour faire entendre ce que Boukovsky entend quand il déclare qu'en conséquence, et au risque de choquer, les sociétés occidentales ont bel et bien, depuis longtemps, et même si à notre insu, *construit le socialisme.*

Ce n'est pas, on s'en doute, qu'il désigne par là le relèvement du S.M.I.C. ou la lutte contre le chômage. Ce n'est pas non plus, cela va de soi, qu'il s'en prenne aux idéaux de justice, d'égalité ou de fraternité. Mais ce socialisme dont il parle est une réalité générique qui, quelle que soit la couleur des occupants du pouvoir, fait dorénavant « *partie intégrante de la mentalité occidentale* ». Conservateurs ou travaillistes, progressistes ou réactionnaires, apôtres de la vieille gauche ou prophètes de la nouvelle droite, tous en sont au même titre partisans, dès lors que procèdent à travers eux les œuvres de l'ordre nouveau. C'est moins d'ailleurs une politique, avec ses repères et ses slogans, que la condition de toutes politiques, le socle où elles prennent appui, l'indépassable horizon où elles s'éploieront maintenant, pour peu qu'elles conspirent au verrouillage des désirs et au quadrillage des volontés. Devenir socialisme du monde ? Devenir monde du socialisme ? Ce qui est sûr, en tout cas, c'est que ce « *socialisme* »-là n'est rien que l'autre nom des maîtrises de demain. Et je n'aurai pas le sentiment de trahir Boukovsky si je dis qu'il nomme ainsi, au bout du compte, un lien social inédit, même si ailleurs éprouvé, et qui aura, entre autres mérites, celui d'interrompre derechef, et pour un temps, l'innombrable révolte des gouvernés.

Libre, à partir de là, au lecteur un peu pressé de lire dans ces analyses une contribution de plus à nos petits débats électoraux. Nul n'empêchera tel adjudant ou vigile de la culture d'oser voir en ce réprouvé, rescapé des camps et de l'enfer, l'allié de fortune de je ne sais quelle « *réaction* ». Je sais surtout qu'il se trouvera maints lecteurs, et non des moindres, pour s'étonner qu'un tel homme, justement, choisisse, pour baptiser ses monstres et peut-être les exorciser, ce doux nom de « *socialisme* » que vient de choisir la France pour dire, elle, son espérance. Boukovsky, je pense, le sait aussi, et je crois qu'il répondrait, à supposer que l'objection l'atteigne ou qu'elle entame son assurance, que, mot pour mot, en cette affaire de mots, il trouve, lui, plus singulier encore de voir donner en gage d'espoir aux paysans, aux ouvriers, aux simples gens d'un pays libre, un nom dont le seul énoncé est comme un formidable outrage pour la moitié des paysans, des ouvriers et des simples gens du monde.

(Juillet 1981)

A LA GUERRE
COMME A LA GUERRE

L'Europe occidentale vit donc à l'heure des bombes, des P 38, des cocktails Molotov. En Allemagne, en Italie, en France, une vieille rengaine revient, qui fait de l'action violente la forme pure de la rébellion. Cela s'appelle le *terrorisme* et je prétends que ce sera probablement demain le problème clef des sociétés libérales. Le phénomène s'étend et je prétends que, comme toujours, les intellectuels retardent et n'en ont pas encore produit l'ébauche d'une analyse. D'où ces quelques remarques qui valent ce que valent les hypothèses, et envisagent les choses dans la seule perspective présentement tenable et sérieuse : celle de l'Histoire ou, mieux, de la généalogie.

Réduit à sa plus simple expression, le discours terroriste dit en substance : il y a de bons et de mauvais morts, des vies bourgeoises et des vies prolétariennes, et le « respect de la vie » ne vaut rien face à l'impératif politique de hâter la révolution. En clair, qu'est-ce que cela signifie ? Derrière la phraséologie révolutionnaire dont elle s'habille, cette analyse a un nom : une légitimation du meurtre, une politique du crime. Une politique du crime cela signifie concrètement : il y a des cadavres progressistes et il y a des charognes réactionnaires. Cette thèse, elle-même, peut se dire encore ainsi : dans la guerre de tous contre tous qu'est l'histoire du monde moderne, il y a des victimes suspectes et il y a des bourreaux privilégiés. Et derrière ce type de conviction enfin, c'est un fantôme inattendu qui revient brusquement rôder dans l'inconscient d'hommes et de femmes qui passent pour anarchistes : le fantôme du vieux Jdanov, jadis législateur des lettres et des sciences, à présent grand comptable des justes et des injustes souffrances. Voilà donc une première remarque : mettant le barbelé du politique jusque dans l'ordre de la morale, le terrorisme moderne est un jdanovisme élargi dont les « Brigades Rouges » en Italie et la « bande à Baader » en Allemagne réalisent, à titre posthume, les plus folles promesses.

Ces mauvais morts, ces morts bourgeois, quel usage en fait-on ? Quel usage *politique* dans le grand œuvre révolutionnaire ? Un supplicié réactionnaire, ce n'est plus un supplicié, ce n'est plus un réactionnaire, ce n'est plus même un mort : c'est un vivant exemple. Un journaliste assassiné, c'est à peine un adversaire, tout juste un repoussoir : plutôt un signe ou une icône, brandis dans le feu d'une lutte. La lutte, dans cette perspective, devient échange de signes, spectacle grand-guignolesque, où tourne comme au manège la sarabande des corps et des têtes. Les victimes, innocentes ou coupables peu importe, deviennent des cadavres désincarnés, des charognes aseptisées, effigies muettes et glacées, réduites au rang de *symboles*. Et là encore, du coup, les apôtres du crime politique retrouvent une de nos vieilles connaissances. Une figure familière qu'ils désavoueraient probablement, mais dont ils sont fantasmatiquement bien proches : la figure du capitalisme marchand dans sa structure et sa définition achevées. Le Capital dit : les hommes sont de pures choses, abstraites et équivalentes, mesurées à leur valeur d'échange, dans une ronde infernale qui les déqualifie et les réduit. Le terrorisme répond : les hommes sont de purs signifiants, non moins abstraits et équivalents, combustible politique où s'embrase le désir de rébellion. Marchandises et signifiants : c'est au fond la même chose, le même traitement en tout cas de la « matière humaine ». Le terrorisme n'est rien de la rébellion qu'il prétend : tout juste la forme exacerbée d'un capitalisme spectaculaire.

Cette politique du symbole, cette symbolique politique, je sais bien qu'elles se prévalent d'un lien organique aux « masses » dont on ne se lasse pas de chanter la gloire. Mais de quelles masses s'agit-il et de quel « rapport » surtout dans ce jeu diabolique du meurtre légitimé ? Je crains que les masses, pour les terroristes, ce ne soit justement *une masse*, amorphe et léthargique, pensée dans l'antique et réactionnaire image de la bête assoupie, qui s'éveille de loin en loin, en de furieux sursauts. Je me demande si cette révérence, trop bruyamment proclamée, ne dissimule pas un colossal mépris, celui de l'intellectuel classique prêtant sa tête savante au corps sans âme du peuple. Et ce dont je suis sûr en tout cas, c'est que dans cet étrange tohu-bohu où l'on attribue aux simples gens le silence à quoi on les contraint, c'est un autre fantôme qui mène toujours la danse : celui de Karl Kautsky, le théoricien de la conscience qui vient du dehors, le subtil policier de l'idéologie injectée et imposée, l'inventeur immortel des « sciences » de la révolution. Chacun sait de combien de drames, de carnages et de camps les peuples ont payé ces « sciences ». Il est tout de même intéressant de les voir là réactivées. Car nous sommes décidément bien loin du romantisme libertaire et tout près, en revanche, de la dialectique totalitaire.

Et, de fait, l'expérience prouve qu'à partir de schémas de ce type, on n'hésite plus à sacrifier, non plus les « adversaires de classe », mais les simples gens eux-mêmes. Qui nous fera croire en effet que les suppliciés de l'aéroport de Lod étaient tous des fascistes, complices de « l'impérialisme » ? De qui se moque-t-on, quand on déclare que les otages de Mogadiscio sont tous d'anciens nazis ? L'Armée Rouge japonaise le savait bien : il y avait là *aussi* des petites gens. Mais des petites gens pensées comme la glaise de l'homme nouveau, la chair à canon de l'avenir. Mais des innocents dont le martyre importait peu face aux horizons radieux des lendemains qui chanteront. Mais des prolétaires peut-être, dont le martyre était un honneur, la menue monnaie du paradis. Il faut l'admettre : ces fameuses « masses » dont on se réclame à l'envi, c'est elles les premiers otages des terroristes. Ce peuple auquel on prétend s'adresser, c'est lui le premier gibier des glorieuses guillotines rouges. Vieille, très vieille connaissance là aussi : c'est exactement ce que dit et fit le premier grand paranoïaque de l'âge contemporain. Le seul, le vrai fondateur de l'État totalitaire moderne. Je veux dire Saint-Just le vertueux, qui n'eut de cesse que sa vertu régnât sur un cimetière. Révolutionnaire, Saint-Just ? Oui, mais au sens de Baader : faire la révolution c'est exproprier les masses de leur présent, c'est-à-dire de leur seule demeure.

Dernière remarque, enfin. Tout ce délire logique ne vaut que par l'étrange stratégie qui le fonde : les États libéraux étant des États fascistes qui s'ignorent, la tâche d'un révolutionnaire est de les contraindre à se démasquer et le but du terrorisme de les provoquer au durcissement. On a beaucoup glosé déjà sur l'absurdité de cette tactique. De bons esprits ont montré la part de masochisme qu'elle implique. Ce qui m'intéresse pour ma part, c'est que nous sommes une fois de plus en terrain connu. Que c'est exactement la démarche des communistes allemands et italiens jusqu'à la fin des années 30. Celle que leur commandait un Komintern à la botte de Staline. Celle qui eut pour résultat concret de porter la peste brune au pouvoir et de faire le jeu d'Hitler. Celle qui, surtout, brisa la résistance des prolétariats d'Europe pour les livrer, l'arme au pied, aux premiers camps de la mort. Les stratèges terroristes sont encore, autrement dit, des tacticiens staliniens. Leur politique du pire, c'est celle de Thorez, Thalmann, tant d'autres. Et il faut une sérieuse capacité d'amnésie pour refuser d'en convenir ; une étrange passion de l'ignorance pour ne pas reconnaître, derrière la danse macabre de nos nouveaux orphelins, le vieux conseil de famille de la tradition stalinienne.

D'ailleurs que disent les faits ? Quels sont, en Italie par exemple, les résultats tangibles de l'action des Brigades Rouges ? Je ne dis pas qu'elles ont ressuscité Mussolini. Je ne dis pas même qu'elles ont fait le lit du néo-fascisme. Et je ne sais pas si, perméables aux plus douteuses infiltrations, elles ont, comme on le prétend parfois, fonction de provocation. Mais ce qui me paraît clair, c'est qu'à défaut de fascisme, elles sont le meilleur agent de la barbarie à visage humain. Le meilleur ciment psychologique de l'ordre nouveau qui règne à Rome. Le repoussoir maudit contre quoi se façonne la nouvelle police des âmes. C'est eux, les romantiques apôtres de la violence individuelle, qui étaient dans les coulisses de la rencontre entre Argan, le maire communiste de Rome, et Paul VI. C'est par eux, adversaires proclamés du « social-fascisme », qu'est en train de se sceller, bien au-delà des horizons électoraux, la langue de granit du compromis historique. Et c'est contre eux, pour le moment, que se noue, entre les deux grandes Églises d'Occident, la marxiste et la chrétienne, la bureaucrate et la théocrate, la sainte alliance de la peur. Leur besogne sera achevée quand Berlinguer, nouveau Noske, appliquera à une foule hagarde et probablement consentante le miracle de sa « solution terminale ».

Le cas de l'Allemagne est différent mais il n'est guère plus brillant. Là non plus je ne dis pas que l'État soit en route vers un renouveau nazi. Je ne suis même pas sûr que le véritable problème soit l'accroissement actuel de la répression politique. Et je ne suis bien entendu pas d'accord, surtout, avec la trop facile équation : « Schmidt-Strauss, même combat ». Mais je crois que les enjeux sont ailleurs et, en un sens, plus redoutables. Que le fascisme nouveau c'est dans les têtes plus que dans les appareils qu'il s'installe. Que l'action de la R.A.F. provoque moins une coulée de répression venant du haut, qu'une fantastique demande d'autorité venant du bas. Que c'est dans les cœurs des simples gens qu'elle déchaîne cette pulsion de mort, cette colossale demande de pouvoir à quoi on assiste actuellement. Concrètement ? Concrètement, des millions de citoyens occupés à la délation et à l'espionnage généralisé. Un pays tout entier qui vit à l'heure de l'autosurveillance. Soixante millions d'hommes et de femmes qui ne se lassent pas de réclamer plus, toujours plus de police et d'ordre. Non plus un, mais soixante millions d'États allemands. Autant d'États que de terrorisés. Autant de bourreaux que de victimes. Obliger Schmidt à sa « vérité » n'a eu, de fait, qu'un résultat : multiplier la forme-État, exaspérer l'idéal de l'État dans les têtes, bref instituer la première société qui, enfin, réalise le vœu du vieil Hegel : une société où, pour être libre, on choisit de se faire soi-même État.

En termes pratiques, qu'est-ce que tout cela implique ? Qu'entre terrorisme d'État et terrorisme individuel, une spirale diabolique se met en place, qui fait de l'un la source de l'autre. D'un côté celui qui dit : le P 38 est la seule politique possible et qui, à l'instant où il le dit, crée la situation qui le justifie ; de l'autre, celui qui rétorque : au terrorisme individuel, il faut répondre par la répression et qui, le soutenant, fait de son décret nécessité. Une politique du crime, présentant ses attentats comme des actes militants, permet à l'adversaire de présenter toute opposition militante comme un crime de droit commun ; et politiser le crime, comme font les terroristes, cela équivaut à criminaliser le politique comme font les communistes. Je dis qu'il y a là un engrenage terrible. Je dis qu'à ce jeu étrange, on ne sait pas qui l'emportera mais qu'on sait bien en revanche qui sera le grand perdant : ces authentiques hommes libres qui, en Allemagne comme en Italie, s'essaient à inventer des formes d'écart et de contestation par rapport aux États et aux appareils. Il est urgent d'en prendre conscience. Avant qu'il ne soit trop tard et que les forces vives de la gauche ne connaissent le sort qu'on leur promet.

J'ai parlé de « dialectique de la violence », suggérant au fond par là un jeu à deux partenaires, échangeant les signes de la guerre, d'un côté et de l'autre du même miroir. Je ne suis pas sûr, à la réflexion, que cette image soit la meilleure et je crois bien qu'en fait il faut la radicaliser. Pourquoi ?

Parce que je crois par exemple que le véritable inventeur du terrorisme, le premier à avoir sinon pratiqué la chose, du moins forgé le concept, ce n'est pas un révolté anti-autoritaire, mais un fondateur d'État, jacobin s'il en est, c'est-à-dire encore une fois Saint-Just. Parce qu'on oublie trop souvent aussi que ce ne sont pas les terroristes qui ont inventé les détournements d'avions mais un État souverain, un gouvernement national, celui de la France détournant l'avion de Ben Bella. Parce qu'on n'a peut-être pas fait le sort qui convenait à ce fait tout de même troublant que, quand l'Allemagne fédérale élabore ses lois d'exception, elle définit explicitement les terroristes emprisonnés comme des « otages » du gouvernement. Bref, parce qu'il y a, là et ailleurs, un certain nombre d'indices qui prouvent au moins une chose : leurs armes et leurs méthodes, c'est dans l'arsenal séculaire des États que les terroristes vont les puiser ; il n'y a en toute rigueur, et en bonne généalogie, de terrorisme que d'État même si des individus en reproduisent les procédures ; dans la folie Baader il y a aussi, au sens strict, la *volonté de se faire État*[1]. Le terrorisme « échange ». Le terrorisme « négocie ». Il n'y a rien là que le désir paranoïaque de traiter avec le souverain, avec les insignes de la souveraineté ; de se mesurer à l'État sur le terrain de sa majesté ; de s'obstiner surtout à se faire souverain à son tour.

Les terroristes grands malades modernes de l'idéal de l'État ? Ce paradoxe s'éclaire pour peu qu'une fois de plus, on consente à refaire un peu d'histoire. On oublie trop souvent ce qu'était réellement la grande tradition anarchiste russe à laquelle ils se réfèrent implicitement. Une hagiographie complai-

---

[1]. Sur tous ces points, voir Laurent Dispot, *La Machine à terreur*, Grasset, 1978 ; Livre de Poche Biblio/essais, 1984.

sante la présente toujours comme un courant de liberté, hostile au despotisme, acharné à détruire l'État. Alors qu'en vérité son éclosion ne se comprend que dans le cadre d'un État déliquescent, l'État russe du XIXe siècle, qu'il s'agissait fantasmatiquement de renforcer beaucoup plus que d'abattre. Relisons Netchaïev, celui qui écrivait que la « police » doit être la « religion » des temps modernes. Décidons-nous à lire les statuts de cette « société de la hache » qu'il vint fonder en Russie sur ordre de Bakounine et où on trouve la définition d'une révolution qui ressemble à s'y méprendre à une campagne militaire. Relisons Bakounine lui-même qui, depuis un siècle, passe pour un héroïque résistant aux oukases du père Marx, et qui fut probablement, ses écrits en témoignent, le plus fanatique partisan de l'ordre dictatorial, de la soumission de l'individu. Les terroristes d'aujourd'hui n'ont pas trahi le chigalévisme. Ils ne cessent au contraire d'en réciter la pesante leçon : plus, toujours plus d'État, de police, et de discipline.

Les temps ont changé, dira-t-on, et les États occidentaux ne ressemblent guère à l'État russe d'il y a un siècle. C'est vrai. Mais les mouvements terroristes ont ajouté à la vieille leçon une détermination de poids qui achève d'en fixer le visage. Ils sont les premiers à avoir grandi à l'ombre d'Auschwitz, des massacres de masse et de la bombe atomique. Les premiers à agir dans le cadre d'États surpuissants tenant entre leurs mains les instruments d'un suicide collectif et planétaire. Les premiers témoins d'un âge qui restera dans l'Histoire comme celui qui, en Politique, aura introduit le rêve de la mort absolue. Et je crois que du coup, au moins dans l'ordre du fantasme, la politique de la bombe et du cocktail Molotov est la doublure réelle de celle du meurtre d'État et de la bombe atomique ; que l'actuelle séduction de la violence ne se comprend que dans l'horizon d'un nouveau principe de dissémination, voire de démocratisation de la violence ; qu'à la menace de génocide, réelle ou imaginaire, peu importe, que portent en eux les États, les terrorisés répondent par plus, toujours plus d'atomes de bombes, c'est-à-dire de P 38. Enfants d'Hiroshima, les commandos n'en finissent pas d'en ressasser la scène primitive.

Ce n'est pas les justifier que de dire que, là encore, ils sont les jouets d'une Terreur qui ne leur appartient pas tout à fait et qu'ils s'épuisent à mimer en un geste à la fois liturgique et grotesque. Non pas les contestataires enragés des formes modernes de pouvoir, mais leurs thuriféraires appliqués, leurs ventriloques inconscients, les derniers vrais dévots de la religion étatique. Oui, si ces quelques lignes ont un sens, c'est à pointer, dans les nouveaux escadrons de la mort, les ultimes tenants d'une des pathologies séculaires de la mémoire occidentale : celle que Machiavel, déjà, appelait « le besoin de l'État ».

(Octobre 1978)

LETTRE OUVERTE
AUX PARLEMENTAIRES EUROPÉENS
A PROPOS DE LA FAIM DANS LE MONDE

Ainsi donc, après-demain, 25 octobre 1979, il dépendra de vous que Strasbourg devienne ou non, l'espace de quelques heures, la capitale du monde. A l'initiative du parti radical italien, vous avez choisi, en effet, d'inscrire à l'ordre du jour de votre assemblée la question de la faim dans le monde et de l'effroyable carnage qu'elle provoque sur la moitié de la planète. Un jour durant, vous débattrez, vous les nantis, les ventres pleins, du destin de ces millions d'hommes — cinquante, disent les experts — qui, selon toute probabilité, mourront littéralement de faim dans l'année qui va venir.

Un jour, c'est peu, assurément, pour un charnier qui, tous les jours, s'enrichit de quelques milliers de cadavres. Un parlement européen, ce n'est pas grand-chose, face à un génocide qui devrait mobiliser les États et les Parlements de tous les pays. Mais ce que je redoute le plus, je vous l'avoue, c'est qu'il en aille de votre débat comme de tant et tant de joutes, politiques et oratoires, qui, donnant espoir aux uns et bonne conscience aux autres, s'achèvent généralement dans le vide et la honte. Et c'est un peu la raison, en fait, pour laquelle je vous écris :

non point pour vous rappeler, une fois de plus, sempiternellement, les chiffres et les horreurs que vous connaissez tous ; pas davantage pour vous instruire d'une de ces solutions miracle, où excellent déjà trop bien les docteurs et les maîtres du monde ; mais, plus modestement, plus ponctuellement surtout, pour vous livrer quelques réflexions, quelques idées précises et concrètes — cinq propositions d'urgence pour une situation de catastrophe.

La première, la plus classique, la plus aisée aussi à mettre dès aujourd'hui en œuvre, serait de désigner solennellement les coupables, tous les coupables, de cette vaste extermination.

Je dis bien « *extermination* » car il est temps d'établir que la famine n'est pas un fléau ni une catastrophe naturelle, qui viendraient au tiers monde d'une obscure, aveugle et irresponsable fatalité.

Je dis bien « *les coupables* » car je ne parviens pas à désigner autrement ces États et ces multinationales qui, par le jeu combiné du gaspillage et du pillage, du contrôle sur les biens et de la dictature sur les âmes, mènent les peuples pas à pas, lentement mais sûrement, jusqu'à leur dénuement.

Je dis « *tous les responsables* » car il n'est pas tolérable de voir tel ou tel héraut du camp socialiste brandir ici ou là la bannière de la révolte, lorsqu'on sait par exemple que l'aide alimentaire du Comecon n'excède pas, depuis dix ans, 6 ou 7 p. 100 de celle de l'Occident ; que les pays d'Europe de l'Est refusent obstinément de siéger aux conférences internationales consacrées aux problèmes alimentaires ; ou que le Gosplan, à lui tout seul, importe, chaque année, autant de blé pour son bétail qu'il en faudrait pour nourrir un tiers des damnés de la terre.

Et si je dis « *solennellement* » enfin, c'est que je songe, entre autres, à une vaste enquête consacrée aux responsabilités réelles, vérifiées sur le terrain, d'Unilever ou de Nestlé, de la S.C.O.A. ou de la C.F.A.O. ; à une commission de parlementaires allant étudier sur place, au large de la Guinée-Bissau et du golfe du Bénin, la mise à sac des ressources de la mer par les navires-usines soviétiques ; à une analyse, que vous patronneriez, de la situation actuelle de ces pays d'Asie du Sud qui remboursent annuellement, aux États-Unis et à l'U.R.S.S., cinq fois plus de devises qu'ils n'en reçoivent au titre de l'aide. Ce sont des exemples. Des exemples parmi d'autres. Mais il y aurait déjà là matière à un véritable « Livre blanc » que vous pourriez, sans plus tarder, et avant qu'il ne soit trop tard, décider de mettre en chantier.

Trop vaste ? Irréalisable ? Soyons plus concrets alors, plus terre à terre s'il se peut. Le plus odieux, me semble-t-il, c'est qu'il suffise d'un mouvement de Bourse, à Londres ou à Chicago, pour que double ou que triple, en quelques semaines à peine, le prix des céréales, du sucre ou du soja. C'est qu'il soit au pouvoir d'un État de provoquer, presque de force, la dévaluation de la roupie indienne et d'amputer ainsi un pays pauvre, en 1973, du quart des disponibilités monétaires indispensables à sa survie. C'est qu'au sein même de la C.E.E., il soit monnaie courante, au vu et au su de tous, que des gouvernements démocratiques pratiquent à une grande échelle des achats d'intervention massifs, dès que la surabondance d'une denrée menace d'en faire baisser le cours et de la rendre brusquement accessible aux régions les plus démunies.

La C.I.A. le disait crûment dans un rapport secret d'août 1974 : la maîtrise et la manipulation des cours des céréales est une arme irremplaçable qui donnera aux États-Unis « *une puissance qu'ils n'ont jamais connue auparavant* ». La presse soviétique le confirme, à peine plus discrètement : l'approvisionnement du tiers monde est une affaire stratégique qui doit renforcer, au centre, la cohésion du bloc socialiste et, à la périphérie, « *les effectifs de la classe ouvrière* »[1]. En termes clairs, et de quelque manière qu'on le formule, il s'agit là d'un trafic, d'un agiotage monstrueux, sur les conditions mêmes de la survie de cinq cents millions d'êtres humains. Il y a là, sous couvert de « *lois économiques* » ou d'« *impératifs politiques* », une spéculation légale, bénie par le concert des nations, sur la vive chair des humiliés. Et je vous propose simplement, à l'heure où d'aucuns parlent de bâtir en Europe un nouvel « *espace judiciaire* », d'assimiler d'ores et déjà ce type de spéculation-là à « *un crime de droit public* », à un crime contre les droits les plus élémentaires de l'homme, qu'il vous appartiendrait de nommer et de codifier comme tel.

Il vous appartient surtout, et là encore de toute urgence, d'imaginer des mesures, des remèdes à cette mécanique démente. La constitution, par exemple, de stocks de denrées alimentaires qui auraient permis, en 1972, de porter très vite secours aux populations du Bangla Desh inondé ou du Sahel en proie à la sécheresse. La création d'un fonds de stabilisation des cours, alimenté par les pays riches, géré et contrôlé par les plus hautes autorités internationales, et intervenant sur les marchés à rebours des affameurs. L'établissement, encore, d'un système de prix plafond et de prix plancher qui, pour

---

1. Voir *La Vie internationale*, 1974.

les denrées de première nécessité, permettrait d'enrayer ces variations brutales qui, si souvent, condamnent les pays pauvres à une insolvabilité de fait...

Les idées ne manquent pas, vous le savez, qui dorment dans les dossiers et qu'enterrent régulièrement les « spécialistes » aux ordres des empires. Les solutions sont là, débattues à Nairobi, à Lima, à Lomé, qu'il vous suffirait de reprendre, et de renvoyer comme un défi à la face des grandes puissances, anthropophages géants, guerroyant par misère interposée. Et je me permets, quant à moi, de vous en suggérer une autre, qui aurait peut-être le mérite de la simplicité et de la clarté : l'institution d'un véritable « impôt », prélevé sur le revenu des pays riches, géré par des institutions internationales, et équitablement distribué aux régions les plus démunies...

Indexé sur la production intérieure brute des États, il obligerait aussi les pays d'Europe de l'Est. Sur les réserves monétaires, sur les euro ou pétrodollars, il concernerait les pays de l'O.P.E.P. Sur les volumes d'armements déversés chaque année en Afrique et en Asie, il porterait en pleine lumière l'atroce réalité d'un monde où l'on affecte — l'U.R.S.S. encore — quatre fois plus de ressources à fournir de la mort qu'à sauver des corps faméliques. Dans tous les cas : une juste évaluation de ce que « doivent » les pays riches aux pays pauvres qu'ils ont si méthodiquement pillés ; l'introduction de la rigueur, de l'équité, de la justice, dans un domaine où, trop souvent, dominent la charité, le mépris, et, au bout du compte, l'oppression ; en un mot, l'invention d'un système de solidarité qui, étendant à la planète des procédures éprouvées jusqu'ici dans l'ordre des nations, procéderait à d'authentiques transferts et redistributions de ressources.

Car le fond du problème c'est, vous le sentez bien, les équivoques et la faillite de la vieille notion occidentale d'« aide au tiers monde »... Je n'ai guère compétence pour entrer dans le détail de cette faillite. Je n'aurai pas le loisir, aussi bien, d'en dresser le bilan exhaustif. Mais ce qui est évident, et que chacun sait sans le dire, c'est que cette fameuse « aide » est loin d'arriver toujours à ses destinataires supposés. Qu'à l'odieuse spéculation du complexe agro-alimentaire mondial vient bien souvent s'ajouter le non moins odieux détournement, par les élites et gouvernements locaux, des biens et des services, si chichement alloués. Et que cette gigantesque prévarication est largement couverte à son tour, comme au terme d'un cercle diaboliquement bouclé, par le silence et la complicité des élites et des gouvernements occidentaux.

J'ai moi-même vu jadis, dans le Bangla Desh de 1972, les crédits soviétiques et américains enrichir des miliciens, des trafiquants, des nouveaux riches et des petits chefs. Chacun d'entre vous peut constater l'étrange coïncidence qui fait que les principaux pays bénéficiaires des largesses de l'A.I.D., figurent aussi, presque en même place, au tableau d'honneur des listes publiées par Amnesty International. N'importe quel citoyen français peut légitimement se demander aujourd'hui — avec tous les risques de poujadisme, de cartiérisme, que cela implique hélas ! — si les sommes fabuleuses acheminées vers la Centrafrique ont nourri des paysans pauvres ou engraissé des courtisans. De fait, cela veut dire qu'il est urgent de penser et de définir d'authentiques

« conditions » à ce type d'assistance : et ces conditions seront internationales ou elles ne seront pas.

On parle couramment, dans le jargon des banques mondiales, d'« aide liée » et ce « lien » désigne toujours un asservissement du pays pauvre aux impératifs économiques du pays riche : pourquoi ne pas inverser les choses et imaginer un tout autre « lien » qui le contraindrait, cette fois, aux impératifs moraux qui sont ceux des droits de l'homme ? Vous avez vous-mêmes longtemps hésité, au printemps dernier, avant de vous décider à accorder au Vietnam l'aide qu'il demandait : la décision n'eût-elle pas été plus aisée, si l'Europe avait disposé alors des moyens de vérifier, sur place, que ses fonds ne serviraient pas à bâtir des camps de concentration ? Nul ne s'indigne qu'en Angola ou en Éthiopie, au Chili ou en Argentine, stationnent, à temps complet, des conseillers militaires, augures de mort et de violence ; serait-il donc impensable que s'y adjoignent, parfois, de loin en loin, à temps partiel, « des casques bleus de la faim, des brigades internationales de la paix », que l'O.N.U., par exemple, viendrait mettre au service des simples hommes et des simples femmes ?

Oh ! bien sûr, j'imagine que, pour beaucoup, il y a là un blasphème, un épouvantable sacrilège. Je les entends déjà, tiers-mondistes attardés, qui s'insurgent vertueusement contre cette « violation », inqualifiable, de la souveraineté d'un État. Je gage même qu'il s'en trouvera, jusque dans vos travées, pour s'étonner que l'on puisse, ainsi, avec tant d'outrecuidance, prétendre sauver des corps contre la volonté de princes qui préfèrent, eux, les dépecer.

Je crois, moi, pourtant, que cette prétention est juste — absolument et inconditionnellement juste.

Je ne puis me résigner à ce que le sacro-saint droit des peuples à disposer d'eux-mêmes signifie le simple droit des États à disposer de leur peuple. Je ne parviens pas à comprendre, surtout, en quoi un anti-impérialisme conséquent obligerait de livrer ces peuples aux caprices de leurs despotes et d'abandonner aux despotes tout le sort de l'humanité. Et je me demande alors — je *vous* demande, en fait — s'il ne serait pas temps enfin, face à la démagogie, aux alibis de toutes lâchetés et aux forces d'abdication, de songer à définir la formule de ce qu'il faudra bien appeler un principe ou un « *devoir d'ingérence* ».

Je ne dis pas un « *droit* », bien sûr, où poindrait effectivement la vieille arrogance européenne, porteuse de lumières au monde. Je pense à un devoir « universel » applicable en Occident autant qu'en Orient — à la Tchécoslovaquie normalisée, par exemple, autant qu'au Mali affamé. Je pense au Cambodge notamment, où toutes les forces du malheur semblent s'être coalisées, où c'est une nation tout entière qui se trouve aux portes du génocide et où des armées de spadassins menacent de confisquer tous les vivres que nous pourrions, demain, tenter d'acheminer

Il y a quarante ans déjà, c'est au nom de la « *non-ingérence* » que d'incontestables démocraties donnaient leur blanc-seing à Hitler pour déporter ses juifs, soumettre les Sudètes et écraser, en passant, l'Espagne républicaine.

(Octobre 1979)

UNE BRIGADE INTERNATIONALE
POUR LE CAMBODGE ?

A quoi bon parler encore de l'effroyable enfer où vit, depuis cinq ans, le peuple du Cambodge ? Que dire, qui cent fois déjà n'ait été dit, de l'indicible calvaire de ces foules de gueux qui meurent à petit bruit, là-bas, très loin, aux confins de l'extrême Asie, sous la botte vietnamienne ? Avec quels mots le dire d'ailleurs, dans quelle langue de morts ou de vifs, le drame de ces morts-vivants, méthodiquement tenus en famine aux portes des entrepôts où l'on stocke l'essentiel de l'aide alimentaire internationale ? La vérité, je le crains, c'est qu'à ce degré d'horreur la parole perd pour de bon le droit à la parole. C'est qu'à ce point de misère, le temps des vertueux discours et des verbeuses indignations est bien près d'être révolu. C'est que, face à l'absolue volonté de tuer dont s'affichent tous les jours les rites et les symptômes, l'heure est venue de changer de registre et de passer aux actes...

C'est le sens de l'initiative prise, à la veille de Noël, par Médecins sans frontières : une « marche pour la survie », à partir de la Thaïlande et en direction de la frontière cambodgienne, afin que *« tombent les barrières qui nous empêchent de secou-*

rir des êtres en danger de mort ». C'est le sens de la mobilisation qu'entreprend à son tour, auprès de ses militants, la toute jeune Action internationale contre la faim : une participation à la marche de quelques-uns de ses comités locaux, qui auront chacun « adopté » une localité précise du Cambodge, qui auront obtenu de leur mairie qu'elle les mandate d'un vœu solennel de « jumelage » et qui se présenteront aux autorités frontalières munis de vivres ou de médicaments destinés à être acheminés jusqu'à leur ville « jumelle ». C'est le sens encore de l'appel que j'adresse moi-même, aujourd'hui, à toutes les personnalités, politiques et syndicales, intellectuelles et artistiques, de France et, plus largement, d'Europe[1] : par-delà leurs querelles idéologiques et partisanes, au-delà de la trop banale signature de pétitions, un engagement réel, une présence concrète, une pression *physique* aux portes des mouroirs. « *La situation*, écrivait récemment *Nhan Dan*, la *Pravda* de Hanoï, *est hautement satisfaisante et radieuse.* » Eh bien, venons nombreux, le plus nombreux possible, le 5 février prochain, entre Aranya Prathet et Poïpet : et demandons à constater, exigeons d'enquêter, proposons même d'admirer les feux de cet « *avenir radieux* » dont la louange nous est si joliment contée !

Je doute, cela va sans dire, que les murs du pays s'ouvrent tout grand sous nos pas, par la seule grâce de notre sésame. Je ne sais, nul ne peut savoir encore, comment la marche sera reçue et accueillie

1. Cet article parut, le même jour, dans plusieurs quotidiens ou hebdomadaires européens : en France, bien sûr — mais aussi en Italie, en Espagne, en Suède, au Danemark, en Norvège. (Note de l'éditeur.)

sur place, même si le gouvernement thaï l'a officiellement autorisée à transiter sur son territoire. J'ignore même, j'ignore *surtout*, si ce type d'entreprise est tout à fait conforme à l'ordre policé du droit international et à sa règle sacro-sainte, notamment, de « *non-intervention dans les affaires intérieures des États* ». Mais je sais au moins, en revanche, ce que vaut cette règle quand elle sert à bénir les États qui disposent ouvertement, impunément, *souverainement* de leur propre population. Mais je suis sûr, simplement, qu'il est grand temps de remettre sur le métier du monde, en ses plages les plus désolées, les principes d'un tout autre internationalisme, qui est celui des droits de l'homme et de l'assistance aux suppliciés. Mais je crois vital en tout cas, en ces lieux d'extrême urgence où c'est un peuple tout entier qui gravit pas à pas les degrés de la fosse au massacre, de remettre à l'épreuve du réel ce légitime et impératif *devoir d'ingérence* qui, tout au long du siècle, à l'Ouest autant qu'à l'Est, a toujours été au cœur des plus hautes résistances.

Pourquoi, alors, ne pas le dire ? Elle n'est pas bien loin, au fond, et toutes proportions gardées, l'idée des médecins sans frontières, de celle qui, jadis, inspira la création des fameuses Brigades internationales portant la voix de l'espoir au ciel de Barcelone, de Tolède et de Madrid. Ces brigades-ci, bien sûr, ne disposeront, en guise d'armes, que d'une vingtaine de camions de riz qui seront répartis, en cas d'échec, pour moitié aux camps de réfugiés et pour moitié aux paysans thaïs de la région. Leurs troupes de choc, ce seront des équipes de médecins et d'infirmières aux mains nues dont certains sont déjà sur place, qui attendent en vain depuis des semaines le droit d'entrer au Cambodge et d'y exercer leur métier. Leur objectif ne sera pas davantage de renverser le pouvoir en place en vue d'en établir un autre mais, plus modestement, de sauver des corps, rien que des corps, tous les corps qui, à ce jour, pourront encore être sauvés. Mais il n'empêche : le risque et la mort en moins, la démarche est analogue ; mis à part l'héroïsme, ces brigades alimentaires et sanitaires puiseront à la même source ; et c'est dans le droit-fil d'un identique *antifascisme* qu'elles inscriront, derechef, leur « marche pour la survie » du peuple khmer.

Car tel est bien l'enjeu. Ne suffit-il pas de savoir compter, oui, simplement compter, *nombrer* les corps des morts, pour comprendre ce qui se joue dans la tragédie cambodgienne ? Combien de nouveaux réfugiés, quel poids de cadavres frais, combien d'autres charniers nous faudra-t-il encore pour oser regarder en face l'atroce réalité d'une solution finale new-look ? Quand aurons-nous l'oreille assez fine pour entendre le murmure de cette obscure et tumultueuse prophétie qui nous souffle que le siècle a peu, si peu de chances de s'achever sans un autre génocide, image hallucinée du premier, à cette réserve près, peut-être, que cette fois-ci nous savons, nous saurons, nous aurons su, et que c'est en toute lucidité que nous aurons choisi d'avoir des yeux pour ne pas voir et des oreilles pour ne pas entendre ? En 1945, quand l'Occident hébété découvrait les cendres encore chaudes de Dachau et de Buchenwald, d'aucuns, on s'en souvient, jouèrent au petit jeu d'ignorance et d'innocence. En 1985, si le même Occident découvre les ossuaires de Battambang, de Siemreap ou de Phnom Penh, il lui faudra bien convenir que c'est en connaissance de cause qu'il s'est lavé les mains de toute la chair cambodgienne partie en cendres et en poussière.

A tous ceux donc qui se refusent à cette perspective, à tous ceux qui répugnent d'avance à devoir un jour trouver les mots pour dire la honte d'avoir accepté, en conscience, l'extermination par la famine, à tous ceux-là, je demande d'être présents avec nous, le 5 février prochain, à la frontière de la Thaïlande et du Cambodge.

(Janvier 1980)

LES OLYMPIADES DE LA HONTE

Ainsi donc, au train où vont les choses, la France sera bientôt le dernier grand pays libre à cautionner les fêtes macabres de Moscou. Tandis que, partout dans le monde, monte la voix de ceux qui répugnent à des Olympiades dont ils n'ignorent plus qu'elles seront, cette année, celles de la terreur et de la guerre, elle se contente d'équivoques paroles de paix qui frôlent souvent de près le franc discours d'acceptation. Ici même, à Paris, la rumeur a beau s'enfler, qui, après l'appel lancé par Marek Halter et les dissidents russes, rallie aux thèses du refus un nombre sans cesse croissant de personnalités morales de tous bords, notre président semble n'en avoir cure, faire fi de tant de tapage, impavide et serein comme à l'accoutumée. Le malheur, c'est que l'heure que nous vivons n'est plus tout à fait de celles à quoi la grâce des temps écoulés l'avait précisément habitué, et que son mutisme, s'il devait longtemps persister, pourrait bien signifier pour la France un inexcusable, indélébile et intolérable déshonneur.

Car, enfin, comment baptiser autrement l'attitude d'un État qui enverrait ses athlètes disputer des médailles dont nous savons désormais qu'elles seront le prix de l'abandon ? Est-il même concevable d'aller entonner en grande pompe un hymne de fraternité qui ne sera chanté, nous le savons aussi, qu'au son d'orchestres de bagnards ou, pis, de policiers ? Que vaudrait le « mondialisme » giscardien s'il s'avérait qu'il s'épuise dans l'improbable illustration du ci-devant « esprit olympique », et que, à la défense de ceux que bafouent les empires, il n'a rien à porter que paroles de cynisme et d'odieuse indifférence ? Déjà, les rescapés des camps qui ont trouvé asile en France s'inquiètent, s'indignent et, en fait, ne comprennent plus. Au même moment, nos voisins européens ne s'y trompent guère, qui, tel le *Daily Mail* de Londres, flairent au ciel de Paris « *une odeur douceâtre et écœurante d'apaisement* ». Quant à moi, je dois confesser ma honte de nous voir tracer à nouveau le chemin qui, jadis, en mena d'autres à Berlin...

Le rapprochement, paraît-il, ne plaît qu'à demi à nos gouvernants, dont il choque probablement le sens de la « mesure ». Et pourtant, mesure ou pas, que de troublantes coïncidences ! Quel choc, mais foudroyant celui-là, quand on feuillette la presse française de l'époque. Je ne parle pas seulement du sinistre augure que constitue l'invasion de l'Afghanistan. Je ne songe même pas au scénario si bien réglé des arrestations hâtives et des procès de fortune. Non, c'est à eux que je pense encore, à nos chers politiques qu'on dirait soudain tirés d'un mauvais film de 1936. Écoutez-les, par exemple, qui nous expliquent laborieusement qu'aller aux Jeux aujourd'hui, c'est faire le jeu de la détente demain — sans savoir probablement qu'ainsi parlait Adolf Hitler dans sa lettre de remerciement au bon Baillet Latour[1]. Voyez comme ils invitent le peuple de France à des Olympiades fraîches et joyeuses —

1. 17 août 1936.

ignorant, les malheureux, qu'ils retrouvent ainsi, spontanément, les propres mots de la « lettre ouverte aux sportifs allant à Berlin », publiée le 19 juin 1936 par *L'Humanité*. Observez la fière allure qu'ils ont quand ils brandissent leur arme suprême : « *Aux J.O., pas à Moscou* », — sans se douter, en leur ferveur, que l'arme est bien ébréchée, qui, le 9 juin 1936, valut à l'obscur député Pietri l'unanime ovation de la Chambre et le vote massif des crédits olympiques. Rien, décidément, ne vaut une bonne cure de mémoire pour retrouver les traces où, toujours, machinalement, nous remettons nos pas...

Rien ne vaut non plus ce rude travail de la mémoire pour retrouver, parfois, de hautes leçons d'intransigeance qui sont, elles, comme des phares à qui sait les reconnaître. Aurait-il donc oublié, par exemple, notre président philosopheur, que lors de ce débat mémorable il se trouva un député, et un seul, pour oser tenir *jusqu'au bout* le point de vue de la rigueur morale ? Ce député s'appelait Pierre Mendès France, dont il me semble l'avoir entendu naguère vanter la lucidité. Faut-il lui rappeler qu'au même moment, dans l'affreux cliquetis que faisaient déjà les chaînes de la barbarie montante, il se trouva un pays, et un seul, pour refuser de voter les subventions olympiques ? Ce pays, c'était l'Espagne républicaine, dont on sait le prix de sang qu'elle allait très vite payer pour son antifascisme de première heure. Eh bien, monsieur le Président, serez-vous, à l'heure où il faudra trancher, l'héritier de Mendès France ou du député François Pietri ? Aurez-vous à l'esprit, ce jour-là, l'héroïque et humble geste des combattants de Madrid ou la piteuse chronique du munichisme français ? Tout le problème est là, dans ces partages très anciens où continue de se nouer la trame de nos débats et qui font qu'aujourd'hui encore nul ne pourra aller à Moscou sans retourner, bon gré mal gré, aux parages de Berlin la brune.

Je n'ignore pas les raisons qui retiennent l'Élysée de prendre ainsi parti. Et d'abord, bien entendu, que la décision finale, formellement au moins, ne lui appartient pas, mais aux sportifs plutôt, dont la carrière, dit-on, se briserait tout net en cas de boycottage. Soit. Mais, là encore, qu'enseigne l'histoire ? Eh bien, il y eut à Barcelone, à partir du 19 juillet 1936, et sous la présidence du gouverneur de Catalogne, un événement monumental dont bien peu aujourd'hui semblent se souvenir : des « Olympiades populaires », des contre-Jeux Olympiques, un authentique anti-Berlin à l'honneur de la paix et de la dignité des hommes. Plusieurs fédérations sportives françaises y furent représentées. Des milliers d'amateurs de sport s'y rendirent, qui firent de cette fête-là la fête de l'antinazisme. Pourquoi ce qu'un État isolé sut faire alors, l'Europe ne le ferait-elle point à son tour aujourd'hui ? Ce qui est sûr en tout cas, c'est que l'argument ne vaut rien, qui nous dit, en manière de chantage : hors Moscou, point de salut.

Symétriquement, d'ailleurs, j'avoue ne pas comprendre l'autre argument des adversaires du boycottage : le scrupule à emboîter le pas à Washington. Car, tout de même, le « non-alignement » dont on se targue si fort, ici et là, signifie-t-il qu'une cause cesse d'être juste dès lors que d'autres, déjà, s'y sont ralliés ? L'indépendance du général de Gaulle lui interdisait-elle, dans l'affaire des fusées de Cuba, ou plus tard du mur de Berlin, de tenir la position de fermeté que lui dictait son devoir ? De fait, soyons sérieux. La position américaine n'a qu'une faiblesse : elle donne à entendre que Moscou était digne d'accueillir les Jeux avant Kaboul, et indigne seulement après. La position de la France pourrait avoir, du coup, une singulière dignité : dire hautement et clairement que Moscou sera indigne d'accueillir les Olympiades tant que croupiront au fond de ses geôles des milliers de prisonniers politiques. Non-alignement, soit : mais alignement, alors, sur la ligne des droits de l'homme. Ni ce camp-ci, ni ce camp-là, soit : mais reste le camp de concentration qui, au manège des chancelleries, n'a pas encore trouvé sa voix. D'un mot, la France de 1980, qui s'honore si bruyamment de son légendaire 1789, pourrait suspendre son boycottage à l'exigence, par exemple, d'une amnistie générale ou partielle.

En réalité, il n'y avait qu'un argument sérieux en faveur de notre présence à Moscou : l'impératif de ne point abandonner à leur sort ces milliers de dissidents qui nous appelaient à l'aide. Mais cet argument, hélas ! vient lui aussi de tomber. Non pas, comme on le dit parfois un peu vite, avec l'arrestation de Sakharov. Mais, plus exactement peut-être, avec le message pathétique qu'il vient de nous adresser depuis sa résidence forcée de Gorki. Que nous dit-il, en effet, ce message ? Que chaque individu qui se rendra à Moscou, le 19 juillet, jouira d'une liberté de parler et de circuler qui sera refusée, au même moment, à un citoyen soviétique bâillonné. Que chaque athlète, chaque spectateur, chaque journaliste même, qui viendront admirer les dieux du stade, prendront très précisément la place d'un homme, d'une femme, d'un adolescent russes, préalablement déportés. Que chaque fois qu'ils croiront serrer fraternellement la main d'un homme libre et fraternel, ils auront toutes chances de se trouver en face d'un agent du K.G.B. Dans une capitale vidée de sa population, nous n'aurons le choix, en vérité, que de la forme de notre collaboration.

Mais Sakharov nous dit aussi, du coup, qu'à ceux que le voyage continuera de tenter le chemin sera maintenant plus long, mais point nécessairement impossible. Que, s'il faut renoncer à emprunter les canaux officiels, d'autres voies doivent être frayées, obstinément, méthodiquement. Qu'aller à Moscou, autrement dit, devient l'aventure singulière de chaque conscience face à elle-même et face au visage pressenti d'un Russe emprisonné. J'ai tenté d'expliquer un jour que le boycottage des appareils totalitaires ne doit pas impliquer celui des sujets totalitarisés. J'invitais les artistes, les écrivains, les scientifiques, à bouder les rencontres d'État, mais à multiplier, en revanche, les relations bilatérales avec leurs homologues enfermés. C'est en ce sens, me semble-t-il, que doivent travailler aujourd'hui encore tous ceux pour qui la morale ne se résume pas à de vides et creux commandements. C'est à cela qu'aujourd'hui *plus que jamais* devront œuvrer ceux pour qui les droits de l'homme ne sont pas qu'une vaine loi, mais de vives et concrètes brûlures sur les âmes et dans les chairs. C'est à cela que, à travers des initiatives qui seront bientôt rendues publiques, compte œuvrer, pour sa part, le comité Droits de l'Homme, Moscou 1980.

Boycottez, monsieur le Président de la République : nous nous chargeons du reste.

(Janvier 1980)

LETTRE OUVERTE A GEORGES MARCHAIS
A PROPOS DE
L'ANTISÉMITISME DANS LE P.C.F.

Vous venez de rendre publique une lettre où, à propos d'une interview récente où je mentionnais votre nom, vous m'accusez de « *bassesse* », de « *lâcheté* », d'« *ignominie* ». Cette lettre est adressée à Claude Perdriel que vous assurez, lui, de votre « *profond mépris* » pour avoir, dans ses colonnes, abrité mes propos. Permettez que je vous réponde en personne — au moins pour vous rappeler ce qu'est, dans la presse libre, cette étrange institution qu'on appelle une « tribune libre »[1].

De quoi s'agit-il au juste ? Qu'est-ce qui vous permet de dire que « *personne encore n'était allé aussi loin* — je vous cite — *dans la haine à votre égard* » ? Il s'agissait d'une libre intervention où je commentais la publication par *L'Express* des monstrueuses déclarations de Louis Darquier de Pelle-

---

[1]. La lettre de Georges Marchais, publiée dans *L'Humanité* puis dans l'ensemble des média écrits et audiovisuels, répondait à une interview que j'avais donnée, quelques jours plus tôt, à Maurice Szafran du *Matin*. Évoquant la publication par *L'Express* des déclarations de l'ex-« commissaire aux affaires juives », Darquier de Pellepoix, j'avais suggéré que l'antisémitisme n'était peut-être pas, hélas ! le privilège des débiles et des nazis.

poix. Au fil de ce commentaire, je déclarais que l'antisémitisme n'était pas mort en France puisqu'il continue de « *rôder, fantôme discret et familier* ». Et j'évoquais, entre autres exemples, « *telle déclaration de Georges Marchais* ». Vous vous êtes senti, dites-vous, profondément insulté. Vous semblez surpris : je ne suis pas sûr que vous soyez sincère.

Car enfin, monsieur le secrétaire général, le « *défi* » où vous me mettez de « *trouver un seul mot de vous qui soit teinté d'antisémitisme* », avez-vous donc oublié que d'autres déjà l'ont relevé, il y a maintenant plus de dix ans ? Avez-vous oublié ces milliers d'étudiants qui vous narguaient alors en scandant dans les rues de Paris le slogan resté célèbre : « *Nous sommes tous des juifs allemands* » ? Ils les avaient trouvés, eux, les quelques mots de vous, dans cet éditorial de *L'Humanité* du 3 mai 1968 où, prétendant « *démasquer* » les « *contre-révolutionnaires* » gauchistes, vous dénonciez l'un d'entre eux, étudiant *français*, militant *français*, dans un combat politique *en France*, comme un « *anarchiste allemand* ». L'intéressé, lui, ne l'a pas oublié, qui vit aujourd'hui en exil — dans l'Allemagne où, le premier, vous l'avez renvoyé.

Bien entendu, vous ne prononciez pas le mot « juif » : mais c'est précisément ce que j'appelais dans mon interview un « *fantôme discret* ». Je veux bien que ce soit pur hasard si la formule a fait écho à d'autres, ouvertement scélérates : c'est précisément pourquoi je parlais d'un « *fantôme familier* ». Peut-être nierez-vous avoir proféré là un propos « *teinté d'antisémitisme* » : convenez au moins que vous étiez plus près de la xénophobie que de l'internationalisme prolétarien. Les cortèges d'étudiants ne s'y sont d'ailleurs pas trompés, qui immortalisèrent votre propos. Guy Konopnicki non plus, responsable des étudiants communistes, qui vient de déclarer qu'il fut à deux doigts, alors, de déchirer sa carte[2]. Car il savait, lui, manifestement, ce que vous semblez ignorer : que le racisme commence à l'instant où, dans un combat politique, on utilise contre un adversaire l'argument de sa particularité nationale, religieuse ou même physique — qu'elle soit réelle ou supposée... C'est un critère simple, je vous recommande de vous y tenir.

« *Ma vie*, dites-vous encore, *témoigne pour moi...* » C'est probablement vrai, et je me garderai de le nier. D'autant que votre vie, monsieur le secrétaire général, ne m'intéresse malheureusement pas. Non pas, rassurez-vous, que je vous retourne le mépris que vous avez si vite, vous, à la bouche. Mais il est vrai, simplement, que, quand je pense Marchais, je pense aussi, je pense surtout, comme des millions de Français d'ailleurs, à l'homme d'appareil que vous êtes, formé par l'appareil, fidèle à l'appareil depuis trente et un ans, comme vous le rappelez encore dans votre lettre. Trente et un ans, c'est long : et je crains là, pour le coup, que malgré ses fusillés et ses martyrs, ce parti dont vous invoquez le patronage ne témoigne, lui, contre vous.

Parlons donc du Parti, puisque vous semblez tant y tenir. Êtes-vous si sûr, par exemple, qu'« *hier comme aujourd'hui* » il ait constitué un « *rempart infranchissable* » contre le fascisme ? Je pourrais vous rappeler les aberrations d'une ligne politique qui, jusqu'en 1933, s'obstinait à voir dans la social-démocratie l'ennemi principal : Duclos le disait encore, au milieu de l'année 1933, après l'incendie

2. *Journal du dimanche*, 15 octobre 1978.

du Reichstag[3]. Je n'aurai pas la cruauté d'invoquer le tragique épisode du pacte germano-soviétique : je sais que votre parti en est sorti déchiré, divisé, meurtri en son tréfonds. Mais je songe tout de même à cet étrange article paru en 1940 à Moscou, et où on lisait notamment, sous le titre « Léon Blum tel qu'il est » : « *Les bureaux de la Maison Blum se trouvent au cœur du Sentier, quartier des affaires de Paris, temple moderne du Veau d'Or* »[4]. Ce texte aurait pu être signé par Daudet. Il était, en fait, de Thorez. Et Thorez était alors secrétaire général, réfugié en U.R.S.S., d'un parti qui fut, dites-vous, « *l'infranchissable rempart de l'antisémitisme* ».

C'est du passé ? Oui, bien sûr, c'est du passé. De même qu'il appartient au passé, l'infâme procès antisémite machiné par Staline en 1953 contre les « blouses blanches ». De même qu'elle appartient au passé, la manière dont le Parti français, dont vous étiez membre déjà, applaudit à l'opération. De même qu'elles appartiennent au passé, l'amertume de ces médecins juifs français, la honte du journal communiste yiddish de Paris, *Notre Presse*, qui furent contraints à prendre position contre les accusés. De même qu'elle appartient au passé encore, cette longue période de silence, qui dura presque trente ans, sur la persécution des juifs dans les pays de l'Est. Le passé, monsieur le secrétaire général, n'est pas vraiment passé, tant qu'on ne l'a pas exorcisé. C'est *lui* qui continue de « *rôder, tel un fantôme discret et familier* », tant qu'on n'a pas très clairement résolu de s'en expliquer.

---

3. *Que se passe-t-il en Allemagne ?* Préface de Jacques Duclos au rapport de Fritz Hecket. Publications révolutionnaires, éd. du P.C.F.
4. « Renégats et politique d'union sacrée : Léon Blum, tel qu'il est », *Internationale communiste*, n° 2, février 1940.

Car, parlons maintenant du présent — du présent de ce parti où, comme vous le rappelez élégamment, vous avez des « *amis* » d'« *origine juive* »... Savez-vous par exemple que la première condamnation prononcée en France au nom de la nouvelle loi antiraciste du 1er juillet 1972, c'est un communiste français qui en a été l'objet : l'adjoint au maire communiste de Nanterre, directeur de *Bulletin U.R.S.S.* contre qui la L.I.C.R.A. s'était portée partie civile[5] ? Lisez-vous régulièrement *L'Humanité*, où l'on trouvait, le 17 juin 1967, une déclaration stupéfiante de Benoît Frachon[6], alors secrétaire général de la C.G.T. et membre du Parti, qui disait ceci, à propos de la manifestation au Mur des Lamentations, après la guerre des Six Jours : « *Le spectacle faisait penser que, comme dans* Faust, *c'était Satan qui conduisait le bal. Il n'y manquait même pas le Veau d'Or, toujours debout, qui, comme dans l'opéra de Gounod, contemplait à ses pieds, dans le sang et dans la fange, le résultat de ses machinations diaboliques. En effet, les informations nous indiquaient qu'avaient assisté à ces saturnales deux représentants d'une tribu cosmopolite de banquiers bien connue dans tous les pays du monde : Alain et Edmond de Rothschild. A leurs pieds, des morts encore saignants* » ? Tout y est, comme vous voyez — toutes les grosses et vieilles ficelles de l'antisémitisme classique.

Qui vous oblige enfin à dire qu'« *avec votre parti* »

---

5. « Israël école d'obscurantisme », procès plaidé le 26 mars 1973. *Bulletin U.R.S.S.* du 22 septembre 1972. Le directeur de *Bulletin U.R.S.S.* était Robert Legagneux.
6. Discours prononcé au congrès de la C.G.T., publié le 17 juin 1967 dans *L'Humanité*.

vous combattez aujourd'hui l'antisémitisme « *partout où il s'exprime et quels que soient ceux qu'il atteint* » ? Je sais que *L'Humanité* a pris clairement position, en juillet dernier, sur l'affaire Chtcharansky. Mais j'attends toujours une prise de position sur les procès de Riga, de Kiev et de Smolensk où, en 1969-1970, des militants furent condamnés pour avoir été trouvés en possession de livres écrits en hébreu. Où sont vos protestations contre les procès infâmes d'Alexandre Feldman et de Schkolnik en 1973 ? Indiquez-moi les dates et lieux de publication de la dénonciation officielle de l'arrestation de Kukuy, Kochubievski, Ida Nudel ou Flepak. Vous avez condamné les « *excès de la répression* » au moment de l'affaire Kouznetsov ou, plus récemment, de l'affaire Stern : mais quand « *vous et votre parti* » avez-vous dit la vérité — à savoir que des hommes étaient transformés en « *ennemis de l'Union soviétique* » parce qu'ils étaient « *d'origine juive* » et osaient hautement l'affirmer ?...

Un mot encore, monsieur le secrétaire général. Comment expliquez-vous qu'on ne trouve aucune trace, dans la presse d'un parti qui se pose ainsi, par votre bouche, en champion de la lutte antiraciste, des terribles informations rendues publiques par *Le Monde* du 4 février 1977 ? Il s'agit d'une dépêche de l'agence Tass où le « commentateur » se demande si « *Dayan est le seul parmi les dirigeants sionistes, comme le dit le vieux dicton, à se distinguer par ses doigts crochus et ses yeux envieux* ». Il s'agit d'un article publié dans *Ogoniok*, une revue soviétique, où l'on explique que si Eichmann a été enlevé par les « *sionistes* », c'est « *avant tout pour éviter que ne soient dévoilés les secrets de la collaboration entre les sionistes et les hitlériens pendant la guerre* ». Il s'agit d'un film, enfin, passé à la télévision russe, où les juifs qui avaient demandé leur visa pour Israël étaient livrés, avec nom et adresse, à la vindicte populaire... Ces informations, j'en conviens, ne concernent pas directement la France. Mais elles devraient intéresser un homme qui, « *avec son parti* », prétend « *ne pas faire de distinction entre les victimes de l'antisémitisme* ».

Croyez bien, Georges Marchais, que je ne vous aurais pas rappelé toutes ces évidences s'il n'y avait dans votre lettre un ton et une assurance qui forcent à la mise au point. Et s'il ne me semblait, moi, que vous êtes de ces hommes qui continuent de penser qu'il y a, dans l'enfer totalitaire, des bonnes et des mauvaises victimes — des morts suspects et des assassins privilégiés.

(Novembre 1978)

LA MEILLEURE TÉLÉ DU MONDE ?

Oui, c'est vrai, je me suis trompé. Et sur une question culturelle majeure — celle du statut futur de notre télévision —, j'ai, à quelques semaines de distance, globalement changé d'avis. C'est la première fois, je crois, qu'en dix ans de combats, prises de position et engagements divers, pareille mésaventure m'arrive. Et même si les intellectuels, d'habitude, n'aiment pas trop s'étendre sur ce type d'évolution, je voudrais, moi, faire exception — et, loyalement, m'en expliquer.

Tout commence il y a un mois ou deux, avec un manifeste en faveur du service public. C'est l'époque où la droite revient. C'est l'époque où on parle, ici et là, d'expulser les étrangers, de liquider l'héritage Badinter, de raser les colonnes de Buren. Et j'ai le sentiment alors, dans l'extrême confusion du débat qui s'amorce, que cette affaire de privatisation va, en gros, dans le même sens. Je signe d'instinct, autrement dit — sur un bon vieux réflexe laïc, jacobin et, pour tout dire, passablement conformiste.

Là-dessus, le mouvement s'enfle. Il prend des proportions. Il rallie à ses slogans tout ce que ce pays compte de poujadismes, de corporatismes, de forces conservatrices ou d'intérêts acquis. Et je m'aperçois avec stupeur que j'ai signé, sans le savoir, pour toute une foule de choses où je ne me reconnais guère. J'ai signé pour la religion de l'État. J'ai signé pour la diabolisation de l'argent. J'ai signé pour cet antiaméricanisme primaire qui revient au grand galop. Bref, j'ai signé pour un certain nombre de thèses, de thèmes et de poncifs que je n'ai cessé de combattre depuis que j'écris des livres et dont j'avais cru comprendre, au demeurant, que la gauche tout entière s'était enfin débarrassée.

Troisième étape alors : le métier d'un intellectuel étant de réfléchir, je réfléchis. Je m'interroge. Je me demande, notamment, pourquoi notre télé est souvent si timorée. Si étrangement pusillanime. Je me demande pourquoi, à l'heure où Jane Fonda dénonçait en direct, sur les chaînes privées américaines, les crimes du Pentagone et le napalm sur Saigon, nos chaînes de « service public » faisaient comme si la guerre d'Algérie n'avait jamais existé. Ou bien pourquoi, aujourd'hui encore, dans la France de l'affaire Boulin, des diamants de Bokassa ou du *Rainbow Warrior*, il est apparemment si difficile de traiter, sans tabou ni censure, les questions vraiment gênantes qui se posent à notre société. Le privé, me dis-je, a des défauts. Mais au moins a-t-il, entre autres mérites, celui d'arracher l'information et la culture à la tutelle des pouvoirs politiques.

Quatrième étape enfin : fort de ces convictions et fort du sentiment, donc, que nous sommes en train de consentir, sans presque nous en aviser, à une invraisemblable régression, j'associe mon nom au texte du manifeste lancé par Globe[1] et où il ne

---

1. Manifeste lancé par Georges-Marc Bénamou et signé par des intellectuels et des personnalités de tous bords, en faveur de la privatisation de TF1.

s'agissait de rien d'autre, en définitive, que de mener jusqu'à son terme le processus de libération des ondes entamé par le président Mitterrand. La voix de la France, c'est fini, disait en substance ce texte. La ringardise culturelle, ça devrait commencer de finir. Et vivement un système équilibré où un authentique secteur privé viendrait inquiéter, stimuler, concurrencer les pesanteurs du secteur public. C'est le cas en Italie. Pourquoi la règle ne vaudrait-elle pas en France ?

Voilà. Libre, à partir de là, aux gardes-chiourme professionnels de crier à l'inconséquence. Libre à tel démagogue d'insinuer que je me serais, chemin faisant, vendu à je ne sais quelle puissance d'argent. Et libre, surtout, à la troupe des girouettes qui se sont trompées sur le Goulag, reniées sur le Cambodge, parjurées sur la plupart des grandes questions de l'époque, libre à ceux qui ont tourné cent fois leur veste et avalé les mille couleuvres qu'a pu leur imposer l'abjuration programmée des partis, de prétendre me donner des leçons de conduite et de cohérence. Si cette histoire a un intérêt c'est, bien sûr, qu'elle dépasse mon simple cas. C'est qu'elle concerne, au-delà de moi, tous ceux qui ont le souci de voir notre pays entrer, dans ce domaine, sur les chemins d'une vraie modernité. Et c'est qu'elle montre bien, du coup, de quels archaïsmes spontanés, de quelles adhésions obscures ou de quelles croyances incritiquées il nous faudra pour cela triompher.

Jusqu'à quand persisterons-nous dans nos querelles d'académie ? Et en serons-nous encore à disputer des supposés mérites d'une télévision d'État à l'heure des satellites, des antennes paraboliques ou des espaces géo-stationnaires de demain ? Léon Trotski, en 1931, redoutait que la France n'ait manqué sa révolution capitaliste. Je me demande, lorsque je vois dans quels étranges marécages s'enlise le débat, si elle ne serait pas en train de rater, cette fois, sa grande révolution médiatique. Français, encore un effort : il nous reste pas mal de route à faire, hélas, avant d'avoir *vraiment* « la meilleure télé du monde »...

(Juin 1986)

UNE ARROGANCE
TRANQUILLE ET GAIE[1]

Il y a Le Pen d'abord. Je veux dire le « phénomène » Le Pen. L'existence même de Le Pen en France. Le fait que je vive, que nous vivions dans un pays où un parti raciste, xénophobe et ouvertement néo-fasciste puisse recueillir ainsi 10, 12, 15 p. 100, je ne sais plus, des intentions de vote. Et le fait que l'on ne puisse pas le combattre, ce parti, qu'on ne puisse pas le condamner, qu'on ne puisse pas s'interroger, par exemple, sur le passé de tortionnaire de tel ou tel de ses dirigeants, sans contribuer, je ne sais par quel mystère ni quelle infernale dialectique, à consolider encore ses prétentions, ses positions... Je suis de ceux qui, épouvantés par le spectacle, songeaient depuis un moment déjà que ce « n'était plus possible », que ça « ne pouvait plus durer », qu'il faudrait un jour ou l'autre essayer de « faire quelque chose ». Et c'est la première raison qui veut que, lorsque ses fondateurs sont, il y a quelques semaines, venus me parler de

1. Cet article, paru dans *Le Matin*, était destiné à annoncer la première conférence de presse de « S.O.S. Racisme » tenue le jour même, autour de Harlem Désir, avec la participation de Coluche, Marek Halter et moi-même.

S.O.S. Racisme, j'aie, sans la moindre hésitation, accepté de les parrainer.

Il y a la banalisation, ensuite. Je veux dire la normalisation. L'indifférenciation. Le fait que la France soit un pays où l'infamie soit en train, tout doucement, sans tambours ni trompettes, de retrouver droit de cité. Et le fait que tout ça, toute cette bassesse, toute cette misère, toutes ces municipales ou cantonales ouvertement menées, désormais, sous la bannière de la haine et de l'exclusion, finisse par faire partie de notre paysage familier. Plus de tabou, dit l'air du temps. Plus de barrière ni d'interdit. Les opinions, toutes les opinions, se valent et s'équivalent. Et le racisme, lui non plus, n'est rien qu'une opinion, semblable à toutes les autres et à laquelle il ne nous reste que d'opposer, si nous le pouvons encore, une « contre-opinion » antiraciste. J'ignore s'il y a, dans la France actuelle, beaucoup plus de racistes qu'hier ou avant-hier. Mais ce que je sais, en revanche, c'est que le racisme, en tant que tel, y est mieux accepté, mieux acclimaté, mieux intégré à l'ordre du discours commun, qu'il ne l'a jamais été. Et c'est la seconde raison qui fait que je souhaitais, moi aussi, avant qu'il ne soit trop tard, crier mon S.O.S.

Dira-t-on que c'est un peu court pour le crier si haut et fort ? Que c'est trop tôt ? Trop mince ? Que le moment est mal choisi ? La situation pas assez mûre ? Que la « vague », comme on dit, n'est pas assez haute encore ? Ce qui me plaît chez ces jeunes gens c'est que ce type de question n'a tout à coup plus de sens pour eux. Qu'ils n'avaient aucune, mais alors vraiment aucune envie d'attendre, pour agir, qu'on ait flingué un Turc de plus, défenestré deux nouveaux Arabes, organisé une vraie belle ratonnade. Ce qui me plaît c'est qu'au lieu de vivre leur antiracisme dans cette étrange incertitude de soi où l'ont souvent vécu leurs aînés, au lieu de le concevoir comme une espèce de tare ou de maladie honteuse qu'il conviendrait de cacher, d'avouer à demi-mot, de ne dévoiler que le plus tard, le plus habilement et prudemment possible, eux l'assument au contraire. L'affirment. L'affichent même. Et le font sans crainte, sans complexe, sans réserve... « Le fascisme ne passera pas », ânonnaient leurs aînés, après l'avoir généralement — et honteusement — laissé passer. « *Touche pas à mon pote* », lancent-ils, eux, à présent, non sans un soupçon d'arrogance tranquille et gaie qui n'est, je dois l'avouer, pas non plus pour me déplaire.

Car je n'ai pas dit, je m'en aperçois, la gaieté de ces gens. Je n'ai pas dit leur positivité. Je n'ai pas dit combien leur parole tranche avec la grisaille des militances d'autrefois. Et je n'ai pas dit combien, aujourd'hui surtout, en ces temps de régressions et de restaurations généralisées, elle tranche avec l'essentiel de ce qu'on entend partout... Car regardez-les donc. Regardez Harlem, Fatima, Thaima et les autres. Écoutez Julien, Hervé, Laurence, jeunes « Français innocents » qui luttent au coude à coude avec leurs frères immigrés. Je ne crois pas être à l'âge, encore, où l'on s'émerveille des prestiges de la « jeunesse » en tant que telle. Mais je ne crois pas me tromper, néanmoins, en disant qu'il y a sur ces visages une autre image de l'humanité que sur la trogne des fascistes du Front national — et, dans leurs discours, une tout autre leçon d'espérance que dans le morne « Bébête show » de la classe politique contemporaine. Pour moi, en tout cas, le choix est clair — et clair le parti à prendre : c'est à leurs couleurs que, dorénavant, je rêverai la France de mes enfants.

(Février 1985)

JEAN-PAUL II AVEC MOI !

« *Vous avez récemment déclaré à la télévision que vous n'étiez pas croyant...*

— Une minute. Je n'ai pas attendu la télévision pour faire cette fracassante déclaration. Je n'ai pas cessé de le dire depuis des mois et des mois. Et d'abord, dans *Le Testament de Dieu*, qui porte tout entier sur cette question : que représente Dieu, que signifie le monothéisme, que veut dire le recours judéo-chrétien pour quelqu'un qui, fondamentalement, n'a pas la chance d'être croyant... ?

— *Certes ; mais ma question était : à un non-croyant comme vous, quelles réflexions inspire la visite de Jean-Paul II en France ?*

— Je voudrais, si vous le permettez, commencer par vous répondre en mécréant. Ce que je ressens, c'est d'abord une infinie commisération. Car je ne suis pas sûr qu'il sache, le Très-Saint-Père, dans quel incroyable nœud de vipères il s'apprête à tomber. Dans quel dérisoire jeu de forces et de rivalités politiciennes il va débarquer. Avec quel acharnement et quelle fébrilité ils fourbissent déjà leurs armes, les petits chefs de partis français, en prévision de sa visite...

— *Vous voulez dire que cette visite sera politiquement « récupérée » ?*

— Je veux dire que Jean-Paul II a un message spirituel à livrer aux Français. Et que ce message est, d'ores et déjà, recouvert par le grand charivari des rivalités de boutiques. Regardez les journaux ; ce qui intéresse tout le monde, c'est, au fond, de savoir : quel est le candidat de Jean-Paul II ? Pour qui votera Jean-Paul II ? Je ne suis pas chrétien ; mais tout ce vacarme, toutes ces basses manœuvres pour se pousser du col, me paraissent dérisoires et un peu écœurantes.

— *N'est-ce pas aussi une preuve de l'importance de sa visite ?*

— C'est en tout cas un hommage à l'importance de son magistère. Signe des temps : après être allé quérir sa réélection à Moscou, Giscard va la chercher au Vatican. J'estime, cependant, que le Pape a des choses plus fondamentales à dire aux Français que de leur indiquer le « bon choix ».

— *Des centaines de milliers de personnes vont essayer de voir le Pape. Comment interprétez-vous cet engouement ? Curiosité ? Folklore ? Regain d'intérêt pour les questions religieuses ?*

— Tout cela à la fois, probablement. Mais avec, aussi, quand même, le sentiment confus, dans une large fraction de la population, que le christianisme n'a pas fini d'adresser au monde son message. Et qu'il a plus que jamais, en ces temps de détresse et de barbarie, son mot à dire sur les affaires du siècle.

— *Jean-Paul II peut-il, à votre avis, jouer un rôle pour réduire les tensions politiques, sociales, raciales ?*

— « Réduire les tensions », je ne sais pas. C'est une expression qui me rappelle trop le vocabulaire politique institué. Je ne vois pas, moi, Jean-Paul II comme un de ces « hommes de sang-froid » dont nous entretenait le chef de l'État le soir du 31 décembre. Mais plutôt comme un des très rares responsables qui osent encore tenir le langage de la justice, de l'humanité, des droits de l'homme... Ezéchiel nous dit, dans l'Ancien Testament, qu'il suffit parfois à l'humanité, pour retrouver honneur et dignité, d'avoir « un prophète au milieu d'elle » ; quelqu'un, si vous préférez, qui témoigne, même seul, contre la barbarie : eh bien, Jean-Paul II peut être cet homme-là ; il peut, il doit être ce prophète-là...

— *Vous estimez donc qu'il a son mot à dire, par exemple, sur l'actuelle crise internationale ?*

— Oui, et ce mot-là pourrait résonner comme un désaveu cinglant à tout le fatras verbeux des voix autorisées en la matière. Il est le seul qui, par exemple, pourrait dire combien elle est intolérable, cette nouvelle religion de la fin du XXe siècle qui s'appelle la « détente » et qui exige qu'on sacrifie aux calculs froids des despotes quelques millions de paysans afghans...

— *Il s'est exprimé, déjà, sur des sujets de ce type.*

— Bien sûr. Mais le danger, le risque, c'est qu'il s'exprime comme les autres. C'est qu'il parle en « responsable ». C'est qu'il se comporte en chef d'État, c'est-à-dire comme un Carter, un Giscard ou un Brejnev évangélique. Alors que ce qu'on attend de son autorité spirituelle c'est qu'elle casse le consensus. Qu'elle rompe une bonne fois avec le vrai programme commun de la classe politique mondiale. Ce programme commun dit : tant pis pour les Afghans, les Cambodgiens, les Russes, — leur martyre est nécessaire, légitime, inscrit dans l'ordre de la paix ou de l'équilibre du monde. Rompre ce programme commun ce serait dire : la souffrance des hommes de Kaboul, de Moscou, de Phnom Penh est notre souffrance à tous — et c'est là que se joue le destin de l'espèce humaine aujourd'hui.

— *Autrement dit, vous trouvez que l'Église catholique ne s'engage pas assez dans la lutte pour les droits de l'homme ?*

— Je pense que l'accession au trône de Pierre d'un pape polonais a été un événement capital. Que ce pape de la dissidence a bien souvent exprimé à voix haute la pensée des millions et des millions d'hommes qui luttent, de par le monde, contre l'oppression et la torture. Mais que, effectivement, cette parole demeure encore timide. Le vrai clivage d'aujourd'hui c'est celui du terrorisme — de tous les terrorismes — et des droits de l'homme — les droits de l'homme indivisibles. Or, dans cette affaire des droits de l'homme, le judéo-christianisme a un rôle tout de même singulier à jouer : puisque c'est lui, on l'oublie trop, qui les a inventés...

— *Vous parlez souvent de judéo-christianisme. Quel contenu mettez-vous sous ce mot ?*

— Voilà encore un thème de réflexion pour Sa Sainteté Jean-Paul II. Et c'est mon tour, si vous me le permettez, de poser une question : l'Église catholique a-t-elle toujours conscience que, pour le meilleur et pour le pire, nous avons, nous autres héritiers de Moïse et de Jésus, le même Dieu ? Le pape polonais issu de l'Église la plus antisémite d'Europe sait-il que les régimes totalitaires, eux, ne font pas le détail et qu'ils persécutent juifs et chrétiens ensemble au nom du même délire païen ? En France même, sait-il que la droite néo-fasciste qui relève la tête — et je pense notamment à ce qu'on appelle la « nouvelle droite » — les met, elle aussi, dans le même sac, unis dans un même délire réprobateur ?

— *Il a, partiellement au moins, répondu à la question lors de son voyage à Auschwitz...*

— Oui, partiellement. Trop partiellement, à mon goût. On a noté çà et là que l'Église catholique d'aujourd'hui honorait assurément la mémoire des martyrs juifs. Mais qu'elle les honorait de préférence convertis, christianisés... Mais enfin, trêve de querelle. Pensons plutôt à l'avenir. Jean-Paul II arrive dans un pays qui s'est récemment illustré par certain voyage dans les Émirats arabes. Pourquoi ne rappellerait-il pas quelques vérités aux ignorants qui nous gouvernent ? Pourquoi ne leur rappellerait-il pas quelques chapitres de cette « Histoire sainte » qui est aussi notre Histoire tout court ? D'un mot, pourquoi ne dirait-il pas, par exemple, qu'Israël n'est pas seulement la terre des juifs, mais qu'elle est aussi une terre métaphysique, une haute terre de songe et de pensée où s'enracinent les plus hautes valeurs de la civilisation occidentale ?

— *Que voulez-vous dire ?*

— Rappelez-vous la scène fameuse de Giscard observant à la jumelle, depuis les collines du Golan, le territoire d'Israël. Eh bien, moi, si j'étais pape, je trouverais ça extraordinairement choquant. Je dirais à Giscard que cette attitude n'est pas seulement une attitude de mépris à l'égard des Israéliens, mais l'expression d'une ignorance crasse quant à ce que représente au fond, j'allais dire ontologiquement, la terre des religions du Livre. D'un mot, je lui dirais que nous sommes tous, que nous sommes tous deux, lui et moi, des enfants d'Israël, des fils de cet Israël métaphorique. Et que c'est pour ça que la politique du Quai d'Orsay est une politique infâme.

— *Et vous, si vous rencontriez Jean-Paul II, que lui diriez-vous ?*

— Ça fait beaucoup déjà, vous ne trouvez pas ? D'une certaine façon, je vous ai tout dit... Du reste, je me suis déjà adressé à lui. C'était la veille de Pâques. Par l'intermédiaire d'une lettre ouverte que je lui avais adressée et qu'avait publiée le journal romain *Il Messaggero*. Je l'adjurais de prendre fermement position sur une manière de génocide dont on parle peu tant il est devenu banal : l'extermination par la famine.

— *Que voulez-vous dire exactement ?*

— Je veux dire qu'il meurt actuellement tous les deux mois, dans les ghettos de la faim, autant de femmes, d'hommes et d'enfants qu'il en est mort en cinq ans dans les camps de concentration hitlériens. Les deux phénomènes, bien sûr, ne sauraient être comparés. Mais ce nouveau massacre, tout de même, a lui aussi des responsables. Ce n'est pas un fléau ni une catastrophe naturelle. Et il appartient aussi, il appartient *surtout* au pape des droits de l'homme de prendre fermement position sur le drame de ces morts-vivants qui meurent tous les jours dans l'indifférence générale. Que Jean-Paul II excommunie les avorteurs, je ne comprends pas très bien, mais peut-être, après tout, fait-il là son métier de pape. Mais qu'attend-il alors, depuis son immense autorité spirituelle, pour condamner les affameurs ? C'est la question que je lui posais. A ce jour, il n'y a pas encore répondu.»

*(Juin 1980, propos recueillis
par Yves de Gentil-Baichis)*

III

CIRCONSTANCES

CARNET ROMAIN

Rome et ses ruines... Rome et sa mémoire... Rome et son histoire... Rome la morte, la mortelle, la morbide... « La base de Rome est un tombeau », disait Michelet... « On y est tellement saisi par l'idée de la mort, ajoutait Mme de Staël, elle y est présente sous tant de formes, qu'à peine si l'on se croit sûr d'être encore en vie. » Et, plus récemment, Fellini, à la veille de tourner *Roma* : « Cette ville est un bien bel endroit pour attendre la fin du monde »... C'est tout ça que j'avais en tête au début de cette dérive romaine. Tous ces textes. Tous ces souvenirs. Tout le souvenir de ces voyageurs qui ont tous été, à un degré ou à un autre, sensibles à ce parfum de maléfice qui plane sur la Ville éternelle — et qui se sont sentis attirés, presque happés, par ce formidable trou noir qui la marque en son milieu... Je n'aime pas les ruines, en général. Et j'aime encore moins ce que, depuis les romantiques, on appelle la « poésie des ruines ». Reste que, dans ce cas-ci, on évite difficilement le lieu commun. Et que si, à mon tour donc, je commence là, ce n'est ni par goût du tourisme, bien sûr ; ni en vertu d'une dilection particulière pour ce « forum » ; mais pour cette raison de fond que Rome est une ville dont les décombres sont *la vérité*.

Piazza Navona... A deux pas de la « Fontaine des quatre fleuves » du Bernin et tout près du non moins célèbre « Tre Scalini » où je déguste depuis vingt ans les plus exquises glaces du monde... Souvenir de flâneries enfantines à l'époque où l'Italie avait encore, pour moi, le visage de *La Strada* et de Monica Vitti... Souvenir, bien plus tard, des meetings politiques monstres qui venaient, d'autorité, chasser les promeneurs, les voleurs à la tire et les marchands de jouets... Souvenir, plus tard encore, de cette nuit où, après un meeting houleux sur « le terrorisme stade suprême du fascisme », je fus poursuivi jusqu'ici par une bande de loubards hystériques qui menaçaient de me « tirer dans la bouche »... Ce matin, pourtant, la piazza Navona est calme. Elle a repris son visage impassible et rieur. On n'y entend plus que le bruit des fontaines et de la ville qui s'éveille. Comme l'Italie des « seventies » est loin ! Comme il est loin, le temps où Panella et ses amis radicaux haranguaient là les foules romaines ! Comme tout ça me semble vieux, tout à coup ! Comme tout ça me semble irréel ! L'époque a changé, décidément. Nous avons *tous* changé. Et cette idée m'émeut bien davantage que le spectacle des ruines de tout à l'heure. Je le dis à Mario, le petit marchand de journaux chez qui je vais, comme chaque matin lorsque j'habite au Raphaël, acheter mon *Messaggero*...

Cette fois-ci, pourtant, je ne suis pas descendu au Raphaël, mais à l'Hassler — au-dessus de la place d'Espagne, tout en haut du grand escalier de la Trinité des Monts. Importance des escaliers à Rome... Presque autant que des fontaines... Davantage, sûrement, que des trois palmiers de la place d'Espagne... Escaliers pour marcher... Escaliers pour monter vers le ciel... Escaliers qui ne mènent nulle part... Escaliers pour rien ni personne... Est-ce que j'aime l'Hassler pour lui-même ? Pour son magnifique restaurant du dernier étage ? Pour son bar, minuscule ? Pour ses dorures ? Pour son luxe ? Pour son concierge plein de science qui m'a appris, à lui tout seul, la moitié des secrets romains ? Tout ça à la fois, bien sûr. Ainsi que, probablement, le voisinage de la villa Médicis où je ne manque jamais, lorsque je suis là, d'aller, quelques minutes, rêver dans les jardins... Ombre de Poussin, d'Ingres, de Vélasquez. Écho de Debussy, de Carpeaux, de Michel-Ange. Spectre aussi, plus sinistre, de Berlioz, le « mauvais Romain » — qui pestait, lui, contre ces « jardins peuplés de singes » et qui trouvait « ce peuple si lâche, si mou, si peu industrieux » qu'il finissait par s'exclamer : « ah ! si ce beau pays était peuplé d'Anglais ! »

Erreur de Berlioz, évidemment... Terrible, monstrueuse erreur... Mais l'Angleterre est là, pourtant. Comme dans toutes les villes *vraiment* civilisées que je connais un peu. Et elle est là, à deux pas encore, juste au pied de la Trinité des Monts, grâce au salon de thé « babington ». Pourquoi babington ? Drôle d'idée... Je ne sais pas... Ce que je sais c'est que l'endroit est charmant ; que les femmes y sont belles ; que c'est là, dans le même immeuble, qu'est mort le grand Keats ; et qu'on y boit un thé presque aussi parfumé qu'au Twickenham, rue des Saints-Pères... Étrange, soit dit en passant, cette manière que j'ai, partout où je vais, sous toutes les latitudes et dans toutes les capitales du monde, de reconstituer ce que je serais presque tenté de baptiser de ce terme générique : « mon Twickenham ».

Miracle de la littérature... Je ne connaissais pas, en effet, la via Monterone lorsque j'ai décidé, dans *Le Diable en tête*, d'y situer la demeure romaine de Benjamin, l'année où, lassé de Paris, de son verbalisme révolutionnaire autant que des camps palestiniens de Beyrouth, il vient fonder ici, dans la mouvance des « brigades rouges », son « organisation terroriste combattante ». Je veux dire par là que c'est au hasard que je l'ai choisie. Au hasard, le numéro de la maison. Au hasard, le café où, tel un vieil étudiant pauvre, il passe ses journées en interminables parties de flipper. Au hasard, encore, la mansarde « sombre, mal tenue » où le retrouve de loin en loin, à chacun de ses voyages, l'énigmatique Alain Paradis. Eh bien, le miracle c'est que c'était ça. Exactement la même couleur, la même odeur, la même atmosphère. Et que lorsque, le cœur battant, j'ai poussé à mon tour la lourde porte de bois de l'immeuble, je me suis rendu compte que je l'avais inventée, elle aussi, telle qu'en elle-même, et en réalité, elle était. Me croira-t-on si je dis que j'ai même cru voir disparaître alors, filant vers l'extrémité du couloir, une longue jeune femme brune, ingrate, qui portait un sac à provisions à la main et qui aurait pu avoir les grands yeux tristes de « la Serena » ?

Retour vers la piazza Navona. Je passe par la via dei Giubbonari : littéralement, la rue des « fabricants de pourpoint ». Puis la via dei Coronari où se trouvent les meilleurs antiquaires de Rome et où je fais, aussi, une ou deux petites escales. Puis, surtout, le Campo dei Fiori, où je ne manque jamais de venir, ne fût-ce que quelques minutes... Voleurs à la tire encore... Petits voyous à l'œil torve, qui rôdent entre les étals... Senteurs suspectes que je n'ai humées à ce point qu'à Bombay et Calcutta, aux abords des hôtels de junkees des années soixante finissantes... Statue de Giordano Bruno où me revient une longue conversation avec Marek Halter au moment où il achevait sa *Mémoire d'Abraham* et où il était venu, comme moi, parler, entre deux chapitres, de « sexualité et psychanalyse »... Ce n'est pas encore l'heure où, comme dit Benjamin, « le crime rôde dans la ville endormie ». Mais c'est celle où, en revanche, le marché commençant de se disperser, arrivent les premiers balayeurs avec leurs lances à eau... C'est l'un des lieux, en tout cas, où Rome perd son visage d'apparat pour laisser poindre quelques-unes des forces les plus obscures qui l'habitent et l'enfièvrent.

Pourquoi fallait-il que j'attende cette dérive romaine pour aller voir *Au-dessous du volcan*, le film tiré par John Huston du roman de Malcolm Lowry ? Pourquoi là, au Farnese, le cinéma d'art et d'essai du même Campo dei Fiori ? Rome bien sûr... Rome toujours... Ce gouffre, cet abîme sur quoi Rome s'édifie... Cette attirance vers le bas, vers le dessous des choses — et, pourquoi pas ? du volcan — qu'on y ressent comme nulle part ailleurs... Rome est un sépulcre. Rome est une catacombe. Densité, massivité, extrême *gravité* de Rome.

(Mai 1985)

LES FEMMES, PROBABLEMENT

Qui des hommes ou des femmes sont les plus misogynes ? Les femmes, bien sûr. Parce qu'elles sont à l'origine de ce qu'on a appelé le féminisme. Et qu'il pourrait bien être, ce féminisme, le discours le plus moderne d'humiliation, d'abaissement, voire de mutilation des femmes concrètes. Relisez un livre comme *Le Deuxième Sexe*. Et laissez-vous aller un instant, comme dit Annie Le Brun, au flot de son matriotisme délirant... Eh bien, si être misogyne c'est réprimer le désir des femmes, travailler à désexualiser leur corps, les enfermer sans sommation dans le ghetto d'un collectif, donner à ce collectif les plus que douteuses couleurs d'une femellitude biologique et tirer à vue, enfin, sur toutes les malheureuses qui s'obstinent à affirmer leur irréductible et singulière révolte, — alors je dis en effet qu'on atteint là, dans le genre, des sommets inégalés. A la lettre, et sans paradoxe, le mouvement dit de « libération » des femmes a été — et demeure — l'une de leurs plus fantastiques machines de servitude...

Bon. Les hommes ne sont pas des saints non plus, bien sûr. Mais il me semble qu'ils ont, sur ce terrain aussi, perdu l'initiative. Quand ils parlent des femmes, ce qui domine désormais, c'est plutôt la naïveté ; l'ingénuité péremptoire ; une sorte, si vous voulez, de candeur un peu niaise... C'est bête — mais moins méchant. Cela dit, attention ! Il y a une chose qui est pire encore que la misogynie. Ou qui en est, plus exactement, le double et le symétrique. C'est disons, la dévotion béate, idéale, idéalisante, idolâtrisante, de l'image de la femme en tant que telle... Prenez d'ailleurs les grands écrivains du XXe siècle qui, à un moment ou à un autre de leur vie, ont sombré dans le cauchemar totalitaire. Ne trouvez-vous pas étrange l'oscillation de Céline par exemple entre une représentation ignoble et presque purulente de la femme et puis tout à coup, le thème de la danseuse au corps plein et radieux ? Ne vous êtes-vous jamais demandé pourquoi quelqu'un comme Drieu, dans un roman comme *Gilles*, n'arrive pas à sortir de l'alternative entre Myriam d'un côté, l'abominable « juive » des premières pages du récit — et puis Dora de l'autre, la mirobolante femme « dorique », aryenne, essentielle ? Et n'est-il pas troublant même, jusque chez les gentils surréalistes par exemple, ce passage constant, et sans demi-mesure, entre l'abjecte prostituée d'une part, instrument de « plaisir à l'état pur » et « viande à acheter, à consommer », comme dit Crevel — et d'autre part la magique, glorieuse, somptueuse, mais désincarnée « femme aux épaules de champagne » chantée par André Breton et dont Aragon dira bientôt qu'elle est « l'avenir de l'homme » ? Si vous voulez mon avis, tout ça n'est pas vraiment troublant. C'est malheureusement, et sinistrement, limpide. Le fascisme, comme d'habitude, a deux styles et marche sur deux jambes. Même si les deux jambes ont, chaque fois, quelque chose du visage de la femme... Misogynie et gynolâtrie, les deux mamelles du malheur...

Non, non, je n'aime pas cette histoire de « type de femmes ». Je crois, en fait, le désir infiniment plus nomade, mobile. Et il me semble que les hommes sont toujours les premiers surpris par la nature, l'objet, le sujet de leur désir. D'ailleurs, je trouve que cette idée est l'une des plus effrayantes qui soit ! Oui, c'est ça : l'idée d'être voué à une femme à laquelle on se veut irrémissiblement fidèle est une idée gaie ; mais celle d'être rivé à un « type » auquel on serait censé être inévitablement reconduit est une idée triste...

Est-ce qu'il y a une spécificité de la femme juive ? Difficile à dire. Et encore plus difficile à définir. Ce dont je suis sûr c'est qu'il y a dans les textes fondateurs du judaïsme un discours qui est, lui, tout à fait spécifique. Et que l'image de la femme que vous trouvez par exemple dans la Bible est une image beaucoup plus « positive » qu'on ne le pense en général. Savez-vous que l'hébreu est une des rares langues au monde où « homme » et « femme » se disent par des mots presque identiques ? Que la Bible est le seul texte sacré qui pose, comme nous le dirions aujourd'hui, l'« égalité » des deux sexes ? Que le judaïsme tout entier est une incomparable école de respect vrai, sans faux-semblant ni feinte dévotion, de la singularité des femmes ? Alors, une « spécificité » de la femme juive, sans doute pas. Mais une originalité du regard juif sur les femmes, sûrement oui. N'en déplaise aux thuriféraires de la morale judéo-chrétienne, être juif c'est, à égale distance du mépris et de l'idôlatrie imbécile, vivre à l'épreuve de cette thèse que j'énonçais dans un de mes livres : les femmes sont des visages avant que d'être des matrices.

Je ne dis pas que la transgression « ajoute » au désir. Mais qu'elle *est* proprement le désir. Qu'elle en constitue le pli, la nervure la plus intime. Et qu'il n'y a à strictement parler de désir que là où l'on pose simultanément une loi — et puis, aussitôt, sa transgression... Désirer c'est, par définition, transgresser.

La plupart des idées reçues sur les femmes sont des idées sottes. Et je dirais que, paradoxalement, elles viennent souvent des femmes elles-mêmes. Dans quel intérêt ? Il y aurait plusieurs interprétations possibles... Mettons la volonté de brouiller les pistes... Un art consommé de la diversion... Une technique très au point du camouflage militaire... Ou bien peut-être aussi le souci d'avoir, si je puis dire, la paix... Je ne suis pas loin de penser qu'il y a, dans la manière qu'ont certaines femmes d'exprimer leur désir, de formaliser leur jouissance, d'assurer le marquage de leur propre corps, comme une obscure volonté de conforter ce qu'elles devinent de l'attente et du fantasme masculins. Voyez les journaux de femmes. Les romans de femmes. Les tout premiers romans des toutes premières femmes de l'histoire de notre littérature. La légende de l'amour courtois contée par les Marie de France, Madeleine de Scudéry, Mme de Lafayette. Ou, plus récemment, les rares mais piteux exemples de littérature érotique écrits ou signés par des femmes.

Je suis convaincu qu'on en apprend beaucoup plus sur le régime réel de la sexualité féminine en lisant *L'Amant de Lady Chatterley* ou, aujourd'hui, Philippe Sollers que le *Venus Erotica* de la douce Anaïs Nin.

L'Argent ? Oui, l'argent reste un atout important pour séduire n'importe qui. A la réserve près, en ce qui concerne les femmes, que, comme disait je crois Pavese, « avant de faire un mariage d'argent elles prennent généralement la précaution de tomber d'abord amoureuses de l'homme qu'elles s'apprêtent à épouser »... Toute plaisanterie mise à part, ça veut dire que les femmes sont là aussi infiniment plus subtiles — et peut-être plus morales — que ne le veut l'entendement machiste vulgaire.

Le nouveau terrorisme c'est bien évidemment la libération sexuelle...
— Parce que les femmes sont censées...
— Parce qu'elles sont sommées... Sonnées... Assignées... Terrorisées... Et qu'il y a, dans cette affaire de « libération », une espèce d'injonction à jouir qui, si j'étais femme, me pétrifierait.
— Pourquoi ?
— Disons que je n'aimerais pas cette obsession du « tout dire » qui saisit nos contemporains. Que je suis fondamentalement rétif à ce naturalisme sans rivage où nous sommes en train de revenir. Que cette nostalgie d'un corps plein, d'un désir pur, d'une jouissance harmonique, d'un sexe naturalisé, d'une bonne nature enfouie mais que la modernité libérerait, — que tout ça, donc, me semble aller à rebours de la liberté vraie du désir.

Bon, chacun sait que les relations entre les hommes et les femmes c'est le sujet sérieux par excellence. Savez-vous ce que dit Sartre dans *Les Carnets de la Drôle de Guerre* ? Il raconte comment, lorsqu'il était enfant, il voulait devenir écrivain pour mieux séduire les femmes.

La première ? Très franchement, je n'en sais rien. Je n'en ai pas la moindre idée. En fait, et sans plaisanter, je crois l'avoir littéralement oubliée... J'ai beau chercher, scruter, interroger les paysages du passé, je ne revois rien qui, de près ou de loin, ressemble à un premier visage. A-t-il même existé ? Il y a des hommes qui aiment figurer leur itinéraire amoureux comme une ligne bornée au commencement et ouverte à l'infini vers l'avenir. Moi, il me plaît assez de rêver l'image inverse : une ligne close sur le futur, bornée au jour d'aujourd'hui — mais ouverte, au contraire, sur l'infini d'un inassignable commencement.

*(Juillet 1983, conversation
avec Fabienne Issartel)*

MARTINEZ CONTEMPORAIN

C'est un geste. Une courbe. Un large mouvement de bras. Un commencement de cercle, peut-être, mais qui aurait, à mi-course, mystérieusement rebroussé chemin. Et un second mouvement, contemporain, qui aurait identiquement reflué même s'il allait, lui, dans la direction inverse. Celui-ci s'inscrit dans un carré. Celui-là dans un rectangle. Ce rectangle, à son tour, dans le nombre de ce carré. Et il y a les cinq bandes de bois, enfin, qui traversent l'ensemble ; arrêtent le double tracé ; retiennent l'élan des doigts ; sèment le bloc de la toile de leurs arêtes grise, rose, bleue, verte, jaune ; et donnent sa ponctuation, alors, à l'épaisse couche de gris, rare et compacte à la fois, qui nappe toute la surface. Contre toute évidence, ça s'appelle *Corinda Birthday Place*. Et c'est déjà, au tout premier regard, un assez extraordinaire *travail d'interruption*.

Voyez maintenant ce disque. Ce quadrilatère. Cet autre disque, donc, à l'intérieur de cet autre quadrilatère. Et le parcours du bras, de nouveau, qui les a tous les deux engendrés ; que l'on devine là, tout proche, frémissant encore dans les craquelures du vernis ; et dont toute la composition, pourtant, semble littéralement tramée pour arrêter l'impérieux élan. Même logique donc. Même principe. Mêmes bandes de bois, notamment, qui strient verticalement le cadre. Mais tout cela poussé, désormais, à l'extrême de son effet... *Cercle et Carré* — c'est le titre, parfaitement homonyme lui aussi, de cette deuxième œuvre — fait mieux qu'interrompre puisqu'il espace la toile ; qu'il raréfie ses objets ; qu'il distend ses intervalles ; et qu'entre les bandes de couleurs bleue, rouge et jaune cette fois, il laisse saillir d'aveuglantes nappes de blanc. Le blanc de l'enduit ? Celui du mince émail qui le recouvre ? Celui de la toile de lin qui affleure aux interstices ? Ou « le monde blanc de l'absence d'objets » dont parle un prestigieux parrain ? Comme tous les vrais artistes, Martinez fait proprement du blanc avec de la couleur ; du vide avec du plein ; du néant avec de l'être ; et du silence avec l'immense et bavarde profusion de ses signes.

Car que disent ses toiles ? Justement, elles ne disent rien. Elles ne signifient rien. Elles portent, au clos d'elles-mêmes, la loi de leur propre lettre. Et si elles me font, personnellement, autant d'« effet », c'est qu'elles sont une exemplaire performance de ce que peut, quand elle s'exerce, la singularité d'un alphabet. Goût des formes pures... Calcul des nombres premiers de l'étendue... Désintégration méthodique de toutes ses unités reçues... Exploration des mille et une manières qu'a le cercle d'être cercle ou le rectangle d'être rectangle... Et ivresse raisonnée devant l'effrayant abîme de ce que, sans parodie, j'appellerais les espaces finis... Tout est là, manifestement, de ce qui a fait connaître, il y a dix ans, l'un des peintres les plus exigeants de cette génération. Rien ne s'est perdu de cette quête d'une géométrie subjective à laquelle il pourrait bien, avec le temps, finir par associer son nom. Et tout s'y est imperceptiblement déplacé, pourtant, avec l'irruption, dans cet univers réglé, d'une gestualité plus libre, plus spontanée, où me paraît tenir une bonne part de la nouveauté de l'exposition d'aujourd'hui. Martinez, comme Twombly selon Barthes, dit le geste. Le plaisir du geste. Ce que vaut, veut, peut le pur lancer d'un geste. Mais aussi, et dans le même mouvement, ce qui l'inhibe, l'empêche ou le force à se réserver. Le reste du geste ? La peinture probablement...

Je viens de citer Twombly. J'aurais pu citer Mondrian. Malevitch. Les riches heures du Bauhaus. La grande aventure moderniste des années trente. Ou le détail d'un rempart de Jérusalem peint par Carpaccio et que j'ai cru voir surgir tout à coup, sans crier gare, dans l'ombre des ocres de la toile intitulée *Les Courtisanes*... Ces références sont disparates ? Elles le sont comme la mémoire. Comme la libre association. Comme la libre circulation des images dans l'imaginaire d'un créateur. Comme tout cet art moderne, dont De Kooning disait un jour qu'il serait « éclectique » ou ne serait pas. Ou comme cette immanquable qualité qu'ont tous les grands artistes, modernes ou non, d'être de tous les lieux, de tous les temps, de toutes les époques à la fois. J'ajoute qu'un peintre dont on a le sentiment qu'il brûle ainsi ses citations ; qu'il est à soi seul, souverainement, toute une histoire ; qu'il est chez lui parmi les peintres, ceux du passé comme du présent, davantage que parmi les choses ; qu'il vit ses propres toiles dans la proximité des toiles qui les ont précédées plus que dans celles du visage, du compotier ou des muets objets qu'elles sont censées représenter — j'ajoute que ce peintre, donc, est toujours, qu'on le veuille ou non, et qu'il en ait lui-même ou pas conscience, ce qu'il convient, au sens strict, de baptiser *un peintre abstrait*.

Quel singulier paradoxe que de devoir encore, soixante-douze ans après la fameuse aquarelle de Kandinsky, plaider pour l'art abstrait ! Et pourtant c'est ainsi. C'est de nouveau ainsi. Ça n'a jamais cessé, peut-être, d'être sempiternellement ainsi. Et ce ne sont ni *Les Réalistes* de Beaubourg, ni *La Documenta* de Kassel, ni la dernière *Biennale* de Venise, ni surtout la récente exposition de Berlin, intitulée *L'Esprit du temps*, qui me feront changer d'avis... Martinez, lui, et en ce sens au moins, ne participe certainement pas dudit « esprit du temps ». Et on le devine à cent lieues de cette tentation néo-figurative où sont en train, depuis quelques années, de régresser les avant-gardes. Verrons-nous revenir ces temps de grand malheur où la barbarie en marche brisait l'aventure moderniste ? Fermait l'école du Bauhaus ? Broyait le grand Malevitch ? Et où les peintres eux-mêmes baissaient doucement la garde, courbaient déjà l'échine, quand ils n'allaient pas au-devant des programmes de liquidation où l'on requérait leur assistance ? Lui, en tout cas, dit non. D'avance non. Définitivement non. Et ce non-là sonne comme un acte, sinon de résistance, du moins déjà d'intransigeance. Qu'on ne compte pas sur l'auteur de *Corinda Birthday Place* et de *Stambul Sweet Sorrow* pour prendre la moindre part au psychodrame réaliste, socialiste, nationaliste que l'époque, sous nos yeux, propose au jeu de ses artistes...

Entendons-nous. Je ne dis pas qu'il faille opposer absolument peinture abstraite et figurative. Et Martinez lui-même dit quelque part, je crois, qu'il préférera toujours une belle figuration à une abstraction manquée. Mais je suis profondément convaincu, en même temps, que le grand art commence avec la volonté de démystifier, de désacraliser, de désenchanter les prestiges de ce monde. Qu'il suppose toujours, à sa source, un désir acharné de rompre le compromis historique, chaque fois pourtant renoué, entre le créateur et la supposée Nature. Et que, jusque dans les plus somptueuses débauches matérielles dont il nous offre parfois le spectacle, il éprouve une haine sourde, sans mots ni merci, contre l'insistance d'une matière qui le sépare de la forme achevée... Eh bien, Jacques Martinez me semble être très précisément dans ce cas. Il m'apparaît comme l'exemple même du peintre dénaturé. J'aime cet acharnement que l'on pressent, sous ses larges coups de spatule, à déserter les « forêts de symboles » où tant d'autres se sont perdus. J'aime que ses couleurs elles-mêmes, une fois étalées sur la toile, paraissent sorties de son rêve et étrangères, derechef, à je ne sais quelle palette de teintes naturelles. Et j'aurais presque envie, s'il me fallait rassembler d'un mot les cent fleurs dont il nous fait présentement don, d'évoquer « l'absente de tout bouquet » chantée par Mallarmé. Face à ses compositions les plus belles, les plus riches, les plus luxuriantes, les plus magnifiquement colorées ou les plus majestueusement architecturées, on aimerait pouvoir s'écrier : « On croirait une Idée. »

Autant dire que je déconseille cette exposition à tous les nostalgiques de l'autre monde. Je veux dire de celui-ci. De ses substances. De ses essences. De ses identités grasses et ruisselantes. Et de ses organismes pleins, bouchés et tout gorgés de sombres humeurs. Arrière les apôtres du retour au concret, à la jouissance des choses mêmes ! Au diable les névrosés de la matrice, qu'obsède la haine du signe, de la forme, de la médiation, de l'abstraction en général ! Ailleurs les croyants impénitents en un inconscient collectif dont nous serions tous, uniment, unanimement, organiquement les fils ! Et tant pis pour les nostalgiques de la communauté bonne, rassemblée sur elle-même, rendue à sa transparence, parce que solidairement entée dans l'assurance de sa terre, de sa race, de sa nation ou de ses corps ! Cette peinture, de fait, n'est pas pour eux. Elle ne sera jamais pour eux. Ils ne pourront que la haïr et, un jour peut-être, la brûler. Car je crois que l'on n'y entend rien si l'on n'a, une fois au moins, éprouvé le désir de n'être de nulle part. Produit d'aucune souche. Enfant de nulle racine. A distance infinie du monde et de ses plus obscènes adhérences. Et reconduit à cet univers de pures formes où s'allègent, brusquement, toutes les pressions communautaires. Pourquoi ne pas dire que, pour ma part, en face de cette dizaine de toiles enfin débarrassées de ce qu'on a appelé l'interminable poisse du sens, j'ai commencé de *respirer* ?

Oui, je sais... Je sais toute la prudence requise quand on profère des affirmations de cette espèce. Je connais un peu l'histoire, pitoyable bien souvent, des rapports entre les artistes et les écrivains qui, avant moi, ont tenté de retrouver pour leur compte la « vérité en peinture ». Je connais les réticences de Martinez lui-même, dans les très rares textes qu'il a voulu jusqu'ici rendre publics, à l'égard de « cet esprit littérateur » dont Cézanne disait déjà qu'« il fait si souvent le peintre s'écarter de sa vraie voie »... Mais comment faire autrement ? Comment résister au plaisir de s'y risquer ? Comment ne pas saluer, aujourd'hui, l'un des rares artistes que je sente réellement engagé dans le pari de modernité auquel, de mon côté, je tâche de m'obliger ? Et comment ne pas reconnaître, surtout, l'un des derniers — ou peut-être des premiers — tenants de cette beauté « libre », « errante », « non adhérente », et donc littéralement « sublime », dont parle le philosophe et dont les peintres de ce temps semblent parfois sur le point de laisser s'égarer la voix ? A ceux qui s'étonneraient du style, du ton, de la radicalité même de cette prise de parti, je réponds par avance que ce n'est pas tous les jours que l'on croise le chemin d'un homme dont on se devine, en tous les sens, *contemporain*.

(Janvier 1983)

INSOUTENABLE LÉGÈRETÉ
DE PHILIPPE SOLLERS

Je vois trois bonnes raisons au moins de lire, toutes affaires cessantes, le dernier livre de Sollers[1].

La première c'est qu'il y a peu d'écrivains capables, par les temps qui courent, de nous parler avec autant d'éloquence et de compétence de littérature que de science, de musique que de peinture, de théorie informatique que d'histoire des religions ou de la psychanalyse.

La seconde c'est que je n'en vois pas beaucoup non plus qui puissent se targuer de réunir ainsi, sans y rien raturer ni ajouter, des textes d'âge différent, écrits il y a parfois dix ou vingt ans mais qui, mis bout à bout, dans l'ordre linéaire du livre composé, n'en paraissent pas moins, tout à coup, miraculeusement contemporains — je n'en connais pas qui, en d'autres termes, aient si peu varié dans leurs choix fondamentaux et se soient, n'en déplaise à la légende, finalement si peu trompés.

Et puis, la troisième raison, enfin, c'est qu'à

1. *Théorie des exceptions*, Gallimard, 1986.

travers tous ces textes, à travers ces vagabondages littéraires ou artistiques, il y a une question clef qui, peu à peu, se pose, s'impose, s'entête et domine l'ensemble. Cette question c'est, en un mot, celle du statut, dans notre culture, de ce monstre très singulier qu'elle appelle un écrivain. Même si Sollers n'est bien évidemment pas le premier à s'en soucier, il reste qu'il le fait avec une élégance, une insolence et, pour tout dire, une intelligence dont nous avait déshabitués le prêchi-prêcha environnant.

Car un grand écrivain, nous explique-t-il en substance, c'est déjà quelqu'un qui, par principe, ne peut pas être un prêchi-prêcheur. C'est quelqu'un qui, en aucun cas, ne peut jouer les maîtres de morale ou de vertu. C'est quelqu'un qui, le voudrait-il, serait physiologiquement incapable de donner à ses semblables je ne sais quelles raisons de vivre, de croire et d'espérer. Et le comble est que, à tout prendre, il n'est vraiment ce qu'il doit être — un grand écrivain, précisément — que lorsqu'il est en mesure de démanteler, au contraire, les pauvres raisons de vivre, de croire ou de persévérer dont les humains, dans leur détresse, peuvent être tentés de se bercer.

C'est le cas de Kafka, par exemple, répétant aux optimistes qui l'entourent que le monde n'est que meurtre, lynchage généralisés. C'est celui de Faulkner clamant que l'Histoire est un horrible mélange de bruit et de fureur conté par un idiot. C'est celui de Joyce, encore, acharné à démentir l'idée, si rassurante pourtant, d'une langue naturelle, naturellement offerte aux sujets parlants. C'était celui de Baudelaire déjà, non moins acharné à dissiper l'illusion d'une harmonie possible des chairs, des désirs ou des étreintes. Bref, c'est le cas de la plupart de ces écrivains que l'on a pris l'habitude,

Dieu sait pourquoi, de baptiser « modernes » quand tout leur effort semble être, en fait, de réintroduire en littérature l'idée, le dogme d'un péché originel dont la modernité, justement, avait cru pouvoir se passer. La vérité, nous dit Sollers, toujours, c'est qu'il n'y a pas d'entreprise littéraire majeure qui, en ce siècle comme au précédent, ne se soit astreinte à ce face à face difficile, parfois tragique ou mortel, avec le fond de haine ou de maléfice qui est, même si elles n'en ont pas toujours conscience, le plus obscur secret des sociétés.

De là, bien entendu, la sourde malveillance dont ils sont fatalement victimes de la part desdites sociétés.

De là ce climat de méfiance, de suspicion ou d'exclusion où ils sont toujours, peu ou prou, tenus de vivre.

De là que, contrairement aux apparences, aux discours officiellement tenus, aux honneurs mêmes qu'on leur prodigue, il n'y a pas une communauté au monde qui ne travaille de toutes ses forces à empêcher leur émergence.

Et de là, quand ils émergent tout de même et que, par un incalculable concours de circonstances et de coups de chance, ils réussissent à déjouer les forces qui les condamnaient, l'irrémédiable solitude où ils se complaisaient eux-mêmes. Car il est difficile, n'est-ce pas, de savoir tout ce qu'ils savent sans en tirer quelque leçon. Il est difficile de connaître la vérité de l'odieux petit manège sans être tenté, fût-ce en rêve, de s'en excepter. Et l'on voit mal comment ils pourraient clamer que le monde n'est qu'une succession de meurtres et de massacres sans se résoudre, comme dit l'autre, à bondir hors du rang des meurtriers...

L'écrivain vit, dira-t-on ? Il partage le sort commun ? Il va, il vient, il souffre, il se bat même ou il « milite » de la même façon, après tout, que le plus modeste militant ? Oui, bien sûr. Mais il ne faudrait pas beaucoup pousser Sollers, il me semble, pour lui faire dire qu'il y a dans cette agitation toute une part de feinte et de semblant. Il ne faudrait pas longtemps le solliciter pour lui faire admettre qu'ils sont là, ces écrivains, sans être tout à fait là, absents à notre monde tout en y étant présents. Et je ne suis pas loin de penser moi-même qu'on verrait beaucoup plus clair, par exemple, dans le fameux problème de « l'engagement » des clercs si l'on acceptait de prendre la mesure de toute cette dimension de comédie qui s'y trouve probablement investie — comme si tous ces combats, toutes ces adhésions absurdes et parfois inexplicables étaient comme un tribut qu'ils acquittaient, pour prix de leur monstruosité, à la communauté dont ils s'écartent.

Philippe Sollers lui-même pourrait bien être, du reste, l'illustration de cette règle. Il pourrait bien avoir été plutôt, à l'heure de ses ferveurs politiques, le vivant témoin de cette tentation. Et s'il a changé depuis ce temps, s'il a gagné en lucidité ou, ce qui revient au même, en profondeur, c'est qu'il ne se sent plus contraint, par exemple, quand il parle de Joyce, de nous dire que *Finnegan's Wake* est aussi le grand livre antifasciste des années 30 ; c'est qu'il ne se sent plus sommé, quand il discute des *Démons* de Dostoïevski, d'en faire aussi le précurseur de la pensée antitotalitaire d'aujourd'hui ; bref c'est qu'il ose à présent, et pour la première fois peut-être, aller au bout de l'intuition qui était de toute éternité la sienne même s'il reculait parfois devant ses risques et périls : l'apparition d'un écrivain est un phénomène déchirant, bouleversant, exorbitant à toute espèce d'entendement politique ou communautaire.

Cela aussi, *Théorie des Exceptions* nous le dit. Et ce n'est pas le moindre mérite, à mes yeux, de ce livre que de nous donner à lire l'itinéraire d'un esprit qui, peu à peu, au fil des pages et des années, se départit de ses pesanteurs.

Insoutenable légèreté de Philippe Sollers.

(Avril 1986)

COMME UNE FILLE ENLÈVE SA ROBE

« Il y a quelques années, avec ce qui s'est appelé la « nouvelle philosophie », vous inauguriez un nouveau rapport des intellectuels aux médias. Notre génération — qui n'est pas celle de Sartre et de Camus — a en effet longtemps vécu avec l'idée que la télévision et la grande presse ne pouvaient que travestir, édulcorer, anecdotiser tout ce qui relève de la pensée. Aujourd'hui encore, les attaques dont vous êtes l'objet reviennent souvent à critiquer, au-delà de vos idées, votre attitude envers les médias. Que pensez-vous de ce mépris, de cette timidité peut-être, des intellectuels de notre génération envers les médias populaires ?

— Je comprends assez bien ça. Je ne vous dis pas que je partage, mais je comprends, et je ne condamne donc pas tout à fait ces attitudes de distance vis-à-vis des médias populaires. Car enfin, vous savez comme moi les problèmes que ça pose. Le malentendu que ça ne peut manquer d'induire pour un écrivain qui, comme tous les écrivains authentiques d'ailleurs, ne se justifie que de son extrême solitude. Je suis revenu, à cet égard, de l'illusion un peu naïve selon laquelle la télé permettrait à un texte d'aller « à la rencontre » de ses lecteurs. Je ne crois plus beaucoup à cette idée que le texte en question, sous prétexte que son auteur « passe à la télé », deviendrait, du coup, miraculeusement lisible et accessible.

Alors, oui, en ce sens, je suis atterré, moi aussi, par les grands médias populaires. Je n'ai pas le sentiment d'y rencontrer vraiment qui que ce soit. Je ne peux pas me défaire de l'idée que la reconnaissance qu'on y gagne va à rebours du pari d'extrême singularité que suppose une œuvre d'écriture. Vous connaissez le mot de Nietzsche qui disait qu'« on n'aime plus assez sa connaissance dès lors qu'on la communique » ? Et cet autre où, dans *Ecce Homo*, il déclarait vouloir « *susciter la plus extrême défiance* » ? Eh bien, cette volonté-là, je ne connais pas un écrivain, pas un philosophe, qui ne la fasse peu ou prou sienne. Comme s'il savait que le cercle de ses lecteurs est un peu comme ces sociétés secrètes, ces communautés d'élection qui ne sont ni tout à fait d'ici ni tout à fait de ce temps. Comme s'il y avait au cœur de tout projet d'écriture une volonté sourde de désaveu. Je veux dire d'être désavoué. D'être *consacré* par le désaveu. D'être reconnu par la méconnaissance. De ne surtout pas « rassembler », faire « lien », faire « communauté », comme est censé faire le médium audiovisuel.

Pour toutes ces raisons, je ne parviens pas à condamner les réactions dont vous parlez. Elles me paraissent nécessairement liées à une époque où l'idée même d'un public, d'une assemblée identifiable de lecteurs est devenue une idée impossible. Elles me paraissent appartenir à un temps où, comme le dit, je crois, Foucault, l'écrivain est, plus que jamais, quelqu'un qui écrit *en l'absence de tout public*. Pour dire les choses autrement : il faudrait un nouvel « âge classique » avec ses mécanismes de reconnaissance, ses codes de conformité, ses règles de bienséance et d'harmonie littéraire pour que les écrivains modernes puissent se plier sans rechigner à la discipline télévisuelle.

— *C'est un peu paradoxal d'entendre cela dans votre bouche...*

— Non, car il y a, si j'ose dire, une solution. C'est de traiter l'audiovisuel autrement que comme un appendice de la plume, un supplément à la lettre, un prolongement du livre. Autrement, c'est-à-dire comme un genre culturel, esthétique à part entière qui ne soit pas seulement « doublure » de littérature. Ce que j'ai compris, en ce sens, c'est qu'il fallait à la télévision faire tout autre chose que présenter des livres, voire énoncer des thèses ou, encore moins, développer une philosophie. Il faut plutôt essayer d'y inventer une langue, sa langue, aussi radicalement inouïe que l'est la langue de la lettre...

Les gens, si vous voulez, qui font le procès d'une émission comme *Apostrophes* en disant qu'on ne peut pas y exposer dans leur finesse, leur subtilité et leur complexité des thèses neuves ou difficiles enfoncent des portes ouvertes. Mais ce qu'ils n'ont pas compris c'est qu'*Apostrophes*, justement, n'est pas du tout là pour ça. Si le plateau de Pivot n'est évidemment pas une annexe du C.N.R.S., c'est en revanche un formidable révélateur. Si ce n'est pas chez lui qu'on verra jamais quelqu'un inventer en direct une philosophie nouvelle, c'est l'endroit où, en revanche, les discours viennent passer la plus redoutable, la plus terrible et peut-être aussi la plus importante des épreuves : l'épreuve de leur vérité. Et s'il est vrai, je le répète, que ces dix ou douze minutes de spectacle ne tiendront jamais lieu de deux, trois ou dix pages de travail conceptuel, elles n'ont pas leur pareil en revanche comme opérateurs de vérité, et donc de style.

Et là, Pivot est génial. Il ne pardonne pas. Il ne pardonne rien. Pas la moindre faute de goût. Pas la moindre faute de style. Pas le moindre flottement dans l'authenticité du discours. Combien de penseurs révélés là ! Combien de démasqués, vite, en quelques secondes à peine, qui ne résistèrent pas à l'épreuve de la voix, du corps, de la langue incarnée ! Une émission d'*Apostrophes*, c'est un endroit où, selon la formule de Bataille, on pense comme une fille enlève sa robe. Le seul endroit où on pense avec sa peau, avec son sexe, avec son corps tout entier. Alors, mesurez à partir de là la fantastique imbécillité de ceux qui se spécialisent dans le procès de l'émission ! La prodigieuse pusillanimité, je veux dire la fabuleuse tartuferie de ces gens ! L'énorme dénégation, le formidable symptôme qu'il y a derrière tout ça ! Alors là je vous réponds précisément : le mépris ou la méfiance dont vous me parliez ont, en fait, quelque chose de profondément *obscène*.

— *Que voulez-vous dire quand vous dites qu'il faut traiter la télévision autrement que comme un appendice de la plume ?*

— Il faut lui rendre sa dignité. Son statut. La souveraineté de sa langue. Pourquoi la télé serait-elle de la littérature mise en images ? Pourquoi se cantonner à mettre des thèses en spectacle ? Et n'est-ce pas ne rien comprendre à rien que de mettre entre parenthèses le poids, l'influence de l'image sur le sens de ce qui est dit ? C'est le fameux mot de Mac Luhan sur le médium et le message. Ça veut dire que le message n'est pas le même après passage par le médium. Tout change, tout bascule dès lors que ça passe au filtre, au tamis de la télévision. Et c'est une autre langue, une autre façon d'agencer les mots, une autre syntaxe et un autre vocabulaire dont la nécessité, soudain, s'impose.

Compte tenu de cela, je ne suis pas très loin de penser que la « télégénie » peut être une vertu intellectuelle aussi grande que le « talent littéraire » par exemple. On en dit autant, et on dit des choses aussi importantes, même si ce ne sont pas du tout les mêmes, par un *effet de voix* que par un *effet de lettre*.

*— Preuve de l'attitude de crainte et de rejet de la télévision, les réactions à la projection d'*Holocauste, *ce film américain présenté en feuilleton sur nos écrans il y a deux ou trois ans. Certains intellectuels ont dit qu'il était honteux de faire de la tragédie du peuple juif un divertissement ; que ce film n'avait pas un statut différent de celui des autres superproductions américaines ; et que le génocide ne servait là que de prétexte à une nouvelle superproduction, etc. Qu'aviez-vous pour votre part pensé de cette dramatique ?*

— Du bien, évidemment. Mais la question n'est pas là. Ce qui est intéressant c'est la réaction, plutôt, des intellectuels dont vous parlez. Le fantastique archaïsme que ça révèle quant à leur conception du monde. Leur peur panique de l'image et, au-delà, des pouvoirs, des prestiges, des effets de la parole. L'attitude magique et presque conjuratoire qu'il y a derrière tout ça. Débat vieux comme le monde, d'ailleurs. Ou plutôt, vieux comme la représentation. Comme les anathèmes classiques contre la représentation théâtrale. Sur le fond, on n'est pas allé beaucoup plus loin que Rousseau dans sa *Lettre à d'Alembert sur les spectacles*. Et, de l'autre côté, qu'Aristote dans sa *Poétique* avec sa théorie de la mimésis et de la catharsis.

— *On parle beaucoup en ce moment de « changement ». Une réforme de l'audiovisuel est en cours. Quelle nouvelle télévision et radio souhaiteriez-vous ?*

— Un peu difficile de répondre comme ça, à une aussi vaste question. Mais ce qui me paraît sûr, c'est que l'idée d'un monopole d'État sur la production, la diffusion, l'organisation des ondes me paraît, en soi, d'une arriération sans limites. Mieux, je crois qu'il y a là, dans cette affaire du monopole, et de quelque manière qu'on le réaménage, quelque chose de politiquement assez énorme.

Savez-vous d'où il vient, le monopole ? D'une part d'une loi du 30 juillet 1793 sur le monopole de la transmission des signaux. D'autre part d'une loi de mai 1837 sur le monopole des transmissions télégraphiques. Autrement dit : les parages de la Terreur d'un côté, et une époque, de l'autre, où la liberté de la presse était encore une idée neuve, mal entrée dans les mœurs, et encore moins dans les lois. Ça fait un sacré héritage...

Et en face ? Eh bien, en face, l'article 19 de la Déclaration des droits de l'homme garantissant l'absolue liberté de recevoir des émissions de toutes espèces. Le préambule de la constitution de 46 où il est dit que « *la libre communication des pensées et des opinions est l'un des biens les plus précieux de l'homme* » ; et que « *tout citoyen peut donc parler, écrire, imprimer librement sauf à répondre des abus de cette liberté dans les cas déterminés par la loi* ». Et, enfin, la convention européenne des droits de l'homme qui est, on l'oublie toujours, applicable en

France depuis 1974, et qui dit (article 10) que « *toute personne a droit à la liberté d'expression. Ce droit comprend la liberté d'opinion et la liberté de recevoir ou de communiquer des informations ou des idées sans qu'il puisse y avoir ingérence d'autorités publiques et sans considération de frontière* ».

Cela fait beaucoup. Beaucoup d'infractions, sous nos yeux, aux règles fondamentales censées régir nos sociétés. Et du pain sur la planche encore, pour les défenseurs des droits de l'homme qui auraient tort, je crois, de considérer comme mineure la bataille des radios et des télés libres...

— *Vous avez eu, avec Radio-Kaboul libre, une expérience précise et concrète de radio. De quoi s'agissait-il au juste ?*

— Il s'agissait d'entrer clandestinement en territoire afghan, à partir des zones tribales pakistanaises ; de transporter là une série de petits émetteurs modulation de fréquence fabriqués en Italie sur le modèle des radios libres italiennes les plus perfectionnées ; de les remettre aux forces de résistance afghane, non sans avoir, au préalable, formé des équipes de techniciens ; et d'essayer de couvrir ainsi, au nez et à la barbe des Russes, l'essentiel de l'Afghanistan.

La première mission s'est déroulée en août dernier, sous la responsabilité de Marek Halter, de moi-même et de Renzo Rossellini, le fondateur d'une des plus importantes radios libres romaines, Radio Citta Futura. D'autres ont suivi, apportant de nouveaux émetteurs. Et même si l'opération est encore embryonnaire, je la considère d'ores et déjà comme un succès. Tous les jours, et à l'heure où nous parlons, les moudjahiddin, grâce à ces appareils, transmettent des émissions sur Kaboul. Émissions à caractère politique, militaire, stratégique. Ce n'est pas encore le « network », mais c'est déjà un très réel réseau de paroles libres dans un pays occupé.

Il y a, derrière ce type d'entreprise d'ailleurs, une tradition qu'on a un peu tendance à oublier. Mais à laquelle nous avons, nous, bien évidemment songé. Je pense, bien sûr, à l'émission « les Français parlent aux Français » de 1940 dont nous nous sommes directement inspirés. Mais je pense aussi à l'extraordinaire floraison d'émetteurs de radio libres dans la Tchécoslovaquie de 1968 après que Radio-Prague se soit tue ; et à la non moins extraordinaire façon dont ce réseau, déjouant la vigilance des Soviétiques, se reconstituant après le dynamitage de l'émetteur de Crassov, diffusant les numéros d'immatriculation minéralogique des voitures de la police secrète et transformant le pays en un véritable labyrinthe pour les troupes d'occupation, a, pendant des semaines et des semaines, incarné pour des millions de Tchèques la voix de l'espoir.

Il y a eu aussi, beaucoup plus tôt, dès 1937, « l'émetteur de la liberté » qui diffusait des émissions antinazies et tomba, au bout de quelques mois, entre les mains de la Gestapo. L'émetteur autrichien, dans la région de Horn, qui prend le relais en mai 1938 et exhorte les troupes autrichiennes à résister à l'occupant nazi. En 1958, la fameuse « Radio Rebelde » lancée par le Che et qu'anima Carlos Franqui avant d'être disgracié par Fidel Castro : là aussi, un peu comme ce que nous avons voulu faire en Afghanistan, c'est à des émetteurs radios que le mérite revient d'avoir organisé la guérilla, fait circuler l'information entre ses foyers, provoqué la solidarité du pays avec elle ou assuré la liaison entre le quartier général et les unités de l'armée rebelle.

Je pourrais citer beaucoup d'autres exemples de

ce type. La radio du F.L.N. en Algérie. « Radio Renaissance » au Portugal. Les premières radios libres en Italie et notamment « Radio Alice ». Tout ceci simplement pour vous dire que cette idée de radio en Afghanistan ne nous est pas venue du ciel. Et qu'on passe un peu trop sous silence, quand on parle du mouvement des radios libres, cette part essentielle — et héroïque — de leur histoire qu'est leur participation à quelques-unes des grandes épopées politiques de ce siècle. »

(Avril 1982, propos recueillis par Catherine Francblin)

RÉPONSE A RAYMOND ARON

J'ai lu, cher Raymond Aron, l'article que vous venez de consacrer à mon *Idéologie française*. Il m'a laissé, je vous l'avoue, un assez pénible sentiment. Et je me devais, au nom même de cette familiarité ancienne dont vous gardez, me dites-vous, la « nostalgie », de vous dire en quelques mots pourquoi.

Ce n'est pas que, sur le fond, nous soyons toujours en désaccord puisque je constate, au contraire, que vous corroborez sur bien des points nombre de mes analyses ; que vous expliquez par exemple comment le pétainisme, loin d'être l'improbable parenthèse que veut certaine légende, fit et fait bel et bien « partie intégrante de l'histoire politique de la France » ; que vous montrez, vous aussi, mais avec l'inestimable autorité que vous confère votre passé, en quoi notre Révolution nationale « *n'eut d'équivalent dans aucun pays de l'Europe occupée* » ; qu'évoquant, même, les origines de ce « *fascisme aux couleurs de la France* », vous allez jusqu'à convenir que Sorel, Bernanos, Maurras, Péguy et quelques autres eurent tous ce point commun — qui est la propre définition de ce que j'appelle « *idéologie française* » — de nourrir la même haine des principes de démocratie, de libéralisme, d'individualisme...

Ce n'est pas davantage que je vous range, à cause de cet article, au nombre des truqueurs qui jouent, depuis quelques semaines, à bricoler mon livre et, derrière lui, plus gravement, l'histoire de notre pays. Car, là aussi, j'ai été plutôt sensible à la façon que vous avez de rappeler à la petite troupe que sa fameuse « *École d'Uriage* » fut purement, simplement, et incontestablement une institution vichyste, « subventionnée », dites-vous, par le régime. Je ne puis que me féliciter de lire enfin, sous une plume comme la vôtre, que l'animateur de l'école, l'« admirable combattant » Dunoyer de Segonzac, n'entra en Résistance qu'à l'aube de l'année 1943 et « *demeura* — je vous cite — *longtemps maréchaliste en dépit des lois infâmes* ». Mieux, j'aurais mauvaise grâce à ne pas me réjouir quand je vous vois préciser, à propos d'un autre, le désormais fameux Emmanuel Mounier, qu'il ne « *pouvait pas* — je vous cite toujours — *ne pas retrouver nombre de ses idées dans le "langage" tenu par "les hommes de la révolution nationale"* ». Oui, de tout cela, je pourrais vous savoir gré. Je vous en sais gré, de fait, tant ces menus points d'histoire ont monopolisé l'attention. Et n'y aurait-il que cela dans votre texte, que je vous remercierais d'avoir ainsi mis un terme à cette obscure et grotesque polémique où l'on a voulu, jusqu'ici, m'enfermer...

Seulement voilà. Il n'y a pas que cela, justement, dans votre texte. Vous ne vous contentez malheureusement pas de rappeler ainsi à l'ordre les tenants de ce que Revel nomme drôlement le « lobby d'Uriage ». Mais tout se passe comme si vous le faisiez à regret, poussé par on ne sait quelle fâcheuse nécessité, de cet air légèrement bougon que je vous connais bien et qui vous pousse, aussitôt, à poser cette singulière question : ces vérités d'évidence dont nous convenons tous deux, fallait-il vraiment les dire et les rendre si publiques ? Cette « *part engloutie de son passé* », était-il absolument nécessaire de venir la « *rappeler à un peuple amnésique* » qui s'accommodait fort bien, selon vous, de sa benoîte torpeur ? Ces « *plaies* » dont nous savons, vous et moi, qu'elles béent au flanc de la France et que, purulentes jusqu'à aujourd'hui, elles ne se sont jamais tout à fait « cicatrisées », y avait-il urgence à les sonder de nouveau ? Vous répondez que non. Je pense, moi, que oui. Et là commence notre débat — et le malaise dont je parlais en commençant.

Car enfin, quel extraordinaire aveu, tout de même, dans la bouche d'un homme qui, comme vous, a toujours vu dans la lucidité et le service de la vérité, l'honneur et la grandeur des intellectuels ! Quel renfort inespéré au camp des receleurs de morts, qui savent mieux que quiconque que c'est en aveuglant les hommes aux blessures de la veille qu'on les rend si parfaitement vulnérables aux armes du lendemain ! Quelle formidable caution à ces experts en révision qui, de plus en plus hardiment, vont partout clamant que l'heure est venue d'oublier, de baisser enfin la garde et d'entrer doucement dans la douce saison du sommeil ! Votre article, curieusement, m'a fait penser à celui d'un de vos disciples qui propose, lui, ailleurs, d'« *oublier* » tout bonnement mon livre, sans s'aviser, le malheureux, qu'il ne fait que reprendre ainsi l'argument d'un procureur pétainiste suggérant, en 1945, de « *rayer* » de notre histoire les quatre années de la honte. J'ai cru y retrouver aussi, et jusque dans les termes, la voix du législateur irresponsable qui, tenant celée l'archive, et donc la mémoire de cette France de la honte, fabrique méthodiquement, depuis trente-cinq ans maintenant, des générations de somnambules, errant dans leur présent. Et je dois vous dire enfin, pour être franc, qu'il y a là, dans cette farouche et insistante passion d'ignorance, un mystère que j'ai quelque difficulté à comprendre.

Oh ! Je sais bien — car vous l'écrivez — que ce qui, dans mon livre, vous tourmente le plus, c'est, au fond, sa signature. Que le fait d'être « *juif* » aurait dû m'incliner à davantage de réserve. Et que mon « *hystérie* » risque d'accréditer l'idée que nous sommes, nous, les juifs, « *encore plus différents que ne l'imaginaient les Français non juifs* »... Mais j'ai trop d'estime et de respect pour vous pour penser un seul instant que vous accordiez vous-même le moindre crédit à un argument de cette nature. Il m'est difficile de croire que vous puissiez reprendre sérieusement à votre compte un reproche que je rencontre d'habitude dans les colonnes de tels hebdomadaires satiriques insinuant que *L'Idéologie française* serait le combat de la « *judéité* » contre la « *francité* ». Et puis, vous m'avez lu de trop près, j'en suis sûr, pour ignorer que c'est en français et comme Français que, comme n'importe quel autre philosophe français, je me suis risqué à cette enquête sur la France noire, dont le thème central, vous ne pouvez l'ignorer non plus, n'est au demeurant pas celui de l'antisémitisme.

Je sais aussi, bien sûr, que vous prétendez ne rien savoir de cette France noire justement, et que vous assumez, depuis quelques années, le rôle un peu ingrat de l'anti-Cassandre professionnel. Je n'ai pas oublié par exemple votre pathétique apparition télévisée, au lendemain de la rue Copernic, quand, face à un pays hébété par le retour inopiné de la Bête, vous nous avez assuré que rien, ou presque, ne permettait de soupçonner un retour du fascisme à la française. Je me souviens aussi de tel navrant éditorial où, quand faisait rage la fameuse querelle autour de la « nouvelle droite », vous avez si imprudemment affirmé n'avoir jamais trouvé la moindre trace de racisme dans les textes de M. de Benoist. Mais je ne suis jamais parvenu, là non plus, à vous prendre vraiment au sérieux. Je vous ai toujours soupçonné d'en dire, chaque fois, un peu plus — ou un peu moins — que vous n'en pensiez. Et même si cette explication me satisfait davantage que l'autre, elle me paraît, elle aussi, un peu courte.

Alors ? Alors, je finis par me demander s'il n'y a pas autre chose. Si, à l'origine de vos tenaces, récurrentes et mystérieuses dénégations, il n'y aurait pas un autre ressort encore. Et si, en bref, vous n'auriez pas simplement et très platement *peur*, une peur atroce, une peur panique, une obscure et folle terreur qui, chevillée au corps, vous nouerait aussi la langue... Car c'est bien de cela — d'une affaire de *pure langue* — qu'il s'agit peut-être au fond. Car c'est bien sur une question de mots — vous parlez de mon « style », de mon goût de la « diffusion de masse » — que vous avez choisi de me chicaner. Car c'est bien sur le rôle, les pouvoirs, les propriétés du discours en tant que tel, que, finalement, nous divergeons le plus. Comme si vous ne saviez, à ce discours, de pouvoirs que maléfiques — cette sourde et inquiétante sorcellerie qu'aime à figurer la vieille mentalité magique et à laquelle vous revenez quand vous dites, et répétez, que c'est en « *en parlant* » qu'on réveille et qu'on ressuscite les démons assoupis.

Permettez-moi de vous dire dans ce cas que je me fais, moi, de ma langue, une bien plus haute idée. Qu'aux archaïques superstitions auxquelles vous semblez adhérer, je préfère cette autre idée que les Grecs, une fois, inventèrent et qui s'appelle *la catharsis*. Qu'au petit jeu des silences apeurés, frémissants, et lourds, toujours, de très sombres menaces, je préfère le jeu plus rude, mais beaucoup plus efficace, de cet *examen* dont la grande tradition judéo-chrétienne nous a légué les clefs. Que, répugnant à prendre le risque d'un hideux et sanglant retour du refoulé, j'ai appris des freudiens la fonction d'un *travail du deuil* qui, enchaînant les démons à l'ordre du discours, les apprivoise et les conjure. Et que l'Histoire est là, enfin, qui nous enseigne que c'est bien souvent la guerre des mots, la guerre dans les mots et par les mots, qui économise et exorcise la guerre des chairs et des humains.

Car tranquillisez-vous, cher Raymond Aron. Je pense que le jour viendra où nous pourrons enfin, et pour de bon, oublier Philippe Pétain. L'heure n'est peut-être pas loin, où nous saurons congédier nos fantômes, increvables morts-vivants, ensablés dans nos consciences. J'ai foi, moi aussi, en une France de lumière qui aura su consommer l'arbitrage, si lent à se jouer, de sa part de résistance et de ses éternels collabos. Mais je pense simplement qu'il y faudra autre chose que ces pieuses frayeurs dont vous nous donnez présentement l'exemple. Et que seuls y auront contribué ceux qui, à mesure de leurs moyens, et à leurs risques et périls, auront pris le parti de rendre la parole à la mémoire.

(Avril 1981)

RÉPONSE AUX MAITRES CENSEURS

Je n'imaginais pas, il y a tout juste un an, quand je rassemblai quelques amis dans les colonnes d'un hebdomadaire, que les « nouveaux philosophes » — c'était le titre du dossier — devraient connaître un jour une si étrange fortune[1]. Nous disions, nous répétions notre refus des clans, des sectes et des chapelles. Je n'ai jamais manqué depuis de marquer la disparité d'écrivains qui n'avaient souvent rien de commun, hors le hasard des biographies. Et voilà que, brusquement, un prétendu « débat » donne corps et unité à ce qui n'en avait point. Une armée de maîtres censeurs s'acharne à enfermer des pensées libres et dispersées. Peut-être ai-je eu le tort d'inventer ou de proposer le *mot* : d'autres auront eu le mérite de construire et de façonner la *chose*. Car la « nouvelle philosophie » est bel et bien née cette fois : mais c'est Debray et Castoriadis qui, paradoxalement, l'ont baptisée.

Je ne me doutais pas non plus, il y a quelques

---

1. Il s'agit du dossier dont *Les Nouvelles littéraires*, alors dirigées par Paul Guilbert, avaient, au printemps 1976, confié la « rédaction en chef » à Bernard-Henri Lévy. Son titre, « Les Nouveaux Philosophes », allait connaître la fortune que l'on sait. (Note de l'éditeur.)

semaines encore, quand je rendis publique ma *Barbarie à visage humain* qu'elle cristalliserait si vite tant de haine et de mauvaise foi, de sottise et de bassesse. Je tentais d'y poser, non sans crainte parfois, quelques-uns des problèmes qui agitent le temps présent. J'y livrais quelques thèses, de nature philosophique, au débat philosophique et accessoirement politique. J'y éprouvais quelques hypothèses dont je savais qu'elles seraient discutées mais pas nécessairement calomniées. Or voilà que, pour des raisons qui m'échappent, le débat dégénère et l'argument cède à l'insulte. Les malentendus s'amoncellent et, derrière eux, les procès d'intention. J'aurais pu ne pas répondre et attendre que le torrent passe. Je prends le parti inverse, car tant d'agitation finit par faire problème.

N'est-il pas extraordinaire en effet de voir, ici et ailleurs, des hommes aussi différents que Debray et Deleuze, Castoriadis et Elleinstein, Poulantzas et Salini se retrouver au conde à coude, toutes tendances confondues, pour dénoncer un « tapage » et une « opération publicitaire » qui désormais leur doivent beaucoup ? En vertu de quelle mystérieuse logique accumule-t-on tant de textes, de fracassantes déclarations pour arriver toujours à cette identique conclusion, décidément bien monotone : les « nouveaux philosophes » ne valent pas une heure de peine et il serait grand temps de revenir aux affaires sérieuses ?

Les vieux loups sortent de leur tanière, les chiens de garde de leur niche, les héros de leur légende. L'un rappelle élégamment ses états de service auprès des princes, des peuples et des révolutions. L'autre réclame à grands cris ses *copyrights* et, pour tout dire, des citations. Un troisième se lamente, tel Birotteau en faillite, du « travail de cochon » qui lui a volé son « siècle ». Nous n'avons jamais prétendu à l'honneur qui nous est fait ; mais force est de constater que si la république des doctes se retrouve au grand complet pour faire barrage à nos livres, c'est qu'elle y trouve peut-être des vérités qui la gênent. Je n'ai jamais cru personnellement détenir de « vérité » ni même avoir « raison » : devant une telle union sacrée, un tel concert dans le blâme, je finis par me demander si je n'ai pas à mon insu touché quelque point sensible.

Lequel ? Je n'en sais rien, et nos dignes contradicteurs se gardent bien de le révéler. Car ce qui frappe dans ce débat, c'est d'abord sa confusion et la curieuse méthode qui y préside... On nous dit qu'André Glucksmann s'est trompé sur Cantor et sur Marx : on ne nous dit pas pourquoi, et où précisément. Mon livre est, paraît-il, nul et non avenu : j'attends la critique de fond qui peut-être m'en convaincra. Tout se passe, en réalité, comme si nous n'avions pas écrit de livres ; comme si nous avions tous écrit à peu de chose près le même livre ; comme si l'on nous parlait de livres que nous n'avons pas écrits. Au cas où cela ne se saurait pas, je rappelle que ni Clavel ni Glucksmann n'ont publié de traité sur et contre l'Union de la Gauche ; que nulle part dans *La Cuisinière* il n'est dit que Mitterrand apporte le Goulag aux Français ; que jamais *L'Ange* ne fait état d'un ralliement de ses auteurs à la politique giscardienne. Experts en amalgames, nos Trissotins du concept ont l'art de noyer les problèmes et de confondre les genres.

Quelle importance puisque l'important, apparemment, ce n'est pas ce que nous disons mais le seul fait que nous parlions ? Puisque le reproche qu'on nous fait, c'est de parler donc d'exister, d'être écoutés donc entendus, d'être « partout » et donc d'avoir — déjà ? — quelque audience ? Passons sur l'idée un peu simple que se font des médias nos censeurs à courte vue. Passons sur leur colossal mépris d'une opinion « manipulée », grossièrement « conditionnée ». Ce qui est grave, c'est que la réflexion ne vaut, à les entendre, que dans la plus frileuse des clandestinités ; que l'intellectuel dont ils rêvent devrait être maudit et vaguement suicidaire comme dans les romans de Balzac. Si j'ai bien compris Debray, le Goulag devient un mythe dès lors que quelques voix s'attachent à répéter la leçon de Soljenitsyne. Si j'ai bien compris Castoriadis, l'antimarxisme devient une mode dès lors qu'il dépasse le cercle clos des chapelles trotskistes d'autrefois. La vérité n'est-elle tolérable qu'à condition de demeurer confidentielle ? Les anciens combattants de « Socialisme ou Barbarie » ont-ils la propriété privée de la révolte et de la dissidence ? Ce n'est pas en tout cas notre vision des choses. Nous inclinons à penser que les vérités sont toujours bonnes à dire.

Non pas, d'ailleurs, que je méprise le travail lent et patient que font dans le silence ces « ouvriers du concept » dont on semble, tout à coup, faire si grand cas. J'ai su, quand il le fallait, leur adresser le salut que je pensais leur devoir. Et je n'ai pas attendu nos nouveaux « pions » pour découvrir les bibliothèques et les dédales de l'archive. Mais je m'insurge simplement contre cette étrange idée qu'un intellectuel doit se taire avant d'avoir passé de longues années de recherches et de pesant labeur. Je m'étonne de ce nouveau terrorisme qui voudrait qu'un texte soit censuré tant qu'il n'a pas payé ses gages à l'esprit de sérieux et de lourdeur. Régis Debray dénie le droit de parler à qui n'a pas assimilé *« les acquis les plus récents de la biologie, de la thermodynamique, de la théorie de l'information, de l'histoire des religions, de l'ethnologie, de la psychanalyse* [...] » : désolé, je n'ai pas, pour ma part, le goût des œuvres posthumes. Castoriadis, lui, est déçu, il attendait de moi que je lui enseigne comment distinguer « *la monarchie asiatique, Athènes, Rome et le Saint-Empire* » : il est vrai, je le confesse, que je n'ai pas écrit un traité sur l'histoire universelle. J'ai écrit un livre d'urgence car l'urgence, aujourd'hui, est à soi seule un genre.

Reste l'accusation majeure, celle qui, personnellement, m'a sans doute le plus blessé : ce thème de la « nouvelle droite » dont je serais, dont nous serions les diaboliques instigateurs. J'avais d'abord, là encore, pris le parti de ne pas répondre, convaincu que les textes étaient là qui répondaient d'eux-mêmes. Mais il y a, dans quelques articles récents, un ton qui force la mise au point et appelle l'éclaircissement.

Ce qui m'étonne dans ces articles, c'est le climat de chantage et presque d'intimidation où ils baignent volontiers. Jamais on n'avait si crûment, si brutalement sommé les intellectuels d'exhiber leurs bulletins de vote. Jamais on n'avait à ce point tenté de les enrôler sous la bannière des bataillons politiques. Pour la première fois, c'est vrai, les tribunes du « Programme commun » sont vides : mais c'est la première fois aussi qu'un programme impose de choisir entre le ralliement et le silence. Nous ignorons, c'est vrai aussi, les rudes nécessités de la stratégie politicienne : mais les stratèges savent-ils ce que penser, ce que parler veut dire ? Voient-ils bien ce qu'ils font, quand ils nous commandent d'être à la botte ? On nous taxe parfois d'obscurantisme sous prétexte que nous faisons le procès des lumières : l'obscurantisme n'est-il pas surtout du côté de ces futurs princes pour qui la réflexion n'est jamais que la lumière des maîtres ? On nous dit irresponsables : que dire de l'irresponsabilité de ceux qui, sous couvert de discipline, commencent dès à présent à mettre au pas leurs dissidents ?

Car peu importe au fond le cas des intellectuels. Ils ne sont plus, depuis longtemps, le levain ni le sel de la terre. Ce qui est redoutable, en revanche, c'est la vision du monde que suppose ce type de démarche, c'est le totalitarisme inavoué qu'elle commence silencieusement de fonder. Quand Poulantzas par exemple écrit de nos livres, et de quelques autres, qu'ils se découpent et se distribuent en « *thèmes de gauche* » d'une part, en « *thèmes de droite* » de l'autre, qu'on aura tout compris de leur mécanique quand on les aura ainsi pliés et catalogués, je me demande quel jdanovisme est là en train de renaître. Je me demande quelle idée de l'homme est requise par une telle logique. Et j'ai envie de protester que ma tête, que *nos* têtes ne se réduisent peut-être pas à ce pauvre quadrillage électoral ; que les Français n'ont pas, en lieu et place de cervelle, un gigantesque isoloir.

Que nous reproche-t-on, cela dit, qui justifie un tel « traitement » ? Nous avons « *l'audace* », dit-on, de « *critiquer* » la gauche ; nous osons, de l'intérieur, mettre en procès le socialisme : soit, mais je croyais pourtant qu'en ces temps de veillée d'armes la discussion était ouverte, souhaitable et même féconde. Nous faisons le « jeu de la droite » ; nous menaçons la victoire de la gauche : c'est nous faire bien du crédit, et bien mal connaître les appareils qui n'ont tout de même jamais combattu par philosophes interposés. Nous proclamon « trop haut » ce que beaucoup pensent « tout bas » ; nous jouons cartes sur table au jeu de la vérité : j'ignorais que la cohérence de la gauche fût faite de tant d'impostures, qu'un peu de lucidité suffisait à l'ébranler... Voilà dix ans maintenant que la seule perspective, je dis bien la *perspective*, d'une victoire électorale a stérilisé et comme suspendu toute réflexion de fond sur les problèmes du socialisme : aujourd'hui, l'imminence, la pure imminence de cette victoire fonctionne comme un fantastique principe de raréfaction. A croire que ce surmoi politique qui étouffait jadis les groupuscules « gauchistes » est en passe de s'étendre à l'ensemble de la France. Un groupe de militants, ce n'était déjà pas gai ; un peuple de militants, c'est un peuple normalisé.

Pour l'heure, le mal est fait. Parce que certains d'entre nous, instruits des cuisantes leçons d'un siècle de barbarie, ont poussé jusqu'au bout l'hypothèse du pessimisme, on en conclut allégrement qu'ils abdiquent leur devoir d'hommes et trahissent leur mission d'intellectuels. Parce que j'ai dit ma résolution de ne plus être marchand de rêves, trafiquant d'idoles et d'illusions, on m'accuse de sanctifier le mal et de prêcher la soumission. Curieuse manière, en vérité, d'inverser la charge de la preuve... Car l'abdication, que je sache, est d'abord le fait de ceux qui, servants décervelés d'une histoire providentielle, commandent de s'y plier et d'adorer ses commandements. Car la plus insupportable trahison, c'est tout de même celle de ces prophètes qui, las de promettre l'avènement d'une Cité qui ne vient jamais, las d'entendre surtout la plainte et la protestation des hommes, finissent un jour ou l'autre dans l'uniforme des fusilleurs. Car les prêcheurs de soumission, les peuples les connaissent bien : ce sont les gais savants du « bien » et de la vie qui va « changer », ce sont les princes omniscients qui savent même les chemins du bonheur. Nous sommes quelques-uns aujourd'hui à penser que « résister », c'est aussi oser dire non aux mirages meurtriers et aux semblants des princes souriants. Nous sommes quelques-uns à croire que le simulacre en politique s'achève souvent en bains de sang, même si, malheureusement, c'est toujours le sang des autres.

Mais pourquoi argumenter ? Jamais la raison ne vaut contre la passion de l'ignorance. Et je me demande si déjà, dans quelque obscure officine, notre compte n'est pas réglé au livre noir des exclusions. La question n'est plus que nous soyons ou non « objectivement » réactionnaires mais que la gauche le dise, elle qui règne sans partage sur cette « objectivité ». L'essentiel n'est pas que la droite nous « récupère » mais que le nouveau prince, maître du jeu pour l'heure, fasse précisément en sorte que la récupération s'opère. Je disais en commençant que nos maîtres censeurs inventent la nouvelle philosophie : ils pourraient bien, demain, inventer la nouvelle droite. Des hommes comme Jean Daniel, Jacques Julliard et quelques autres semblent le deviner, et c'est ainsi que j'interprète leur souci de nous entendre. D'autres ne s'en soucient guère et je gage qu'ils seront là, le jour venu, pour rendre compte de notre « désertion » par un dernier tour de roue à la vieille dialectique marxiste. Pour ma part, en tout cas, j'ai assez dit où était ma famille et quelle était ma langue. Je crois, contrairement à Debray, qu'être de droite est une injure. Et cette injure, il se trouve qu'elle m'est intolérable.

Encore faut-il s'entendre. Quand il m'arrive de déclarer que c'est à la gauche que je m'adresse, je songe, comme mon cher Camus, à *cette part de la gauche* qui consent à se souvenir que le mot de

« socialisme » est ressenti comme une brûlure par un quart de l'humanité. Je songe à *cette part des hommes de gauche* qui jamais ne se résoudra à sacrifier les quelques principes simples qui font les sociétés vivables, sur l'autel toujours reconstruit des nouvelles raisons d'État. Je pense aussi, bien sûr, à cette gauche des profondeurs, dont je sais qu'elle refuse de choisir entre les vertus de la potence et les charmes de la guillotine. Car voilà, au fond, et pour parler encore comme Camus, ce qui nous distingue des intellectuels d'État : nous sommes prêts à faire tout ce qui est en notre pouvoir pour que ce type de choix ne devienne pas un jour inévitable ; eux font tout ce qu'ils peuvent pour qu'il soit non seulement incontournable mais légitime et raisonnable.

(Juin 1977)

DESCENTE EN FLAMMES

Bernard-Henri Lévy ? Vraiment ? Tout cela est si loin maintenant... Si ancien... Si terriblement irréel et vain quand on le rapporte à la scène, aux débats littéraires d'aujourd'hui...

Enfin bon... Si vous y tenez... Si vous croyez que ces vieilles histoires, ces vieilles impressions d'avant-hier peuvent encore, à l'heure qu'il est, intéresser qui que ce soit...

Ce dont je me souviens d'abord, c'est d'un personnage fat, passablement vaniteux et arrogant, qui parlait trop fort dans les cafés, ouvrait trop grand le col de ses chemises et ne craignait pas de déclarer, à la une des journaux de l'époque, qu'il se tenait lui-même pour « le plus grand écrivain de son temps ».

C'est d'une œuvre au moins aussi fate, aussi bouffie de pathos et de suffisance, et que son enflure même, son emphase, ses grandes envolées pseudo-lyriques et son côté faux Saint-John Perse mâtiné de vrai pédantisme rendaient, sur le moment déjà, malgré la complaisance des médias, à peu près complètement illisible.

C'est de son sectarisme encore. Oui, c'est ça : je me souviens de son sectarisme. De son dogmatisme ahurissant. De cette manière qu'il avait, du haut d'on ne savait quelle assurance, de décréter le Bien ; de fustiger le Mal ; et de tracer, entre l'un et l'autre, un terrible, irrémissible et presque criminel barbelé auquel rien ni personne n'était jamais tout à fait sûr d'échapper.

Il avait écrit un livre, dans sa jeunesse, où il tentait de démontrer que la France des Lumières et des Droits de l'Homme était le vrai berceau du fascisme. Il en avait écrit un autre (à moins, je ne sais plus très bien, que ce ne fût le même !) où, avec un zèle, une rage, une mauvaise foi surtout et un esprit d'intolérance à faire pâlir d'envie le plus acharné des inquisiteurs, il inculpait la littérature française tout entière pour cause d'antisémitisme. Et il n'était pas jusqu'à ses romans qui, au lieu de tirer parti de la fabuleuse liberté de manœuvre que leur offraient les lois du genre, remâchaient les mêmes thèmes, instruisaient les mêmes procès et nous brossaient le même éternel portrait d'une France éternellement pétainisante dont il disait haïr tout autant les terroirs, les églises, les cassoulets, les folklores et les poètes.

Était-il sincère au moins ? Je veux dire : réellement, intimement convaincu ? Et cette fièvre inculpatrice avait-elle l'excuse d'une foi, d'une passion authentique et vraie ? Eh bien, justement, ce n'est pas certain. Je suis pratiquement certain, même, du contraire. Le pire, *le comble* étant que lui-même, dans sa vie, dans ses choix les plus personnels et les plus existentiels, allait le plus souvent à rebours de ces grands principes d'intransigeance.

C'est un fait, par exemple — peu connu, mais c'est un fait — que cet infatigable pourfendeur de démons était, dans le privé, un fervent lecteur de Céline, Chardonne ou Drieu La Rochelle.

C'en est un autre — dont il n'a jamais, du reste, fait mystère — que ce brillant homme de gauche, toujours prêt à expliquer aux gens de Sarcelles ou de Vitry les bienfaits de la cohabitation avec les immigrés, ne supportait, lui, d'écrire qu'entre le Gritti de Venise, le Saint-Régis à New York ou l'hôtel du Cap à Antibes.

Et il suffisait de l'approcher enfin, de le côtoyer d'un peu près, pour sentir dans ses engagements, dans ses choix politiques et éthiques, dans la manière qu'il avait de voler, comme il disait, « au secours » des Chinois, des Afghans, des boat people vietnamiens ou des catholiques polonais, un je ne sais quoi d'abstrait, presque de sec et de faux, qui était à mille lieues, je le répète, de cette pureté militante dont il donnait le spectacle aux sots.

Lui-même, dans ses moments de franchise, n'était pas loin, d'ailleurs, de le reconnaître. Il affirmait — en essayant, noblesse oblige ! de donner à la chose un tour un peu sophistiqué — que l'« engagement », chez un écrivain, est toujours « comme un obscur tribut acquitté, non sans regret, aux idéaux communautaires de la société qu'il parasite ». Et il soutenait volontiers — citant, pêle-mêle, telle lettre de Baudelaire à Ancelle, telle phrase de Mallarmé sur le « monde qui n'est fait que pour aboutir à un beau livre » ou telle autre de Joyce, clamant, lui, en substance, que les Polonais pouvaient crever pourvu que vive *Finnegan's Wake* — il soutenait volontiers, dis-je, que la fidélité à son œuvre propre était le seul devoir auquel fût réellement tenu un homme de son espèce. *Le Diable en tête*, cela dit, n'était pas *Finnegan's Wake*. Son auteur, je ne vous l'apprendrai pas, était à peu près aussi étranger à Joyce que moi à Mallarmé ou Baudelaire. Et il était difficile de ne pas frissonner d'horreur quand on l'entendait pérorer à son tour, sur un ton d'innocence feinte qui devait être, à ses yeux, le summun de la provocation qu'il aimerait mieux, à tout prendre, voir brûler Paris, Venise ou même Calcutta que les pages d'un manuscrit dont il n'aurait pas pris de copie.

Il n'a jamais écrit cela, m'objecterez-vous. Soit. Mais enfin, il l'a dit. Il me l'a dit, personnellement. Et le mot est tout à fait conforme, du reste, à la logique d'un personnage pour qui le monde n'était effectivement fait, j'en ai peur, que pour aboutir, sinon à un « beau livre », du moins à une belle image de soi et de son cher petit ego. « Pub philosophe », grondaient les spécialistes quand ils le voyaient si éperdument attentif à ce qu'il appelait son « indice de flottaison du nom ». « Dim philosophie », ajoutèrent les plus avisés après qu'il eut accepté de prêter son nom à la promotion d'une célèbre marque de lingerie. Et tout, je dis bien *tout* (Chinois, Afghans et boat people compris) était à l'avenant comme s'il n'y avait pas un sujet, frivole ou grave, sur la planète qui ne dût prioritairement servir à sa sainte glorification. Sa conviction, au fond, c'est qu'il n'y en avait pas un, de sujet, qui, par un jeu d'obscures, subtiles mais assurées médiations, ne vînt, de près ou de loin, renforcer ou, au contraire, affaiblir ses intérêts ; et c'est ainsi que, face à un drame, une guerre, un carnage quelconque ou un massacre, face à un fait divers, à un déraillement de train à Lima ou un crime passionnel à Tombouctou, il commençait toujours par se poser le plus gravement, le plus sérieusement, le plus *précisément* du monde, la simple et folle question suivante : « est-ce que cela est bon, ou est-ce que cela est mauvais pour moi ? »

Voilà. Ajoutez à tout cela sa légendaire inculture. Ajoutez-y son incapacité, tout de même gênante pour un écrivain, à juger une toile, apprécier un paysage ou goûter un morceau de musique. Pensez à tout le mal qu'il a fait, dans ce pays et ailleurs, à cette pauvre philosophie dont il disait porter les couleurs. Oui, mettez tout cela bout à bout et vous aurez une image partiale certes, partielle, mais que je crois néanmoins fidèle, d'un mégalomane absurde et nul auquel je ne suis même pas sûr de n'avoir pas, ici, et une fois de plus, fait trop d'honneur. Car enfin, de vous à moi : fallait-il se donner tant de peine pour prouver — et rappeler — que ce triste personnage ne vaut, en réalité, pas une ligne ?

(Mai 1985)

LA VIE INCERTAINE DE MAREK HALTER

Et si Rabbi Aqiba revenait d'entre les morts pour rencontrer, en terre des hommes, les possédés des temps modernes ? Et si Garine, Perken, Kyo ou Tchen Daï réchappaient un moment de leur sommeil malrucien pour lui faire un fier cortège et un chœur de récitants ? Et si un Dos Passos, percevant l'obscure rumeur d'une si insolite assemblée, en faisait un de ces opéras de langue dont il avait le secret ? Non, je ne rêve pas. Cette rencontre a peut-être bien eu lieu. On en lira les « minutes » dans le roman de Marek Halter, que j'invite absolument, et toutes affaires cessantes, à lire : *La Vie incertaine de Marco Mahler*[1].

Qui est Marco Mahler ? Un jeune peintre, français et juif, qui débarque un beau matin de 1953 dans l'Argentine du péronisme. Il a vingt ans à peine, et, en guise de bagage, une mémoire qu'on dirait grevée de toute la misère du monde. Il est gai, insouciant, radieux comme il se doit, et on lui devine pourtant une singulière blessure au flanc, une de ces plaies innommées que portent certains hommes quand l'horreur, une fois, les a brisés. Il n'est pas jusqu'à son regard, son œil d'adolescent rieur qui n'apparaisse d'emblée flottant, voilé, tout embrumé de nuit et d'une inexplicable, très para-

---

1. Marek Halter, *La Vie incertaine de Marco Mahler*, Albin Michel, 1979.

doxale vieillesse. Avez-vous jamais remarqué cette façon qu'ont les rescapés de l'enfer de dire la fortune et le miracle de vivre ? Cette sourde conviction que, s'ils sont là, c'est par hasard, une erreur de calcul peut-être, une heureuse méprise des bourreaux ? Eh bien, c'est un peu cela, Mahler : un rescapé de l'holocauste, un survivant métaphysique. C'est cela, sa « *vie incertaine* » : la vie d'un homme « de travers », improbable vivant, en un monde qui, pour toujours, a perdu son évidence. Et le talent de Marek Halter est déjà là : dans la manière qu'il a de le dire, à demi-mot, en demi-teinte.

Et pourtant, quel tohu-bohu, quelle assourdissante clameur, pour accueillir le « survivant » ! C'est d'emblée les bruits de bottes et les polices qui s'entrechoquent. C'est le bruissement des clans, des factions qui s'organisent et qui, déjà, dans l'ombre, se disputent les dépouilles du président. C'est le rire grinçant des femmes, irrésistiblement belles, même si on s'avise un peu tard qu'elles marchent, elles aussi, comme Bianca, au pas des spadassins. C'est les cafés où l'on croise un poseur de bombes aux abois, Roberto l'échevelé, qui liera son destin à celui de Mahler et l'entraînera dans une étourdissante série d'aventures. Comment être à la fois l'amant d'une indic, le protégé d'un dictateur et l'ami d'un terroriste ? Marco Mahler le sent bien, tandis qu'il fuit dans la pampa avec un cadavre dans la tête, un tueur à ses côtés et toutes les polices à ses trousses : cet imbroglio lui rappelle décidément quelque chose, dont les traces lui reviennent comme les mille éclats brisés d'un film de cauchemar — c'est le fascisme en marche, le fascisme au galop, que l'auteur nous décrit, avec une implacable et terrifiante rigueur.

Le plus étrange, d'ailleurs, c'est qu'à cette course éperdue tout le monde ou presque, autour de lui, paraît se résigner. Et qu'il est seul encore, seul entre et contre tous, à prêcher, face à l'horreur, quelques-unes de ses maximes et images de la mémoire. Regardez-les, leur dit-il à peu près, cette spirale de fer et de feu, cet engrenage de la terreur que vous nourrissez de vos désespoirs. Écoutez-la vrombir, la machine à barbarie, dont vous êtes, vous aussi, avec vos bombes contre les bombes, les servants décervelés. Comprenez, oui, comprenez donc enfin, que le totalitarisme n'a qu'un visage et qu'il a gagné déjà quand il ne trouve, en face de lui, que ses propres caricatures. Car, s'il est vrai que la violence est la nouvelle prose du siècle, je ne sais, moi, qu'un recours contre ses ruses et maléfices : ces armes très anciennes que des Maîtres de haut parage gravèrent aux livres de pierre et qu'ils appelaient la Loi, le Verbe ou la Parole... Juanita, Juan Carlos et Roberto entendront-ils la semonce ?

La réponse viendra, bien sûr, mais plus tard, vingt ans plus tard, dans un Buenos Aires méconnaissable où Marco Mahler revient humer — et perdre — ses propres traces... Qui est cette Juanita, par exemple, qu'il retrouve vieillie, fanée et flanquée d'une fille, Anna-Maria, aussi séduisante que l'était jadis sa mère ? Comment reconnaître Hans, ce compagnon d'autrefois, dans ce haut dirigeant de l'A.A.A., la très redoutable Alliance anticommuniste argentine ? Et ce guérillero amer, à jamais coupé du monde, ruminant cynique et froid de sa fameuse « contre-violence », est-ce bien toujours Roberto, le Roberto de sa jeunesse, son double diabolique, pauvre « rabbi » manqué de la fuite dans la pampa ?

Oui, la terre a dû trembler pour que la fière assemblée d'hier ait échoué dans cette cohorte de blêmes et mornes momies. La fin du monde ne doit plus être loin pour que l'air, soudain, soit si lourd, si moite, languide et comme privé de nerf. Trop facile d'incriminer je ne sais quelle « nostalgie », quand le héros lui-même est fatigué, fidèle à soi toujours, mais presque par habitude, ou comme Carlos Gardel égrenant ses éternelles romances. Car, de fait, ce qui a changé, c'est que le monde entier a pivoté sur son axe. Que le fascisme est passé, maintenant, dérangeant l'ordre des choses, des mots et des visages. Et que la Parole, cette fois, en a perdu pour de bon le droit à la parole.

Tout est joué à partir de là, et le roman va s'incurver, rebrousser son argument et s'achever dans le tragique. Oh ! bien sûr, Mahler tient bon. Il tient vaille que vaille à son Verbe fétiche. Mais c'est ce Verbe lui-même qui ne tient plus maintenant. Verbe d'impotence, il ne conjure plus rien et n'empêche ni Roberto ni Anna-Maria de mourir. Verbe fautif et presque criminel, n'est-il pas responsable de l'exécution d'un industriel, enlevé par les Montoneros ? Verbe fou, proprement halluciné, qu'est-ce d'autre que ce terrible piège où va s'enliser Hans, offrant sa vie au héros en échange de quelques mots ? Et elle est là, alors, la sombre grandeur du livre, au terme de son parcours. Dans cet égarement final où la célébration de la Loi chavire en son contraire. Dans cette débâcle, cette déroute, pauvre foire aux damnés tout autant qu'aux martyrs. Et où Marek Halter dit, mieux que tant de savants et de bavards experts, au rouet d'une parabole dont vous ne serez pas près d'oublier la sauvage incandescence, l'atroce et vraie figure du triomphe de la Barbarie.

(Septembre 1979)

HOTELS ET LITTÉRATURE

« *Il y a Somerset Maugham et le Raffles à Singapour, Musset et le Danieli, Proust et le Ritz. Il y a — il pourrait y avoir ? — Bernard-Henri Lévy et...*

— Justement non, je n'ai pas, comme tous ceux que vous citez, un hôtel de prédilection. Il n'y en a pas un où je me sente plus d'affinité qu'ailleurs. Il n'y en a pas un, si vous préférez, que je traite comme s'il était ma seconde maison, ma seconde demeure. Et je dirais même que si j'aime tant les hôtels, si je m'y sens si bien, c'est précisément parce que ce ne sont pas des maisons, parce que ce ne sont en aucun cas des demeures, parce que je n'y ai ni attaches ni habitudes particulières. Voyez d'ailleurs *Le Diable en tête*. Le roman, comme vous le savez, se passe beaucoup dans les hôtels. Mais c'est aussi bien l'hôtel du Cap à Antibes que le Cipriani à Venise, tel palace genevois que tel autre à Paris. Ce qui passionne mes héros — ce qui me passionne après eux — c'est moins cet hôtel-ci ou cet hôtel-là que la figure de l'Hôtel en général.

— *De Chirico pensait que l'hôtel était la demeure idéale...*

— Ça, c'est autre chose. Et si vous voulez bien

ôter au mot « demeure » son sens étroit, je suis tout à fait prêt à admettre que les grands hôtels sont, tout compte fait, les endroits où l'on se sent le mieux. Proust, vous le savez, aimait dire que c'étaient les lieux où on le « bousculait » le moins. Et il y a toute une période de ma vie où, pour ma part, j'ai vécu presque complètement à l'hôtel. Au Meurice par exemple. Au Pont Royal, rue Montalembert. Dans l'un des appartements de Drouant, place Gaillon. Et même, à une époque — c'était le comble du burlesque, mais ça m'amusait beaucoup — au Hilton d'Orly. Je ne vous dirai certes pas, car ce serait faux, que c'est la période la plus heureuse de ma vie. Mais enfin, mettons que je ne me souvienne pas de m'être jamais senti aussi *léger*.

— *Le palace exalte des privilèges et l'oisiveté aristocratique. A-t-il sa place dans la modernité, l'un de vos thèmes favoris ?*

— La modernité est un de mes thèmes favoris, soit. Mais ce n'est pas le seul ! Ce n'est pas une obsession ! Ce n'est même pas une valeur en soi ni un impératif absolu ! Et je n'ai jamais nié que ce souci de modernité doive aller de pair, pour être vivable, avec la réactivation du meilleur de notre mémoire. De même que l'on peut aimer la musique rock de Brian Eno et les messes de Jean-Sébastien Bach, les romans de Chase ou de Mac Coy et *La Recherche du temps perdu*, de même, on peut aimer le Richemond et défendre le « style » de la modernité.

— *Au Richemond, il n'y a ni enfilade de salons ni luxe exagéré. Ce n'est pas un théâtre de luxe aux allures glacées, c'est un club avant d'être un grand hôtel. C'est un endroit où l'on a l'impression, quand on y est, d'avoir toujours été. Bref, il n'est pas du tout lié à la décomposition d'un âge aristocratique.*

— C'est vrai, bien sûr. Et c'est même ce qui en fait le caractère profondément vivable. Ce qui est délicieux, c'est qu'on a le sentiment d'y être à la fois dans le siècle et en dehors ; dans la ville et à l'extérieur ; dans une sorte d'exterritorialité — en même temps que dans un territoire néanmoins codé.

— *La « Villa d'Este » était, pour Stendhal, la résidence de l'amour. Pensez-vous que les palaces soient liés à la passion, au rendez-vous ? Pensez-vous qu'ils soient le lieu de plaisirs plus intenses, et que l'on y fasse différemment l'amour ?*

— Ah ! Écoutez... Votre question est bien embarrassante... Disons — pour nous en tenir à la littérature et, en l'occurrence à mon *Diable en tête* — qu'il y a, sur ce point, deux thèses en présence. D'un côté celle de Benjamin, le héros du roman, pour qui l'anonymat de la chambre d'hôtel, la complicité des chasseurs, la vraie ou fausse somptuosité du décor est le cadre idéal de la fantasmagorie amoureuse. Et de l'autre celle de Marie, son amante, qui prétend, elle, qu'elle ne peut l'aimer dans ces chambres trop belles, trop vastes, trop chargées de présences et de fantômes, où elle ne peut pas faire un geste, un pas, prononcer un mot d'amour ou même un mot badin sans avoir aussitôt l'impression que, des dizaines de fois déjà, au même moment, dans la même position, dans les mêmes circonstances érotiques, d'autres qu'elle, avant elle, ont prononcé le même mot, ont accompli le même geste. Qui, des deux, a raison ? A vous de juger.

— *J'ai lu quelque part que c'est dans les hôtels que vous écrivez le plus volontiers...*

— C'est vrai, oui. Et c'est vrai que mes livres, dans leur lettre même, doivent beaucoup aux hôtels où je les écris. Il y a des écrivains — la plupart, probablement — qui ne peuvent travailler que dans un cadre rituel, dans un décor toujours le même, avec, à la limite, des rames de papier, des stylos, une disposition de leur table et de leur chaise toujours rigoureusement identiques. Moi, c'est le contraire. Je ne peux fonctionner qu'en variant les décors. En multipliant les procédures. En dépaysant constamment ma plume, mon inspiration. Mes livres, lorsque j'y repense et que je repense à la façon dont ils ont été composés, sont effectivement tributaires de ces variations du rituel.

— *Pouvez-vous préciser ?*

— Bon. Il y a la ville elle-même où je me trouve. Les impressions nouvelles que j'enregistre. Les histoires que j'entends. Les aventures qui m'arrivent. Les gens que je rencontre. Mais il y a aussi, *surtout*, le fait qu'en entrant dans un hôtel, vous entrez dans un autre monde, dans un autre imaginaire, dans un autre système de références symboliques. Écrire au Gritti, au China Hotel, ou au Westbury, ce n'est pas seulement changer de décor — c'est, romanesquement parlant, sentir se déplacer sa propre vision du monde.

— *Gabriele d'Annunzio, Paul Morand, Scott Fitzgerald faisant connaître à Hemingway le bar du Ritz, Dali : les palaces ne font-ils pas partie de cette longue mémoire culturelle de l'Europe ?*

— Vous pourriez ajouter à votre liste le Barnabooth de Valery Larbaud. Le musicien de *La Mort à*

Venise de Thomas Mann... Orwell faisant la plonge à l'hôtel Lotti, avant d'écrire *1984*... Diaghilev venant mourir à l'hôtel des Bains sur le Lido de Venise... C'est un fait : tout ça se trouve au cœur non pas seulement de la mémoire, mais de la mémoire *cosmopolite* de l'Europe — celle qui a préféré, et qui préférera toujours, les départs aux fixations, les traversées aux enracinements, les flottements de l'espace et du temps aux pesanteurs domiciliaires. Oui, merveilleux, prodigieux décalage de l'hôtel. »

(Octobre 1985, propos recueillis par Geneviève Armleder)

UNE NUIT A MACAO

Arrivée à l'hôtel Bela Vista, en plein cœur de Macao, à quelques centaines de mètres à peine de la frontière chinoise et à quelques encablures des sublimes buildings de Hong Kong.

J'ai un ami américain qui me fait toujours beaucoup rire quand il me parle de ces êtres dont l'allure, la prestance, le pas assuré qu'ils ont pour entrer dans un lieu public font immanquablement dire, sans trop qu'on sache pourquoi : « he looks like somebody ».

Eh bien, le Bela Vista, c'est un peu ça. C'est un hôtel dont l'allure, le luxe désuet, le vert fané de la façade, l'ogive des fenêtres, leur voussure, la qualité de la lumière, au petit matin, sur la terrasse, font immanquablement songer, quand on y vient pour la première fois : « it looks like something ». C'est un endroit magique. C'est un endroit mythologique. C'est un endroit dont on ne peut pas imaginer qu'il n'ait pas à son crédit, et même si on ne sait pas au juste laquelle, toute une flatteuse légende. Au point que je me suis surpris moi-même à chercher, dès mon arrivée à la réception, dans quel livre je l'avais vu cité... dans quel film j'avais bien pu l'entrevoir... quelle réplique célèbre de Bogart, de Bacall ou de Loretta Young l'avait secrètement immortalisé.

Vérification faite, il n'y a pas de réplique du tout, bien sûr. Pas de film. Pas de livre. Mythologie sans mythe, mémoire sans souvenir, la légende du Bela Vista n'existait que dans ma tête et dans celle de tous les rêveurs qui, avant moi et depuis des lustres, allaient répétant : « Prenez donc une chambre au Bela Vista... Vous verrez, c'est un endroit sublime... C'est un endroit magique... On y sent l'ombre de Bogart... Non : de Bacall... Non : de Loretta Young, d'Hemingway ou d'un autre hôte de passage qui, j'en suis sûr, s'y est arrêté. »

Deuxième jour au Bela Vista. A l'heure du crépuscule cette fois. Et conversation avec Ernesto J., médecin portugais désabusé qui commence par m'expliquer que toutes ces vieilles histoires qui me fascinent n'ont en fait pas d'intérêt.

Peu à peu cependant, et tandis que la nuit vient, il me raconte l'histoire des trois veuves, propriétaires de l'hôtel.

Il me raconte leurs trois époux, trafiquants d'or notoires, qui sont tous morts — ou suicidés — dans des conditions énigmatiques.

Il me raconte Lobo, leur maître, ce mafioso au cœur sensible qui était capable d'acheter une station de radio rien que pour diffuser les musiques qu'il composait — ou qui, parce qu'un devin lui avait dit qu'il n'échapperait à la mort qu'à la condition, chaque matin, de se faire lécher par une vierge des pieds jusqu'à la tête, faisait, chaque matin donc, quérir une nouvelle vierge pour, religieusement, accomplir le rite prescrit.

Un jour, bien sûr, on ne trouva pas de vierge.

Et ce jour-là, bien sûr, Lobo mourut assassiné — ici, tout près, à l'ombre du Bela Vista.

L'histoire vaut ce qu'elle vaut. Je ne suis même

pas certain qu'elle soit tout à fait vraie. Mettons que ce soit le commencement de légende qui manquait au plus mythomane des palaces de la planète. Mettons que ce soit une manière, pour sa vérité, de rattraper un peu de cette fiction que je lui soupçonnais sans la trouver.

Huitième jour au Bela Vista. Je crois que je peux, aujourd'hui, raconter sans crainte cette très étrange histoire.

Tout a commencé la semaine dernière, un soir où j'étais rentré un peu tard et où, ne parvenant pas à m'endormir, j'ai été intrigué par des bruits indéterminés qui semblaient longer le corridor de mon étage. Étaient-ce des pas ? des clameurs étouffées ? des froissements, frôlements, bruissements d'étoffes ou de corps rasant les murs ? des amants égarés ? des chapardeurs de la nuit ? J'ai fini par m'assoupir sans y prêter plus d'attention. Et c'est le lendemain que, le manège reprenant de plus belle et la curiosité triomphant, cette fois, de toute discrétion, je me suis décidé à entrebâiller ma propre porte pour tenter de surprendre ainsi l'origine du phénomène.

D'abord, je n'ai rien distingué qu'une autre porte entrebâillée, en face de la mienne, au bout du couloir ; des ombres furtives, se réfléchissant dans le miroir d'angle au tain terni ; deux femmes — drapées, malgré la chaleur, dans de grands châles qui me dissimulaient leur visage — se hâtant vers la chambre mystérieuse et frappant, avant d'entrer, trois petits coups suivis de deux ; et puis, au bout d'une dizaine de minutes, après l'arrivée, apparemment réglée par la même minutieuse mise en scène, de deux autres femmes et d'un homme, j'ai vu surgir, de l'intérieur de la pièce cette fois, un singulier personnage au torse nu, énorme, tout ruisselant d'huile et comme posé sur un méchant paréo de coton beige, maculé de taches douteuses. Le bonhomme avait un microscopique canif dans une main ; l'autre main, aux ongles laqués, levée en un geste d'apaisement sans objet ; il avait un air de torpeur aux aguets, pressentant tous les dangers et les déjouant tous par avance ; et le manège dura probablement ainsi toute la nuit puisque, l'aube venue, entrouvrant encore une fois ma porte, j'ai à nouveau reconnu le bonze au ventre luisant, qui arborait le même canif, les mêmes ongles laqués, le même air halluciné et légèrement hébété.

Trois jours plus tard, le scénario s'étant reproduit toutes les nuits avec la même énigmatique mais savante orchestration, j'ai tout compris. Un petit homme en effet, timide, chafouin, à la mine de chien battu, aux regards perpétuellement apeurés et que j'avais vu plusieurs fois rôder entre la réception de l'hôtel, ses jardins, le grand escalier qui monte aux étages et la rue, surtout, où il restait de longs moments à scruter des fenêtres qui ne pouvaient être que celles de « la » chambre, a consenti (au terme d'un marchandage dont on me permettra de ne pas donner ici le détail) à me révéler ce que mon imagination romanesque commençait déjà de soupçonner.

La chambre était le lieu, m'expliqua-t-il, d'un de ces trafics, mi-sordides mi-pathétiques, qui fleurissent tout naturellement aux frontières des États totalitaires. Chaque nuit, depuis des semaines, des hommes et des femmes y venaient, les poches chargées de toute leur maigre richesse, acheter selon leurs moyens un passeport de Singapour, un passage pour Hong Kong, une place dans un bordel de Macao ou bien, dans le cas de ceux qui se figuraient, les malheureux, que la seule force de leur désir allait suffire à leur ouvrir les portes de la liberté, un retour contraint et forcé vers le goulag chinois.

Je parle au passé. Je dis que la fameuse chambre *était* le lieu de ce trafic. Car deux jours se sont écoulés encore. Et, au matin du troisième, voyant la femme de ménage passer avec son chariot chargé de savons et de linges, à la hauteur de la chambre « 12 », je me suis précipité vers elle. Prétextant que mon propre appartement était trop petit, trop bruyant, trop mal ensoleillé, etc., je lui ai demandé l'autorisation de la visiter. Et elle, à ma grande surprise, loin de paraître effarouchée, s'est aussitôt exécutée — m'introduisant dans une pièce calme, parfaitement immaculée et en tous points semblable à la mienne, avec les mêmes lambris dorés, les mêmes meubles coloniaux, les mêmes « azulejos » bleus au sol de la salle de bain et pas la moindre trace, évidemment, du remue-ménage des nuits passées.

« Oui, Monsieur, la chambre est libre... Non, elle n'était pas occupée... Oui, bien sûr, elle est à vous... Ce soir, même, si vous voulez... » Un mot de plus et je me demandais si je n'avais pas tout rêvé et si je n'avais pas, en fait, habité de tout temps la chambre 12... Sur quoi, regardant mon interlocutrice d'un peu plus près, scrutant les traces du fard de la veille qui restaient sur ses paupières ou au creux de ses pommettes, j'ai senti à nouveau mon imagination basculer : j'avais, en face de moi, l'ombre d'une des ombres que je voyais, la veille encore, errer dans la coursive déserte.

(Octobre 1985)

RENCONTRE AVEC ALBERT COHEN

C'était à Genève, bien sûr. Au cœur de la ville affairée, que je sacrai « capitale du monde » à la gloire de l'événement. C'était la vie de tous les jours, dérisoire vie de vivants, insoucieux de mon secret et de cet homme d'un autre âge que je venais rencontrer. C'était une demeure à toutes demeures semblable, écrasée de soleil, de béton, de banalité, où je me surpris à guetter d'absurdes connivences, une aura de sainteté peut-être, sur les visages croisés, au hasard du voisinage. Sait-il, celui-ci ? celui-là ? quel effet de côtoyer le plus grand des grands écrivains ? Aucun, apparemment. Stupeur des silhouettes. Absolue indifférence. Et moi-même qui, je l'avoue, cette première fois où je l'ai vu, ne l'ai, en fait, pas reconnu.

Il portait bel et bien, pourtant, la célèbre robe de chambre — la même, me dis-je étourdiment, où il mourra sans doute, comme ça, debout, raide et un peu précautionneux. Il tenait entre ses doigts le traditionnel comboloï. Et il eut même la courtoisie de m'accueillir d'un théâtral : « Solal, cher Solal, prince de Samarie, vous êtes en retard, mais je vous attendais. » Tout y était, donc. Tout, sauf l'essentiel. Sauf cet écart impalpable, cette absence à soi et au monde qui, à l'instant, me bouleversèrent. Sauf cette dissemblance que je lui trouvai, sans recours ni raison, avec toutes les images de lui que je m'étais forgées. Sauf que, en un mot, je ne crois pas avoir jamais si clairement vu ce que veut dire exil, dénuement, réclusion — comme je lui dis d'emblée, et il hocha bizarrement la tête... Quand je le quittai, le soir venu, je pensai en moi-même que c'est à cet exil-là, sans doute, que les anciens Hébreux distinguaient les « prophètes au milieu d'eux ».

Je ne sais pas, je n'ai jamais vraiment voulu savoir, s'il est un savant lecteur de nos anciens textes sacrés. J'eus même le sentiment, au fil de nos rencontres, de l'assommer parfois avec mes questions. L'Alliance ? La Loi ? Isaïe ? Jérémie ? Il m'écoutait, un peu piteux, courtois toujours, et vaguement impatient. Ce qui est sûr, en revanche, c'est que, de notre mémoire, il savait, comme il disait, les belles et saintes et triomphales lois. Moquant la clameur qui se fait autour du politique, il m'en redessinait les cartes, sur des lignes nouvelles où les « bons » se séparaient des « méchants » avec une implacable et tendre rigueur. Des heures durant, il me disait son horreur de la force, de la guerre des chairs et des sexes, lui, le Valeureux, l'aimé des « merveilleuses », presque honteux, maintenant, de son corps glorieux de jadis. Mieux que quiconque, il savait m'expliquer la vertu de la solitude, la complaisance et les grimaces de civilité. Des mots ? Des mots qui, consignés aujourd'hui dans la lettre vive de ces *Carnets* dont il achevait alors la rédaction, en disent plus long sur l'humaine misère que bien des traités de philosophie.

Et puis, il y avait de l'enfant dans cet homme-là. Un tendre, un fol, un antique enfant désespéré, rapace de soi et des autres, que je découvrais à mesure. C'étaient les longues lectures qu'il me faisait, à haute voix, de pages de *Belle du Seigneur*. Un à un, il mimait, de la voix et du geste, les personnages de songe qui peuplent son univers. Du coin de l'œil, il guettait ma réaction, mon émoi, ma lassitude. Et puis soudain, interruption. Avalanche de questions. Rêveur : « Voyez-vous toujours le chef très puissant du grand parti de la gauche française ? Vous dit-il bien comme il se délecte de ma pauvre Ariane ? » Inquiet : « Êtes-vous si sûr que le président de l'estimée société X. songe à faire un film de ma *Belle du Seigneur* ? » Enflammé : « Il y compte. Bon. Mais que faire pour qu'il y compte plus et plus encore ? » Et nous nous surprenions alors à parler « contrats », « production », « distribution », toutes choses à quoi, bien sûr, nous n'entendions rien. Et il le savait. Et il me le disait. Et venait toujours l'heure où il fallait cesser de jouer. Il me chassait doucement, droit et fier de nouveau, comme il m'avait accueilli.

Il est tard, à présent. Infiniment et décidément tard. Deux ou trois années, dit-il, avant de s'en aller rejoindre ses compagnons de légende. Et moi qui reste, et moi qui vis, et moi qui, parfois, ai cru l'avoir entendu, je dis, je demande, je réclame pour l'enfant, pour le fou, pour le prophète, pour celui que je tiens, en tout cas, pour l'auteur du plus sublime roman d'amour de notre XXe siècle, la seule gloire à mesure du mince parcours qui lui demeure, hélas ! échu : le prix Nobel.

(Mai 1979)

ÉLOGE DU BÉTON

Il y a l'écologie... Il y a la démagogie... Il y a les retours aux « sources », « racines » et « natures » en tout genre... Il y a l'« idéologie sécuritaire », avec son long cortège de peurs, fantômes et fantasmes que l'on pourrait croire droit sortis — et tout droit, aussi, nous y ramenant — des *Mystères de Paris* d'Eugène Sue ou du Londres de Jack the Ripper... Oui, il y a tout cela qui revient. Il y a tout cela qui insiste. Et il y a urgence alors, ici et maintenant, en ce XXe siècle qui s'achève, à rouvrir le vieux débat, scellé, pensait-on, depuis des lustres... « Éloge du béton » donc — à entendre simplement, presque platement, comme celui de la grande ville : au-delà de nos goûts et dégoûts, au-delà de nos répugnances à chacun, au-delà du fait que je n'aie jamais pu moi-même, par exemple, demeurer plus de huit jours sans malaise dans un paysage de verdure et de rusticité et au-delà du fait que, à l'inverse, il me suffise de vingt-quatre heures à New York, Barcelone, Jérusalem ou Stockholm pour respirer soudain autrement — je crois qu'il y a un impératif, là, tout à la fois politique, éthique et esthétique.

Dire la beauté des villes, déjà... Dire leur charme... Leur poésie... Dire, redire comment la déambulation de la conscience éveillée dans la ville est probablement, et depuis un siècle, l'une des grandes aventures contemporaines... C'était l'opinion du jeune Aragon filant son « paysan de Paris » entre le café Certa, le salon de coiffure de Madame Jéhan et le passage de l'Opéra. C'était celle de Baudelaire, poète de la ville surpeuplée, succombant au charme de ses « passantes » et fuyant, de flânerie en flânerie, de café en cercle de lecture, la horde de ses créanciers. C'était celle de Shelley chantant « la fourmillante cité pleine de bruit » — ou celle de Dickens qui se plaignait carrément, lui, en voyage, de l'insupportable absence de bruit dans la rue, qui l'empêchait de travailler. Et c'est vrai que j'échangerais bien toute la littérature bucolique d'hier et d'aujourd'hui contre quelques pages de ces quatre-là : tout Sand, tout Chardonne ou même tout Giono contre un chapitre de *Manhattan Transfer* ou un volume de David Goodis ; c'est vrai que, contre toutes les âmes chagrines qui vont dépeignant la grisaille, la tristesse, la monotonie de l'esprit de métropole, je ne me lasserai jamais, moi, d'en dire l'intarissable ressource romanesque.

Car la vérité c'est, plus profondément peut-être, que je n'ai jamais très bien compris non plus par quelle étrange ruse de l'histoire la Ville est devenue au fil du temps ce lieu de chute et de perdition, de maléfice et de servitude qu'elle est, me semble-t-il, pour tant de mes contemporains. Bon. Je sais sa misère. Je sais sa violence, sa cruauté. Je sais — j'ai *vu* — de Calcutta à la Bowery, des faubourgs de Yaoundé ou de Trechville à ceux de Londres ou de Rome, d'inabordables réserves où rôdent le crime, la barbarie. Mais je sais aussi — qu'on me pardonne — l'« autre » barbarie. Je sais celle qui, depuis bien plus longtemps encore, s'attache à ce que les prophètes bibliques nommaient « l'esprit des bois ». Je connais, je devine cette sauvagerie native, *foncière*, qui sourd, disent-ils, dans la gracieuse immédiateté des rapports entre les humains. Et je crois que, quoi qu'on en ait, je serai toujours du côté de ceux — Isaïe, Jérémie, Michée... — qui aspirent à « détruire les bosquets sacrés » et qui pensent que c'est « dans les jardins » que prennent racine « les méchants ». Il y a un très beau texte d'Emmanuel Lévinas expliquant pourquoi la plus haute humanité, pour un homme, n'est pas de vivre au voisinage des choses — mais à celui des autres hommes ; qu'elle n'est pas de révérer la muette, paresseuse, minérale sacralité de la nature — mais la bavarde, confuse, indéchiffrable énigme des visages ; et je ne suis pas loin de penser qu'en ce sens, parce qu'elle est le lieu de cette énigme, parce qu'elle est le rendez-vous de ces visages, parce que c'est ici que, électivement, l'homme rencontre l'autre homme, la Ville est, en tant que telle, *école de liberté.*

Soyons clair. Il y a, d'un côté, ceux qui croient qu'être libre c'est vivre loin des tumultes, des désordres métropolitains, dans l'une de ces sociétés simples, minuscules, parfaitement pures et transparentes à elles-mêmes, qu'offre à nos nostalgies le modèle pastoral éternel ; et cette liberté n'a jamais été, à mes yeux, que l'autre nom d'une servitude terrible, d'une oppression insupportable qui, des origines de l'humanité à tous les régimes fascistes d'aujourd'hui, nous soumettent au plus implacable des maîtres : l'ordre naturel, derechef. Et puis il y a ceux qui, à l'inverse, savent qu'être libre c'est tendre d'abord à relâcher les nœuds, à desserrer l'étreinte, à s'émanciper, autant que faire se peut, de la pression des collectifs, de la loi des communautés, de la sourde pesée que fait en nous le lien de société ; et ceux-là savent bien qu'elle est, cette émancipation, la définition même de ce que peut, veut, opère, au fond, une ville quand elle vient délier ses sujets de leurs attaches anciennes pour les livrer, d'un coup, sans merci ni compensation, à sa légendaire « solitude ». Rousseau le savait bien qui, pour cette raison même, voyait dans le grand « anonymat » parisien « le gouffre de l'espèce humaine ». Et moi aussi qui, à mon dixième séjour à Jérusalem, à mon énième passage du pont de Brooklyn, à chaque ville inconnue que je découvrirai encore, suis sûr de retrouver le même sentiment d'étourdissante étrangeté — et de le vivre, chaque fois, comme une authentique épreuve de *désocialisation*.

J'ajoute, pour être plus clair encore, qu'il y a dans toute ville digne de ce nom un cosmopolitisme de principe qui me renforce encore dans cette conviction ; et que, face à l'« esprit des bois » de tout à l'heure, si spontanément prompt à séparer l'autochtone et l'étranger, celui d'« ici » et celui de « là-bas », l'esprit citadin, lui, me paraît être, en tant que tel encore, une formidable machine de résistance au chauvinisme. Je ne dis pas, on l'imagine, qu'il n'y ait pas de xénophobie dans les villes, et il est hélas ! clair que la haine raciste, quand elle explose, y est plus foudroyante qu'ailleurs. Mais ce que je prétends, c'est qu'on y trouve une dispersion des êtres, une perpétuelle migration des cultures, un infini brassage des langues, des rythmes, des corps et même des âmes, qui vont dans le sens de ce devenir-babel-du-monde dont je persiste à espérer qu'il est l'horizon de la modernité. Ce que j'aime dans les villes, autrement dit, c'est leur cacophonie. C'est leur inassignable altérité. C'est qu'elles soient des points de traversée autant que d'enracinement. J'aime « la fourmillante cité pleine de bruit » parce qu'on y fait, toujours, le tour du monde en quelques heures.

(Janvier 1985)

FRAGMENTS D'UN DISCOURS SÉDUCTEUR

Séduire... Séduction... Séducteur... L'étymologie du mot est claire ; et toute la tradition, tout l'usage occidental la corroborent : il y a toujours, derrière tout ça, un fond de mensonge, d'illusion, d'induction en fausseté. C'est toujours, qu'on le veuille ou non, affaire de simulation, de corruption, d'usurpation. Et depuis le vieux *Gorgias* de Platon (où le « maquillage » apparaît comme le paradigme de la séduction) jusqu'à Freud (qui reconduit l'ancien anathème et l'article à sa description de l'« hystérie ») on ne sort pas du préjugé qui veut que le séducteur ait originairement partie liée avec le crime, la faute, le mal. Les choses ont-elles tant changé depuis Freud ? Avons-nous tellement évolué depuis le temps où Bossuet, Fénelon ou Bourdaloue vitupéraient à qui mieux mieux les pièges de la Tentation ? Je crois que non. Et il me semble que demeure, au fond du concept, le même arrière-goût de maléfice ; comme s'il s'ordonnait au même fondamental diabolisme. Ce n'est peut-être pas un hasard si j'ai, à mon tour, voulu que le héros de mon *Diable en tête* soit aussi — d'abord ? — un séducteur.

Et est-ce d'ailleurs bien un préjugé ? Je n'en suis pas si sûr non plus, finalement. Et je me demande s'il n'y aurait pas quelque chose de vrai, de profondément et tragiquement vrai dans l'ancienne réprobation portée contre la séduction. Car enfin regardez-les. Regardez-vous. Regardons-nous. Partout la brigue et l'intrigue. Toujours le mensonge et le leurre. Jamais rien que stratagèmes, stratégies, machines de guerre et artifices. La séduction ou l'amour désenchanté. Le séducteur ou l'amoureux drapé dans la pose du guerrier. Séduire, c'est désirer pour désirer, sans raison ni finalité, sans objet ni privilège. *Les Liaisons dangereuses* ont, bien entendu, tout dit là-dessus. Et *Les Cent Vingt Journées*. Et la grande littérature libertine de l'âge classique. Ce qu'ils disent tous, au juste ? Que la séduction a, encore une fois, partie liée avec le Mal. Qu'elle a partie liée, précisément, avec cette forme de mal qui s'appelle la guerre. Que le séducteur est l'amoureux qui, à la lettre, prend ses leçons chez Machiavel et Clausewitz.

Soyons précis. S'il y a de la séduction, si nous éprouvons le désir ou le besoin de séduire, c'est que l'amour n'est pas l'Amour ; qu'il n'est pas l'harmonie, la communion qu'il prétend ; que les rapports entre les êtres sont bien plus opaques qu'on ne le croit, bien moins spontanés et immédiats qu'on ne le dit ; s'il y a de la séduction c'est qu'il n'y a, au fond, pas de rapports humains et encore moins de rapports sexuels. C'était l'opinion du docteur Lacan. Mais c'était déjà, avant lui, celle de Rodolphe, d'Adolphe, de Valmont ou de Casanova. Et leur thèse à tous revient, en fait, à ceci : le séducteur est celui qui croit à l'irrémissible disjonction des corps ; c'est celui qui table sur l'interminable tohu-bohu des chairs ; c'est celui qui, à l'inverse des rousseauistes, si défiants, eux, et pour cause ! vis-à-vis de ce vacarme, parie sur une condition humaine minée par la malencontre, la malentente. Pessimisme de la séduction : personne ne « séduirait » personne si les corps étaient l'un à l'autre transparents ; l'idée même n'aurait pas de sens si les humains n'échouaient pas, de la sorte, à se conjoindre et à s'entendre ; un séducteur est toujours, à ce compte, un métaphysicien qui s'ignore — et, nommément, un métaphysicien du *malentendu*.

Une idée à ce propos. On devrait pouvoir réécrire l'histoire de l'« amour » en Occident à la lumière de ce type de partage ; on devrait pouvoir la périodiser selon que les hommes y ont vécu dans l'ordre de l'« optimisme communiant » — ou dans celui, au contraire, du « pessimisme séducteur ». Exemple : l'âge romantique qui fut une époque « sans séduction » dans la mesure où l'on y croyait à l'Amour majuscule, éternel, parfaitement pur et transparent. Contre-exemple : le XVIIIe, celui de Fragonard et de Diderot, où les rituels de la séduction suivent le formidable allégement des pesanteurs du sentiment. Aujourd'hui, 1984 : si la séduction revient en force, si l'on en voit se rejouer les rites, si l'on commence, un peu partout, d'en reformuler les codes — c'est pour autant que s'estompe, entre autres illusions communautaires, celle de l'Amour traditionnel. Enfin la fin des années 60 ! La mort du salmigondis surréaliste ! Le réapprentissage des valeurs de la fugue, de l'esquive ! La séduction — ou l'ironie de tout ce qui fait sens (et poisse) entre les êtres.

Ce qui est sûr, du coup, c'est qu'une société ne fonctionne « à la séduction » que pour autant qu'on y résiste aux fantasmagories du corps plein, rendu à sa naturalité, reconduit à sa vérité ou à sa liberté. Le contraire de la séduction c'est la « pornographie » — parce que la pornographie c'est *l'évidence* du corps. Le contraire de la séduction c'est la « libération sexuelle » — parce qu'il n'y a de libération sexuelle (on l'a bien vu après 68) que dans l'illusion d'un *bon désir*, enfoui dans les limbes d'un corps propre et qu'il suffirait de refaire surgir. Le contraire de la séduction c'est, à la limite même, l'impératif de « jouissance » tel qu'on nous le ressasse dans les sociétés post-modernes — cet « impératif » ne va-t-il pas à rebours de ce *désenchantement* de la chair auquel vise le séducteur ? n'est-il pas dénégation de ce manque, de cette Loi autour de quoi s'ordonnent la ronde et les ruses du désir ? Non, là où il y a de la « Nature », il ne peut pas y avoir de séduction ; et il n'y a de séduction, à l'inverse, que fondée sur ce qu'on appellerait, dans la Bible et dans la tradition juive en général, un pari d'« anti-nature ».

C'est la raison pour laquelle, plus radicalement peut-être encore, la séduction n'a rien à voir avec le sexe en tant que tel. Non pas — et il s'en faut ! — que le séducteur y soit indifférent. Ni qu'il faille donner crédit à la thèse, en honneur il y a quinze ou vingt ans, selon laquelle le « donjuanisme » procéderait d'un déficit obscur dans les régions les plus inavouées du Désir. Mais je crois que la séduction est, tout simplement, « impertinente quant au sexe » ; que ce n'est pas à cette aune-là que se mesurent ses intensités ; et que chaque fois que l'on érige le sexe en valeur suprême, en sanction ultime, en instance autonome, c'est elle, la séduction, que l'on liquide. Le séducteur n'est pas un ange. Ce n'est pas tout à fait un saint. Mais il est vrai qu'il partage avec les mystiques la même troublante et capiteuse « jouissance » du signifiant. La chair, comme l'intendance, suit.

(Novembre 1984)

Table

Avant-propos 5

I. FIGURES

Métaphysique de Richard Avedon 13
Un lapsus nommé Céline 22
Le système Foucault....................... 31
La question Saint Laurent 43
La folie - Maurice Clavel................... 57
Le matin des clavéliens..................... 65
Le marteau de Jacques Derrida 72
Politique d'Althusser 79
L'intellectuel et ses pouvoirs................ 87
Remarques sur le roman 102
L'amour se fait toujours à trois.............. 109
Déclin de l'Occident ? 125
Fin de partie.............................. 148

II. POSITIONS

Discours au Mémorial 163
Un hiver à Buenos Aires................... 173

Dans les maquis afghans...................... 182
Lénine à Kaboul 196
Ce doux nom de socialisme.................. 211
A la guerre comme à la guerre............... 219
Lettre ouverte aux parlementaires européens à
    propos de la faim dans le monde........... 229
Une brigade internationale pour le
    « Cambodge ? » 237
Les Olympiades de la honte.................. 242
Lettre ouverte à Georges Marchais à propos de
    l'antisémitisme dans le P.C.F............... 248
La meilleure télé du monde ?................. 255
Une arrogance tranquille et gaie 259
Jean-Paul II avec moi !...................... 263

III. CIRCONSTANCES

Carnet romain 271
Les femmes, probablement 276
Martinez contemporain...................... 282
Insoutenable légèreté de Philippe Sollers..... 289
Comme une fille enlève sa robe.............. 294
Réponse à Raymond Aron 303
Réponse aux maîtres censeurs 309
Descente en flammes........................ 318
La vie incertaine de Marek Halter............ 323
Hôtels et littérature 327
Une nuit à Macao 332
Rencontre avec Albert Cohen................ 337
Éloge du béton 340
Fragments d'un discours séducteur........... 344

La plupart de ces textes sont initialement parus dans un certain nombre de journaux, revues ou magazines qui sont, par ordre alphabétique :

Art Press, Combat, La Croix, Diario 16 (*Madrid*), Égoïste, El País (*Madrid*), Espressen (*Stockholm*), Excelsior (*Mexico*), Femmes, Le Figaro, Il Giorno (*Milan*), Le Journal du Dimanche, Le Magazine littéraire, Le Matin, Il Messaggero (*Rome*), Le Monde, Morgenbladet (*Oslo*), Murs Murs, New Republic (*Washington*), Le Nouvel Observateur, Photo, Politique Internationale, Le Quotidien de Paris, Spirales, Vogue Hommes.

DU MÊME AUTEUR

BANGLA DESH, NATIONALISME DANS LA RÉVOLUTION
Maspero, 1973 ; réédité, en 1985, au Livre de Poche, sous le titre LES INDES ROUGES.

LA BARBARIE À VISAGE HUMAIN
Grasset, 1977.

LE TESTAMENT DE DIEU
Grasset, 1979.

L'IDÉOLOGIE FRANÇAISE
Grasset, 1981.

QUESTIONS DE PRINCIPE
Denoël, 1983.

LE DIABLE EN TÊTE
Prix Médicis, Grasset, 1984.

IMPRESSIONS D'ASIE
Le Chêne/Grasset, 1985.

Composition réalisée par C.M.L., Montrouge

IMPRIMÉ EN FRANCE PAR BRODARD ET TAUPIN
58, rue Jean Bleuzen - Vanves - Usine de La Flèche.
LIBRAIRIE GÉNÉRALE FRANÇAISE - 6, rue Pierre-Sarrazin - 75006 Paris.

ISBN : 2 - 253 - 04020 - 7   ◈ 42/4052/9